康　樂　主　編　新　　　　橋　　　　譯　　　　叢

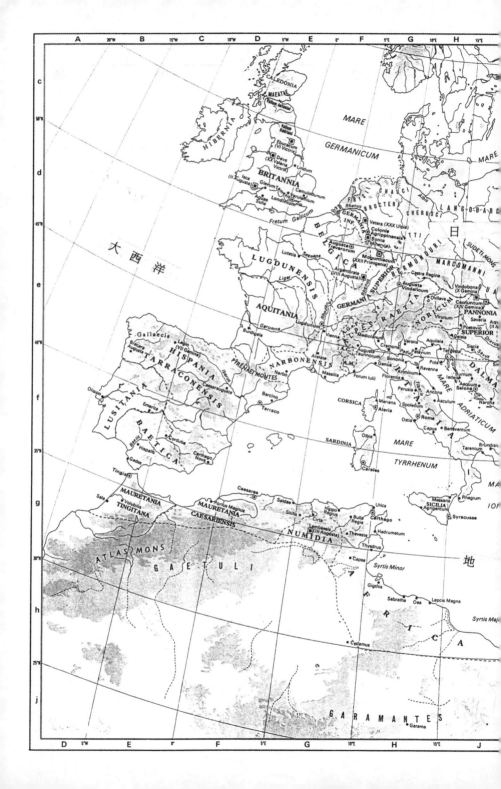

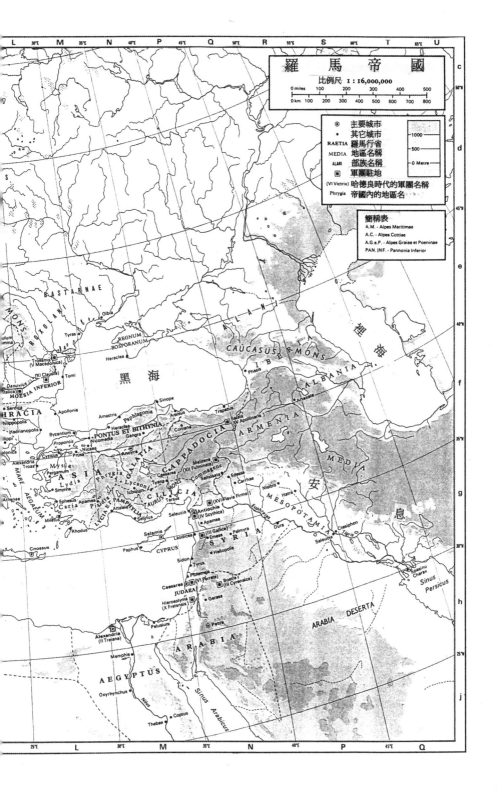

The Glory of Ancient Rome: A Source Book in Roman Civilization
Copyright © 1998 by I-tien Hsing
Published in 1998 by Yuan-Liou Publishing Co., Ltd., Taiwan
All rights reserved
7F-5, 184, Sec. 3, Ding Chou Rd., Taipei, Taiwan
Tel: (886-2) 2365-1212　Fax: (886-2) 2365-7979

新橋譯叢｜40

古羅馬的榮光 II
──羅馬史資料選譯

編譯 / 邢義田

總主編 / 康樂

石守謙・吳乃德・梁其姿
編輯委員 / 章英華・張彬村・黃應貴
葉新雲・錢永祥

總策劃 / 吳東昇
允晨文化實業股份有限公司
台北市南京東路 3 段 21 號 11 樓

發行人 / 王榮文
出版・發行 / 遠流出版事業股份有限公司
台北市汀州路 3 段 184 號 7 樓之 5
郵撥 / 0189456-1
電話 / 2365-1212
傳真 / 2365-7979

香港發行 / 遠流(香港)出版公司
香港北角英皇道 310 號雲華大廈 4 樓 505 室
電話 / 2508-9048
傳真 / 2503-3258
香港售價 / 港幣 200 元

法律顧問 / 王秀哲律師・董安丹律師
著作權顧問 / 蕭雄淋律師

1998 年 12 月 16 日　初版一刷
行政院新聞局局版台業第 1295 號

售價新台幣 600 元
缺頁或破損的書,請寄回更換
版權所有・翻印必究　Printed in Taiwan
ISBN 957-32-3388-6(一套;平裝)
ISBN 957-32-3387-8(第 II 冊;平裝)

YLib 遠流博識網
http://www.ylib.com.tw
E-mail: ylib@yuanliou.ylib.com.tw

新 橋 譯 叢　　古羅馬的榮光 II──羅馬史資料選譯

40

編譯／邢義田

總　序

　　這一套《新橋譯叢》是在臺灣新光吳氏基金會與遠流出版公司合力支持下進行編譯的。其範圍廣及人文社會科學的幾個最重要的部門，包括哲學、思想史、歷史學、社會學、人類學、政治學、經濟學等。我細審本叢書的書目和編譯計劃，發現其中有三點特色，值得介紹給讀者：

　　第一、選擇的精審　這裡所選的書籍大致可分為三類：第一類是學術史上的經典作品，如韋伯(M. Weber, 1864-1920)和牟斯(Marcel Mauss, 1872-1950)的社會學著作，布洛克(M. Bloch, 1886-1944)的歷史學作品。經典著作是經得起時間的考驗的；作者雖已是幾十年甚至百年以前的人物，但是他們所建立的典範和著作的豐富內涵仍然繼續在散發著光芒，對今天的讀者還有深刻的啓示作用。第二類是影響深遠，而且也在逐漸取得經典地位的當代著作，如孔恩(T. Kuhn)的《科學革命的結構》(1970)，杜蒙(Louis Dumont)的《階序人──卡斯特體系及其衍生現象》(1980)等。這些作品是注意今天西方思想和學術之發展動向的中國人所不能不讀的。第三類是深入淺出的綜合性著作，例如紀登斯(Anthony Giddens)的《資本主義與現代社會理論：馬克思、涂爾幹、韋伯》(1971)，帕森思(T. Parsons)的《社會的演化》(1977)，契波拉(Carlo M. Cipolla)主編的《歐洲經濟史論叢》(*The Fontana Economic History of Europe*)。這些書的作者都是本行中的傑出學人，他們鉤玄提要式的敘述則可以對讀者有指引的功用。

第二、編譯的慎重　各書的編譯都有一篇詳盡的導言，說明這部書的價值和它在本行中的歷史脈絡，在必要的地方，譯者並加上註釋，使讀者可以不必依靠任何參考工具即能完整地瞭解全書的意義。

第三、譯者的出色當行　每一部專門著作都是由本行中受有嚴格訓練的學人翻譯的。所以譯者對原著的基本理解沒有偏差的危險，對專技名詞的中譯也能夠斟酌盡善。尤其值得稱道的是譯者全是年輕一代的學人。這一事實充分顯示了中國在吸收西方學術方面的新希望。

中國需要有系統地、全面地、深入地瞭解西方的人文學和社會科學，這個道理已毋需乎再有所申說了。瞭解之道必自信、達、雅的翻譯著手，這也早已是不證自明的真理了。民國以來，先後曾有不少次的大規模的譯書計劃，如商務印書館的編譯研究所、國立編譯館和中華教育文化基金會等都曾作過重要的貢獻。但是由於戰亂的緣故，往往不能照預定計劃進行。像本叢書這樣有眼光、有組織、有能力的翻譯計劃，是近數十年來所少見的。我十分佩服新光吳氏基金會與遠流出版公司的深心和魄力，也十分欣賞《新橋譯叢》編輯委員會的熱忱和努力。我希望這套叢書的翻譯只是一個新的開始，從初編、二編、三編，不斷地繼續下去。持之以恆，人文學和社會科學在中國的發展一定會從翻譯進入創造的階段。是為序。

余英時
1984年9月5日

自　序

　　距離這本書第一卷(《西洋古代史參考資料》，聯經出版公司，民國76年)的出版已經十個年頭。十年來，在研究秦漢史之餘，抽空翻譯了一些羅馬史的史料和相關的論文。譯文累積約六十餘萬言，集爲第二卷——《古羅馬的榮光》。多年來的一樁心願算是了卻。這個心願就是希望引發更多的人，從源頭上去了解和欣賞西方古代的文明。最起碼，在大學修習羅馬史的同學，除了教科書，能因本書，接觸到一些原始的資料，找到進一步探索的指引。

　　我對希臘、羅馬文化的興趣，是出於少年時代一份十分羅曼蒂克的情懷。這種情懷的來源，已如昨日之夢。大約是在中學時，上美術課和參加美術社的活動，常對著石膏像練習素描。石膏像那種線條的美，使我有捉捕不完的感覺。直到今天，仍然覺得希臘人對"美"和"力"的呈現，是後人難以超越的。中學時代，曾著迷於"木馬屠城記"一類的電影。電影中的英雄和美人，對我而言，就像是力和美的化身。羅馬人是希臘文化的俘虜，在藝術上無非也是追求力和美。中國有自己的藝術傳統。在中國，我找不到維納斯和馬可·奧利留雕像那樣的傑作。這也使得我肯定相信，世界上偉大的文明絕不止中國。

中學時代的素描習作早已無影無蹤。現在能找到的一幅是大學時代的舊作。那時在台北不容易看到印刷精美的刊物，《生活》(Life)大概是印得最好的大型畫報。六十年代，《生活》雜誌曾不斷刊載有關埃及、希臘、羅馬文物的報導和圖片。新的買不起，周末就將一星期省下的飯錢花在牯嶺街的舊書攤上。回家抱著字典，細細讀每一篇報導，品味每一幅圖畫。興緻一來，也描繪幾筆。爲了紀念那一段爲希臘、羅馬餓肚皮的日子，決定用一張舊作當裡頁插圖(彩圖1)。

　　我當學生的時代，台灣歷史系的訓練和"美"是絕緣的。師長告訴我們要科學、理性、不帶成見。幾十年來，作爲歷史的學徒，寫了不少合乎科學，依據理性，冷冰冰的論文。裡面有政治的因素，社會、經濟、思想的因素，就是缺少"情"和"美"的挖掘。更遺憾的是，當我將羅馬史的譯稿整理出一個頭緒，赫然發現我的羅馬，竟然不再有少年的我。政治、社會、經濟、法律、軍隊佔據最大的篇幅。羅斯托夫茲夫在《羅馬帝國社會經濟史》初版的序言裡，曾遺憾地表示：談羅馬的社會、經濟，卻沒有給精神、思想、藝術留下篇幅，就不可能完整了解那個時代。我現在也陷於同樣的遺憾。

　　這些年來，英譯的羅馬史料集很多。其中較爲全面，也最方便的應屬李維思(Naphtali Lewis)和任厚德(Meyer Reinhold)所編的兩卷《羅馬文化資料選讀》(*Roman Civilization: Selected Readings*, 1966年二版，1990年三版)。本篇在選材上曾參考這一選集。有些英譯意義不易確定的地方，曾參考不同的譯本，有些查考過拉丁的原文。本篇也收錄了一些上述選集以外的資料。謝爾敦(Jo-Ann Shelton)所編《羅馬社會史資料選》(*As the Romans Did: A Source Book in Roman Social History*, Oxford, 1988)所收資料角度與上書不同。本書〈生活與娛樂〉一節即參考此書而來。此外,如英國雯都蘭達的木牘文書則是根據新近的考古報告和出版。

中國史有廿五史爲基本文獻。廿五史可以幫助我們了解中國歷史上各時代的基本輪廓。可是西方古代沒有這樣的官修史書。可靠的歷史文獻在各時代分佈很不平均。以羅馬史爲例,共和末至帝國初期,不論文獻或考古資料都較爲豐富,二、三世紀以後變得極爲貧乏。尤其是羅馬以外行省的情況,常常沒有任何當時的文獻可以稽考。因此,考古材料對羅馬史的認識顯得格外重要。羅馬史有許多領域如經濟、軍事、藝術、科學工藝,有很大部分是建立在考古的資料上。爲此,本書除了文獻,特別譯出六十餘件碑銘,十餘件草紙、木牘或陶片文書,更附上一百四十餘件文物或遺址的圖片,希望能多少呈現羅馬史在材料上的特色。

本篇除了史料,也收錄了幾篇現代學者的論文和自己的習作。曾經考慮將這幾篇和史料分開編排。後來爲了讓相關的儘可能集中,又因爲本篇既爲資料選集,不限於史料,最後決定還是將它們編在一處。通計全書共收約一百八十餘件的材料。

基督教的興起是我有意避開的大題目。第一是因爲基督教的主要材料——《聖經》,在坊間很容易找到,不必多費篇幅;第二,許多其它重要的材料,王師任光已收入他的《西洋中古史史料選譯》。基督教以外的宗教或信仰,過去國人較少留意,本書特加選譯。

選集必然掛一漏萬。六十多萬字遠遠不足以網羅羅馬史料的精華。至於本書在選材上是否有意呈現什麼史學的觀點?我必須誠實地說:沒有。原因很簡單:個人對羅馬史的認識太過粗淺,如果刻意取材,以展示觀點,不是人云亦云,就是陷入不可救藥的偏見。

只願收選的還算有些滋味，讀者覺得意猶未盡，興起進一步追尋的念頭，就達到了我的目的。

西洋古典文化的研究在台灣一直未能建立基礎。人才、資料兩缺。幸而近年來國際電腦資訊網路的建立和迅速發展，使得資料取得不再是不可超越的難題。古典研究資料的"電腦化"雖然起步較遲，發展卻十分快速。古代文獻、考古成果資料庫、最新研究論著及評論，已有很多可透過網路獲得。本書特別對現況(1997年10月以前)作了介紹，希望能激起較多的人，在較有利的條件下，對西洋古代文明作進一步的探索。

翻譯的工作除了自得其樂，真是孤獨而又寂寞。面對的困難，點滴在心。名詞的適當翻譯，尤費思量。根本上是因為文化和觀念的差異，中文裡很難找到對應的名詞。一九八六年到哈佛訪問，曾將一部分的譯稿，呈請楊聯陞先生指教。楊先生鼓勵後進，一貫不遺餘力。他非常鼓勵我的工作，並特別提醒對譯名最好斟酌到後人不容改易的地步。他舉了好些前賢翻譯絕妙的例子。想到楊先生的話，就慚愧的想找個地洞鑽下去。這本書即將出版，楊先生卻已作古多時。想起在他研究室，一起吃他帶來的三明治，一起談天的時光，心中有無限的感傷和感謝。

我不能不招認，由於翻譯進行了好幾年，沒有一定的計劃，也沒有真正很科學的工作習慣，統一幾十萬字稿中的譯名成了大困難。雖然作了幾次統一的工作，恐怕還有遺漏。本卷譯名有些已和第一卷不同。今後如繼續工作，當以本卷譯名為準。有些行之已久，大家已習慣的譯名如：羅馬、奧古斯都、西塞羅、龐貝、凱撒等，則儘可能從俗不改。其餘還沒有中譯名可循、較少見或譯名尚未統一的，則儘可能依拉丁音譯出。有些譯名一時未有原文可考的，仍從英譯。

從第一卷之例，本卷附錄了兩篇世界史的討論。一篇是麥克尼爾在《西方的興起》出版二十五年以後所作的反省。我翻譯了這篇文章，並寫了一篇簡單的譯後記。另一篇是周樑楷兄對麥克尼爾觀點的批判，反映出這幾十年來對世界史已有相當不同的想法。樑楷一文，精彩扼要。承其俯允錄入，本書爲之增輝。謝謝樑楷兄。

一九八六至八七年獲哈佛燕京學社資助，到哈佛大學訪問一年；一九九三至九四年獲國科會資助，到夏威夷大學研究一年。這使我有機會好好利用圖書，作了譯稿的補充和修改。尤其是幾年裡累積的一些問題，因業師施培德教授(Michael P. Speidel)的協助才得以解決。書中不少圖片由施教授慷慨相贈或提供資料，這些都是我由衷感謝的。

史料譯集的銷路一向有限，尤其是西洋古代史。好友康樂閉著眼睛，一口承諾，協助出版。他的熱情，不是感謝所能形容。在出版的過程裡，康兄夫婦、陳識仁先生擔下電腦排版和製作索引的苦差，令我銘感五內。

最後，將這本書獻給愛妻和兩個最愛的孩子。沒有他們，一切將無意義。

邢義田
南港中研院史語所
民國85年8月8日

目　錄

本冊插圖目次

xix

6

帝國時代的經濟

第一節　城鎮的經濟生活

6.1:1　羅馬帝國城鎮的經濟生活

譯自：A.H.M. Jones, "The Economic Life of the Roman Towns" in P.A. Brunt ed., *The Roman Economy,* New Jersey, 1974, pp.35-60。

1、工商業、農業與帝國經濟(以下小節標題由譯者所加)

　　工商業和農業對羅馬帝國的財富，相對而言各有多少頁獻，在帝國末期，也就是在四至六世紀以前，幾無任何資料可作粗略的估計。到帝國末期，帝國的財政結構才成為有用的線索。帝國主要的稅收——財產稅(iugatio)和人頭稅(capitatio)——係依土地和農村人口而估計(譯註¹)。這些稅收最主要用於支付軍隊、政府官員和僱用人

---

¹ 財產稅全名為iugatio terrena，實指對地產所徵之稅。稅名iugatio即源自土地單位名稱iugerum，原意指一對耕牛一日所能犁耕的範圍。人頭稅全名為capitatio humana。帝國早期只有某些省份的平民，在人口調查(census)中無足夠財產以納財產稅的才繳人頭稅，因此此稅原亦稱作

員(如兵器作坊工人)的糧餉(annona和capitus)。這些稅或據同一基礎附加的徵繳,也用來支付包括道路和郵驛(cursus publicus)在內的公共工程。另一種同樣是依土地和農業勞動力徵收的稅,用以支付軍隊和政府官員的服裝。國有田產的租金,則供皇帝私人開銷,並為各種雜支的來源。其他僅有的經常性開支是軍隊不可少的定期獎賞(這項開支較小,平均約當糧餉額的四分之一或五分之一)[2]。這項獎賞是以各類苛捐雜稅支應。有些捐稅(如gleba、aurum oblaticium、aurum coronarium)是由元老和城鎮議員(decuriones)之地主階級負擔(譯註[3])。不過這些捐稅也包括關稅和一種對商人的直接稅(collatio lustralis [或chrysargyron])(譯註[4])。

　　帝國法律對商人(negotiatores)的定義不甚清楚。這個名詞當然包括所有以買賣為生的人,諸如坐賈行商,也包括專事放貸的人和妓女[5]。有些法律曾對negotiatores和工匠工會的會員(plebeii或collegiati)[6]

---

　　capitatio plebeia。但到戴克里先時代,除孤寡幼小,凡14至65歲能工作的男子都得繳人頭稅。

[2]　一份餉是以一年4或5個金幣(solidi)折算(Valentinian III, *Nov.* XIII. 3; *Cod. Just.*, I, xxvii, 1, §§22-38),而每5年一次的賞金是5個金幣(Procopius, *Anecd.* xxiv, 27-9)。

[3]　gleba是一種帝國後期由元老階級以黃金繳納的土地稅,故又稱為gleba senatoria。Aurum oblaticium,不明。Aurum coronarium原是指被羅馬征服的人民必須對勝利的將軍獻上一定數量的黃金以打造金冠,後來變成一定數量的稅。

[4]　Collatio lustralis又稱作aurum argentumque,是對商人徵收的一種5年一次的特別稅。

[5]　*Cod. Theod.*, XIII, i, 18(專事放貸者),Zosimus, II, 38, Evagrius *,Hist. Eccl.*, III, 39 (妓女)。

[6]　*Cod. Theod.*, VII, xxi, 3, XVI, v, 52。

加以區分，但是其他一些法律，又刻意將出售自家農產和土產陶器、工藝品的墾殖民(coloni)界定在商人之外[7]。這意味著爲了徵稅，徵稅的範圍定得相當大，甚至城鎮的工匠也被包括在內[8]。他們必然不負擔其他的稅。那麼，如果上述那種對商人的直接稅，能代表工商業對羅馬財政的全部貢獻，這一貢獻在整個帝國財政上所居的地位，其實甚爲微末。因其過於微末，像安納斯塔休斯(Anastasius)這樣精明，能爲財政造成大筆盈餘的財務官，也就能取銷此稅，而以國有田產租金補足差額[9]。這種直接商稅雖無足輕重，但對納稅者而言卻是不小的負擔。古代不論屬基督教或非基督教的文獻，都一致指

圖 6.1 北非出土描繪農耕的鑲嵌壁畫。

責這種商稅是難以忍受的負擔，曾迫使人民到賣子爲奴的地步[10]。

到五、六世紀，才有精確可靠的數字可以依據。根據一位名叫鳩・斯太利斯(Joshua Stylites)的

---

[7] *Cod. Theod.*, XIII, i, 10, cf.3。

[8] Libanius(*Or.* xivi, 22)提到一位皮匠，他唯一的資產就是他的刀子，在安提亞克亦繳稅。

[9] Malalas, p.398 (ed. Bonn.)。

[10] Zosimus, II, 38, Libanius, *Or.*, xivi, 22, Evagrius, *Hist. Eccl.*, III, 39。

記載，就在西元498年直接商稅取銷的前夕，他的家鄉伊笛沙(Edessa)(譯註[11])每4年繳稅達140磅金子，也就是平均1年35磅黃金[12]。又據一件六世紀的草紙文書，埃及霍拉克利市(Heracleopolis)每年繳稅，包括實物折以黃金以及以金繳納的土地稅，達到57,500金幣或約當於近800磅的黃金[13]。伊笛沙是重要城鎮，也是行省首府，更重要的是它地當東方絲綢和其他珍貴商品，從波斯邊鎮尼西比斯(Nisibis)到安提亞克和西方的要道上。霍拉克利市是一普通的省級城鎮，擁有廣大的農村腹地。因此上述兩個數字，嚴格言之，不能相提並論。但是，從這些數字很可以看出六世紀時，農業創造的財富約在工商業的20倍左右。這個比例對六世紀以前的情況適用到什麼程度，還很難說。工商業在帝國後期的確較爲衰落，可是農業亦然。有很多證據表明，許多農業生產原本發達的土地，漸趨荒癈。總體而言，當帝國整個財富趨於衰減，工商業和農業在創造財富的比重上，並沒有重大的改變。

2、工商業的限制

工商業在羅馬帝國經濟中，相對來說，不是那麼重要的原因，如果詳細討論，將會和這次會議的主題距離太遠。不過，對幾點較重要的原因略作說明，倒有助益。

---

[11] 在今土耳其東南，古代羅馬帝國東部米索不達米亞省的首府，也是與波斯帝國之間的邊防與商業重鎮。

[12] Josh. *Styl.* (ed. W. Wright), 31。

[13] *P. Oxy.*, 1909。

一大原因是陸運費用過高。戴克里先限價令中的價格是精確的指標。一車載貨1,200磅，運送1哩的合法運價是20笛納(denarii)；1,200磅相當於60羅馬斗(modii)的麥子，而1斗麥值100笛納[14]。換言之，一車麥子運300哩，價格即漲一倍。限價令中的海運價格遠較陸運為低。但海運風險所造成的損失相當不小，不可低估。例如，從亞歷山卓運1羅馬斗麥子到羅馬，船行約1,250哩，只須16笛納[15]，此一運費較陸運50哩尤低。這意味著除

圖 6.2 港邊的海船，二世紀末石刻。

非產地接近內陸水道的港口，而銷售地又是海或河運可達之處，否則運送任何沉重或體積龐大的貨物至任何距離，都得不償失。事實上，除了帝國政府可以不計代價，似乎很少甚至沒有從陸路運送麥子的例子。內陸城鎮遇到饑荒時，當地官員除了強迫當地地主拿出糧食，別無他法[16]。相反來說，當查士丁尼鎮壓利底亞(Lydia)的駐軍，而將靠當地糧食供應的軍隊調走，這個內陸城市的地主仍只能

[14] *Ed. Diocl.*, I. 1(麥子)，XVII 3(交通)，參Pliny, *N.H.*, XVIII, 66所說麥子的重量(參*LRE* II 841 ff)。

[15] Trans. Amer. Phil. Ass. LXXI (1940), pp.163-5。

[16] J.R.S., XIV (1924), 180, Philostratus, *Vita Apoll. Tyan.*, I, 15. Greg. Naz., *In laud. Bas.*, 34-35：參Dio Chrys., XLVI (esp. 8)。

任由他們的收成在打穀場上腐爛[17]。因為內陸地區貿易,只能依靠本身價值較高的貨物才能存在。

其次一個原因是市場有限,尤其是高價貨物的市場非常有限。帝國絕大部份的人口是農人。他們都負擔極重的稅,很多還負擔田租,大部分都十分貧窮。他們的需要很簡單,大部份可由村中的鐵匠、陶匠、織工供應。利班留斯(Libanius)在安提亞克的頌詞中,誇稱安提亞克所屬廣大的村落,在經濟上都不需依賴城市,因為他們自有工業,在鄉村的市集裡交換器物[18](譯註[19])。城市居民大多數似乎也很貧窮。他們負擔一定價格的糧食都有問題。大部份城市都有專司購糧和零售的官員。他們將糧食低價直接出售給公眾或麵包舖,其差價由官員本身或城市公庫補貼[20]。城市無產居民無力消費很多進口貨,他們絕大部份需要是由當地的工匠和店舖提供。有能力的重要消費者是政府,但是政府很少利用商場。在帝國頭300年裡,政府是透過地方當局強行徵購,以滿足軍隊所需的糧食和衣物等[21],並以課徵實物和徵公田田租的方式來供應羅馬的糧食。從戴克里先時代開始,軍隊、政府官員和羅馬人民(以及後來康士坦丁堡的人民)都依賴實物賦稅;軍隊和官員所用的服裝,部分靠徵收,部

---

[17] Joh. Lydus, de Mag., III, 61, Proc., *Anecd.*, xxx, 6, 11。

[18] Lib., *Or.* XI, 230,參Rostovtzeff, *Social and Economic History of the Roman Empire*, p.582, n.70。

[19] 利班留斯是西元四世紀中葉,安提亞克的一位著名學者,有部分演說和1,600封以上的書信傳世。

[20] Jones, *The Greek City*, pp.217-8。

[21] 強行徵購制行於埃及的證據最明白 (Lesquier, *L'armee romaine de l'Egypte,* pp.350 ff)。塔奇土斯(Tacitus)則暗示在不列顛也有類似的制度(*Agricola*, 19, 4-5,參31.2)。

分由政府作坊供應。武器則由公立的作坊製造。因此,有能力消費
一般商人貨物的,僅有地主和有專業的階級。

3、工商業的分佈型態

　　在這種情況下,工業傾向平均分佈在帝國各處。絕大部分一般
必需品由各城鎮,甚至各村落的工匠自行供應。只有較高級的產品
才有較大的市場和較大規模的生產。例如,在帝國頭300裡,一種較
高級人士家中所用的裝飾品(terra sigillata),就是原在義大利北部製
造,行銷致西部各省。即使如此,各省作坊迅速建立,以無需運費
的優勢迫使義大利產品降價。紡織工業大約最為集中。據載,有不
少城市如希臘的帕特拉(Patrae),或西利西亞省(Cilicia)的塔索斯
(Tarsus),居民中有一大部分從事紡織[22]。而戴克里先時代的關稅紀
錄中,有一連串布料或衣服是以城鎮或地區為名的[23]。這種工業從
運費言,反以集中為有利。因為在主要的羊毛和亞麻產地紡毛和織
麻,然後輸出成品,這遠比大宗輸出原料為合算。然而要估計為廣
大市場生產的廉價衣物有多少,頗為不易。在一方面,當四世紀
末,皮尼阿魯斯(Pinianus)在羅馬希望過禁欲的生活,他買了未加漂
白的安提亞克布衣[24]。這意味在大城市,最少是最便宜的衣物是由

[22] Pausanias, VII, xxi, 14, Dio Chrys., xxxiv, 21-3。

[23] *Ed. Diocl.*, XIX, 6, 13, 15,16, 26 ff., XX, 3, 4, 13, XXII, 16 ff., XXVI, 13 ff.,
XXVII, 8 ff., XXVIII, 7 ff。這些有些是商品名,如XIX.27. $Bιρρο$
$ξ\ Λαδιχηυοξ\ ευ\ ομοιοτητιερβιχου$(參
XX.4),不過顯示有關的地方曾一度以他們的特產知名,而後來為其他
的地方所仿製。

[24] *Vita S. Melaniae*, 8 (*Anal. Boll.*, VIII(1889), p.26有拉丁本,XXII (1903),
p.13,有希臘文本)。

大的生產中心進口。
另一方面，如果不是
鄉間普遍有一般性的
紡織生產存在，四世
紀的帝國政府將不可
能想到，像課徵小
麥、肉類、酒、油一
樣，去徵收軍用外服
和內衣[25]。

圖 6.3 用腳壓榨葡萄製酒石刻。

　　因此，大規模的
工業很可能只存在於少數城鎮。大規模的商業也僅存在於少數較大
的城鎮。只有大城(主要是主要的行政中心)才集中有夠多的有錢人
或富豪階級，能夠形成一個夠大的市場。一般中等市鎮的鄉紳則可
能靠定期來訪的行商，如塞列休斯(Synesius)就靠一年一度有衣鞋商
從雅典來之便，買上3件雅典製的外袍[26](譯註)[27]，或像在艾開
(Aegae)記錄中所見[28](譯註[29])，靠趕一場一年一度的市集。此外，他
們當然也不放過一年一度地方要人在省或區首府集會(concilia)的機
會。皇帝何諾留斯(Honorius)(譯註)[30]曾在他的立法中強調，每年在
高盧總督駐在的大城阿瑞列特(Arelate)舉行這樣的區集會，一大好

---

[25] *Cod. Theod.*, VII, vi, 3。

[26] Synesius, *Ep.* 52。

[27] 塞列休斯是西元四世紀末，一位Cyrene地方的主教，有書信與聖詩等作
品傳世。

[28] Theodoret, Ep. 70, *Itin. Hierosol., Theodosius*, 32。

[29] 艾開是馬其頓地區的一個城鎮。

[30] 西元393至423年在位之羅馬皇帝。

處是此地有來自帝國各處的產品[31]。除了以上提到的，大的消費中心還有一些主要的海港和河港。這些港成為港口周圍區域的集散地，而位於帝國東部邊境的城市，則成為東方如絲和香料等名貴貨物進入的中間站。

4、工商業在城鎮中的角色

非常簡略地討論過工商業在帝國中的大致角色以後，我們可以

圖 6.4 在今英國West Row出土的精緻帶蓋銀缽。

開始看看工商業在城鎮裡的角色。羅馬帝國是一城市的集合體。每一城市不僅僅是一個城鎮，周圍還有大片所屬的農村地區。一個城鎮的人口，無論居住在城內或城外，在政治上通常並無不同。而負責掌理一城的官員和議會，無論從法律或事實上說，都是從整個地區最富有的居民中產生。從前述一般的經濟情勢不難推知，城鎮議會通常是由地主組成。即使像情況極特殊的埃及大城(城外鄉村居民無市民權)，情形也是如此。因為有相當數目的地主是居於城內並註冊為市民。在帝國頭200年裡，他們擔任著城鎮公職，後來又成為塞皮提‧塞維盧斯皇帝(Septimius Severus)(譯註[32])所立議會的成員。只有

---

[31] Haenel, *Corpus legum,* p.238 (quoted, *L.R.E.*, III, 246f)。

[32] 西元193至211年在位之羅馬皇帝。

某些鄉村社區被"劃歸"某一臨近城鎮，也就是被附屬於，卻未正式成為某一城鎮一部分時，這些"附屬"社區的地主才會被排除在城鎮的公職之外。就是在這種情形下，特吉斯德鎮(Tergeste)才有向安東尼魯斯皇帝(Antoninus Pius)(譯註[33])要求允許相當數目的卡尼人(Carni)和卡塔利人(Catali)擔任公職，並藉以為議會補充新血的事[34]。

　　以上對一般情形的描述，是否也適合帝國頭300年，則不易確言。因為在這段期間，我們幾乎只有碑刻上的證據。據《法律類編》摘引一位三世紀早期律師卡利斯特拉土斯(Callistratus)所說，即使在他的時代，要找人填補議會已漸困難，非到不得已不選商人入議會。他說：「事實上，這些從事買賣的商人(eos qui utensilia negotiantur et vendunt)並未被禁止成為當地市鎮議會或其他公職的候選人，……不過我以為，允許像他們這種可以被市政官(aediles)笞打的人進入議會，是一種墮落，尤其當有些城鎮尚有足夠可尊敬的公民可選時。只有當可敬的人不足填補公職，而這些商人又有相當產業，才不得已去挑選他們」[35]。從可考的碑刻看，大體結論也是如此。除了像歐斯提亞(Ostia)這樣基本上原本就是商業性的城市，商人或作坊主人能在墓碑上誇示自己擔任公職的極少[36]。由市議員(decuriones)擔任工匠或商人基爾特的庇主(patron)的情形相當普遍[37]，但

---

[33]　西元138至161年在位之羅馬皇帝。特吉斯德是意大利一城鎮名，今之Trieste。

[34]　*ILS*, 6680。

[35]　*Dig.*, L, ii, 12。

[36]　E.g. *ILS*, 6169, 7033, 7481, 7529, 7592；關於歐斯提亞，請參後文。

[37]　E.g. *ILS*, 7217, 7221, 6595, 6616, 6634, 6645, 6678, 6681, 6686, 6691, 6726, 6744等。

極少擔任基爾特的職位或成爲其會員[38]。市議員常擁有店舖，租給工匠和商人經營，有些或透過奴隸或解放奴經營。因此在龐培城中發現的許多魚醬罐上，會出現該城市長烏·斯考盧斯(Umbricius Scaurus)以及他的奴隸和解放奴的名字[39]。許多基爾特的解放奴成員很可能原本是代人經營的奴隸。議員地主另一項補助財源是造磚。

到帝國後期，法典中有較明確的證據資料。議員被明確與"商人"(negotiatores)和工商基爾特成員(collegiati)分開，後二者常被合爲"平民"(plebeii)一類。據裘利阿魯斯(Julianus)皇帝(譯註[40])的一項規定，城市議會可免除商業稅(collatio lustralis)，"除非能證明某市紳經營某種生意"[41]。華倫庭尼阿魯斯一世(譯註[42])規定，如果商人購買土地，並因擁有一定產業而選入議會，則可免納商業稅。[43]何諾留斯規定，商業稅由納稅的商人團體(corpus negotiatorum)自行收繳，市鎮社區可放下與他們無關的收稅重擔。[44]通常法律都假設市紳爲地主，他們不得未經允許而脫產[45]，或退居自己的田莊，以逃避在市鎮中的責任[46]。摩伊西亞省(Moesia)的市鎮社區允許從擁有奴隸的

---

[38]　例如在 Alba Fucens (ILS, 6536)，在龐培的市長 (duumvir) Paquius Proculus (ILS, 6406, 6434)有一大的烘麵包房在他的屋後(參 Tenney Frank, "The economic life of an ancient city", *Class. Phil.*, XIII (1918), pp.225-40)。

[39]　*ILS*, 6366, *CIL*, IV, 5657 ff。

[40]　西元361至363年在位之羅馬皇帝。

[41]　*Cod. Theod.*, XII, i, 50。

[42]　西元364至375年在位之羅馬皇帝。

[43]　*Ibid.*, XII, i, 72。

[44]　*Ibid.*, XIII, i, 17。

[45]　*Ibid.*, XII, iii, 1-2。

[46]　*Ibid.*, XII, xviii, 1-2。

"平民"中，挑選人選入市議會是一大讓步[47]。有錢有地位的人，偶爾會兼營(通常透過代理人)商業。不過，這種讓帝國政府不悅的事似乎不多。帝國政府曾於409年禁止"出身高尚，官職顯赫或大地主經營商業，以便一般人與小商人之間的買賣較易進行，而不致危害城鎮的生活"[48]。

在一般中等的城鎮裡，掌理城鎮的就是一群居於城中的當地地主。這些人的地位，大體上本來就自然有世襲的傾向。隨著歲月，有些老的家族中絕或沒落，有些上升進入帝國的元老階級。他們的地位則由一些以工商致富，轉為地主者的子孫所取代。到三世紀末，市鎮的議員階級由法律明訂為世襲。四世紀中期以後，儘管帝國政府用盡全力，這一階級即似乎很少再能從下層汲引新血。因為較富有的家族，無不設法進入元老階級或在帝國政府中擔任公職，以逃避城鎮中的義務。議員階級的人數和財富都日趨萎縮。繼而能免役的縉紳之士(honorati)(譯註[49])反成為真正的地方貴族。後來在主教和教士逐漸掌控地方事務之際，他們受帝國政府之託，曾擔負地方政府的主要責任[50]。

5、工商基爾特

處於地主貴族之下的是坐賈行商和工匠。他們通常組成基爾特(拉丁名稱為corpora或collegia，希臘名稱則有συνεργασιαι、

---

[47] *Ibid.*, XII, i, 96。參Thalassius，他擁有一個以奴隸製刀的作坊，見 Libanius, *Or.* XLII, 21。

[48] *Cod. Theod.*, XIII, i, 5, *Cod.Just.*, IV, lxiii, 3。

[49] Honorati是指曾在羅馬或地方城鎮擔任公職的人，也是土地擁有者，退職之後仍享有一定的特權。

[50] Jones, *The Greek City*, pp.192-209。

σ υ ν τ ε χ ν ι α ι，以及其他不一的名號)[51]。有關基爾特的資料，在帝國頭300年幾乎只有碑銘，因此我們難免有單單依殘銘為據的危險。大體而言，只要有碑銘發現的地區，不論量之多少，大部分都有基爾特的蹤跡。在小亞細亞，我們知道有各種基爾特存在。這些基爾特主要和紡織業有關，包括織毛、織麻、漂染和製衣；不過也有其他行業的基爾特，如建築工、鐵匠、陶匠、皮匠、麵包師、園丁、挑夫等[52]。除了知道他們存在之外，進一步的情形，我們一無所知。在埃及地區，草紙文書資料取代碑銘的地位，並且證實基爾特幾乎無處無之。在說拉丁語的省份，以義大利和高盧地區的資料最多。這兩個地區的基爾特也十分普遍。在碑銘發現不多的西班牙和伊利孔省(Illyricum)也有基爾特可考。唯一碑銘資料豐富卻少基爾特痕跡的區域是非洲。在這個佈滿農業村鎮的地區，基爾特的組織看來似乎甚少[53]。

拉丁碑銘透露了不少基爾特組織和活動的消息。基爾特的成員十分複雜，除了解放奴和自由公民，有時甚至包括奴隸[54]。成員富有的程度亦差別甚大，從並無太多產業的工匠到擁有大店舖的富商都有。許多解放奴被選入奧古斯都祭司團(Seviri Augustales)。這是一項須花費甚多的榮譽職[55]。(譯註[56])基爾特最少在形式上是一民主

---

[51] 有關基爾特的標準參考書仍為Waltzing, *Corporations profession-nelles chez les Romains* (1895-1900)。

[52] *Economic Survey of Ancient Rome*, IV, pp.841-4。

[53] *Ibid.*, pp.71-3。

[54] Waltzing, I, pp.346-7：據*ILS* 3127所載，染工基爾特的4名執事(magistri)中有3名是解放奴，1名奴隸。

[55] *Ibid.*, IV, pp.576-9。

[56] Seviri Augustales是負責對奧古斯都進行崇拜儀式的組織成員。

的組織，由成員大會決定有關規定，選擇庇主，並選舉執事[57]。基爾特的負責人，從2至6人不一，通常稱爲"執事"(magistri)，又因常爲5年一任，也有稱之爲quinquennales的。在執事之下，許多基爾特還有幹事(curatores)和司庫(quaestores)[58]。有些大規模的基爾特內部還有百人連(centuriae)，或更通常有區(decuriae)的組織，而分別以百人連長(centuriones)和區長(decuriones)爲首[59]。有少數基爾特似乎有區長組成的委員會，負責實際會務[60]。即使不是如此，基爾特的民主性恐怕形式的意義多於實質。因爲凡欲擔任職位，必須在選舉時對基爾特的公共基金(summa honoraria)有大筆捐獻，成員更期望候選人慷慨出錢，娛樂眾人一番。因此除了較富有的成員，是不可能出馬競選職位的[61]。

許多基爾特擁有自己的房舍，一個辦事廳(schola)或一神廟(templum)。在這兒，他們處理有關事務，舉行祭典，宴會和社交活動[62]。每一基爾特都有自己的公庫(arca)，由司庫掌管。公庫的財源有新成員的入會費，擔任職務者的捐獻，和基金的利息。後者常被指定供周年餐會和現金分贈(sportulae)之用。經費除了用以維持基爾特的房舍和人員(許多基爾特有奴隸)，備辦宴會和祭典，也常爲過逝的成員提供喪葬補助[63]。

---

[57] Waltzing, I, pp.368-78。

[58] *Ibid.*, pp.383 ff。

[59] *Ibid.*, pp.357-62。

[60] *Ibid.*, pp.379-83。

[61] *Ibid.*, pp.453-4。

[62] *Ibid.*, pp.215 ff。

[63] *Ibid.*, pp.449 ff。

圖 6.5 打鐵匠石刻，Ostia出土。

單從碑銘資料看來，基爾特似乎只是一種單純的社交團體，與成員各自的職業活動無關。這一點可從基爾特有時允許不同行業的人入會，而事業發達的人，又可同時參加幾個基爾特得到印證[64]。當然，碑銘並不能揭露所有真象。這從下述事實可以推知。根據零星的記載，帝國無論工商，行業極多，但是目前所知，在義大利和西部各省的基爾特以建築和木匠工(fabri，fabri tignuarii)，地毯匠(centonarii)，和一與祭奉地母(Magna Mater)有關，可能是木材商組成的神密團體(dendrofori)為最多。這三類，或其中兩類經常有極密切的關係。但碑銘中並無他們聯繫或常有活動的痕跡。幸好文獻有一偶然的記載，解決了這一問題。蒲林尼在尼科米底亞(Nicomedia)一場火災之後，向圖拉真皇帝(譯註[65])建議，為了防止再有火災，在該城應設立救火隊(collegium fabrorum)。由此可知，collegium fabrorum有救火之責，也可推知其他關係密切的基爾特也分擔這一工作[66]。如果有關fabri、centonarii、dendrofori的碑銘，可以對這樣重要的工作都完全不提，那麼雖然是碑銘不曾提到，並不足以否定基爾特可能還有其他我們一無所知的功能。

---

[64] Waltzing, IV, pp.248-51。

[65] 西元98至117年在位之羅馬皇帝。

[66] Pliny, *Ep.* X, 33-4; Waltzing, II, pp.193-208。

　　帝國頭300年裡的基爾特是一種自願性私人組織。他們和城鎮的治理一無關係，也和城鎮的政治組織一無瓜葛。基爾特的成員通常包括該城的異邦人，甚至奴隸和公民。可能的例外只有一種。利底亞(Lydia)的費城(Philadelphia)有碑銘提到"羊毛工的神聖部落"和"皮匠的神聖部落"[67]。"部落"($\psi \upsilon \lambda \eta$)通常是該地民族正式政治單位的名稱，而在費城，基爾特可能即居於這樣的地位。在一些其他利底亞和費瑞金人(Phrygian)的城市，如提阿提拉(Thyatira)和錫拉市(Hierapolis)[68]，常有基爾特的記錄，卻沒有提到部落。在這個地區，基爾特有可能是當地政治組織的基礎。不過，我必須強調這只是一種猜測。即使猜測正確，這種現象也只限於極少數的城鎮。

6、基爾特與地方政府

　　地方政府和基爾特的設立，甚或註冊都沒有任何官方的關係。嚴格言之，除了窮人和宗教團體的喪葬互助組織，所有的基爾特都須得到帝國政府的許可，而據蓋烏斯(Gaius)所說，得到許可的十分有限[69]。基爾特也很少提到他們曾得到官方許可。在得到許可的基爾特中，有fabri、centonarii、dendrofori，或前三者之聯合組織(tria collegia)，以及歐斯提港與供糧有關的各種基爾特[70]。或許通常只有這些與帝國政府或城鎮有直接關係的基爾特，才須要得到許可。法律顯然執行地十分鬆懈。

---

[67] Id., III nos 146 (= *I.G.R.* IV, 1632), 147。

[68] *Econ. Survey of Anc. Rome*, Iv, pp.842-3。

[69] *Dig.*, III, iv,1 (Gaius), cf. XLVII, xxii, 1-3 (Marcianus)；有關問題的討論見 Waltzing, I, pp.114-160; P.W. Duff, *Personality in Roman Private Law*, chap.IV。

[70] *ILS*, 1164, 1367, 3399, 6172, *CIL*, II, 1167, X, 3699, 3700, 5198, XIV, 10。

　　基爾特只有在引起動亂的情形下，才會受到壓制。因此西元59年，
龐培城發生暴亂之後，元老院下令解散非法組成的基爾特(collegiaque
quae contra leges instituerant dissoluta)[71]。伊非索斯(Ephesus)的麵包師
基爾特罷工之後，亞洲省的總督下令禁止基爾特活動[72]。蒲林尼在
圖拉眞的指示下，曾查禁畢熱尼亞省(Bithynia)所有的基爾特。此外
從圖拉眞的信中還知道，他因該省情勢不安，曾拒絕給予尼科米底
亞城成立collegium fabrorum的許可[73]。大體而言，只要基爾特不製造
麻煩，即使沒有得到官方許可，照樣可以存在。

　　我們幾乎沒有市政當局輔助或保護工商的證據。一般城鎮的確
有市場設施，通常都是頗爲宏偉的建築群，四周有迴廊環繞。不過
這是市民爲了以市容爲傲，也是爲了可從市場得到一筆規費。何謨
市(Hermopolis)市議會曾給一位司市($\alpha\gamma o\rho\alpha\nu o\mu o\zeta$)笛米特
瑞阿斯(Demetrius)一封信。信十分有意思。信中說：「市場是我市
的門面，從承租市場場地的人手中，我們也贏得不少利益」[74]。港
口城市常花不少錢在港口的維護和美化上，然而他們主要的動機可
能是出於地方的驕傲和期望增加港口的規費收入。

7、糧食供應與城鎮基爾特

　　一般城鎮在經濟上主要關心的是糧食，尤其是麵包在市場上的
售價是否合理[75]。這是市政官(aediles或$\alpha\gamma o\rho\alpha\nu o\mu o\iota$)的主

---

[71] Tac., *Ann.*, XIV, 17。

[72] *Inschr. Mag. Mae*, 114, cf. W.H. Buckler, "Labour disputes in the province of
Asia", in *Anatolian Studies presented to Sir W.M. Ramsay*, pp.30 ff。

[73] Pliny, *Ep.* X, 33-4, 96-7。

[74] Wilcken, *Chr.* I, 296。

[75] Jones, *The Greek City*, pp.215-19。

要職責之一。伊非索斯市有一系列有趣的碑銘，記載在一連串成功的市政官治理下，麵包和油的"交易發達且公平"[76]。市政當局有時以命令方式控制物價，例如，在塞熱庫斯(Cyzicus)，因安・特瑞費納(Antonia Tryphaena)龐大的公共工程，引入大量勞工，造成糧價暴漲。市政當局受命支持市政將糧價固定在原價格，並警告糧食零售商：凡違反規定，如爲公民，奪其投票權；如非公民，則將被驅逐出城[77]。可是，這項禁令最後證明效果不彰。通常，城鎮採取較溫和，代價較大的方式。據載，有時市政官與糧商競價，以較低價出售油或酒，自行貼補差價的損失。

此外，如前文所及，大部份城鎮都有特別基金，也有專門購糧的官員。購糧在供應市場之前，須先製成麵包。因此和烘麵包的基爾特之間必須有所安排。在歐西倫庫斯(Oxyrhynchus)發現的草紙文書裡，有一件麵包師基爾特與市

圖 6.6 秤賣麵包石刻。

政官之間的契約，約定由前者負責將後者提供的穀物磨製成麵包，每一阿塔巴(artaba)收費10歐泊(obols)，每1阿塔巴製成2磅之麵包30條[78]。在伊非索斯，市議會似曾一度未能與基爾特達成協議，引起

---

[76] Forsch. *Eph.*, III, 10-16。

[77] *Syll.*3, 799。

[78] P. Oxy., 1454。

麵包師罷工，市長不得不介入，解散基爾特，以酷罰嚴令其成員"服從合於大眾利益的規定，並源源供應該城所須之麵包"[79]。後來在歐西倫庫斯，可能是因為麵包師未能如約供應麵包，6位負責供糧的官員協議共同掏錢合建一可日製20阿塔巴的麵包坊[80]。

8、帝國政府與城鎮基爾特

　　帝國政府向地方城鎮要求供應衣物，也使得市議會須和基爾特打交道。在大部份行省，帝國政府可能都是透過市政當局，而只有在埃及(只有此處資料較詳)，頭200年是直接與基爾特接觸[81]。然而自塞皮提・塞維盧斯皇帝在埃及設立市議會以後，市鎮開始擔負過去通常只有在其他省份城市才有的功能。三世紀末以後，我們有一份甚為殘缺歐西倫庫斯市議會的開會紀錄，討論帝國政府要求的100套衣服。政府財務官允許的價格顯然極不合理，價值49笛納(denarii)(譯註[82])的麻紗衣，財務官只付11笛那。市議會憤怒地答覆：「除了財務官允付的之外，須加19笛納，麻衣商才滿意」。還有一份在議會中宣讀的織工要求加價的陳情書，"因為原料和工資皆已上漲"。市議會只得同意增加。其中詳情並不清楚，但很明白，市議會負責物資供應，與製造有關的基爾特協調，並補足政府所付的差價[83]。

---

[79] 參註57。

[80] P. Oxy., 908。

[81] B.G.U., 1564。

[82] 笛納是羅馬銀幣單位，1笛那等於10銅幣(asses)，後期等於18銅幣。另一銅幣單位為色斯特sestertius，每4個色斯特等於1笛納。

[83] *P. Oxy.*, 1414。

康士坦丁(或其子之一)有一法律規定,所有城鎮的centonarii和fabri基爾特須要新人補充時,由dendrofori基爾特的成員加入[84]。這是帝國政府認爲基爾特,或最少這些對公共生活,如救火,有特殊重要性的基爾特,須以強迫方式加以維繫,最早的信號。在塞奧多西法典中,一些較晚的法律曾強制城鎮基爾特以世襲的方式維持,規定基爾特成員即使曾任行省或皇宮的官職(officia),曾從軍,曾遷徙而成墾殖民(coloni),也必須將他們的子女帶回故居城鎮[85]。這一類法律沒有早於395年的,但有很多出現在此後的20年中。到四世紀末,問題似乎變得嚴重,雖然其源頭可推到更早的時期。在四世紀末的30、40年內,基爾特成員子女的命運,在一出生即已由法律決定[86]。此外,有一點可注意,即這些法律全針對帝國西部的省份:義大利,非洲和高盧。這樣的法律全不見於查士丁尼法典。在義大利,後來的皇帝華倫庭尼阿魯斯三世在452年,馬加仁魯斯(Majorianus)在458年,塞奧多(Theoderic)在六世紀初都曾重申過類似的規定[87]。如此不難推想,帝國東部的城鎮,從未像西部那樣,遭遇工匠外流的問題;帝國東部的皇帝,也從未感到有必要以世襲的手段來維持基爾特。在帝國東部,城鎮生活較根深蒂固,有錢人繼續留在城中,工匠和小商人從不愁沒主顧。在帝國西部,到四世紀後期,城鎮對他們貨物和服務的需求減少。這可能是因爲大地主手

---

[84] *Cod. Theod.*, XIV, viii, 1。

[85] *Cod. Theod.*, I, xii, 6, VI, xxx,16-7, VII, xx, 12, xxi, 3, XII, i, 146, 156, xix, 1, 2, 3, XIV, vii, 1,2。

[86] *Cod. Theod.*, XII, xix, 1-2。

[87] Val., *Nov.* xxxv. 3, Maj., *Nov.* vii, 2-8, *Ed. Theod.*, 64。

中握有的土地越來越多，漸漸移往大城或退居其自有的鄉間農莊，因此工商業者也被迫移往鄉間以農為生。

法律本身從未說明，為何帝國政府將維持基爾特當作一項與公共利益有關的事。法律只模糊提到基爾特在城鎮中擔負的責任(munera)。何諾留斯曾抱怨高盧的城鎮因少了他們的服務，遂失去昔日的光輝(destitutae ministeriis civitates splendorem quo pridem nituerant amiserunt)[88]。馬加仁魯斯曾提及基爾特，在市議員(curiales)的指揮下，為各自的城鎮輪服徭役(operae)[89]。這或可從一法律得到驗證。這一法律暗示亞歷山卓的基爾特(corporati)有責任去疏浚河川[90]。這也可從利班留斯的抗議證明。他抗議安提亞克對商人和工匠的壓迫。他們被迫不是擱下自己的生計，就是花錢僱人，去作清除溝渠和汰換建築廊柱的事[91]。其他一些徭役和帝國政府的利益更有關。華倫庭尼阿魯斯一世曾提到基爾特成員，被迫為帝國驛站作驅趕牲畜的工作(prosecutio animalium)[92]。利班留斯抱怨他們曾被迫去修築驛站房舍並在驛站中服務[93]；此外有一法律顯示，迦太基城的基爾特，曾被迫為當地國有之紡織作坊，以不合理的代價提供物料(species，這可能是指紗)[94]。

因此，在帝國政府眼中，基爾特的主要功能似乎是為其城鎮和羅馬中央提供勞役，而和他們的職業無涉。在此之外，麵包師當然

---

[88] *Cod. Theod.*, XII, xix, I。

[89] Maj., *Nov.* vii, 3。

[90] *Cod. Theod.*, Xiv, xxvii, 2。

[91] Libanius, *Or.*, xivi, 21。

[92] *Cod. Theod.*, XI, x, 1。

[93] Libanius, *Or.*, XLVI, 19。

[94] *Cod. Theod.*, XI, i, 24。

繼續有他們職業上的重要性。利班留斯談到不少安提亞克城週期性的麵包危機，並抱怨以粗魯的毆打，強迫麵包師接受任意訂下的價格，最後迫使麵包師逃往山區[95]。

　　沙地斯(Sardis)的一方碑銘[96]則表現出，基爾特和市政當局之間較愉快的關係。西元459年，該城防衛官(defensor)和建築基爾特達成一項協議。後者承諾他們的成員，只要僱主以約定的數目付工資，即不違約罷工；並同意除非因病，如有任何成員不能履約，基爾特負責找人代替。如有成員阻礙工程，基爾特將照約賠償。在此，我們看見市政府為了市民利益，透過對其成員負整體責任的基爾特，來約束個別的建築工遵守交易的約定。西元473年，芝諾皇帝(Zeno)(譯註[97])的一項法律，曾禁止大盤和零售商聯合壟斷衣服、食物和其他貨物的價格，並禁止工人協議不去完成他人已開工或放棄的工程。在此，帝國政府也將執行法律的責任加諸相關的基爾特之上[98]。

　　或許可以一提，沙地斯城的基爾特成員是建築工匠。他們各自履行工程契約，並將生病視為延後完成工程的正當理由。一項西元436年的法律[99]顯示，即使是行省首府較有錢的大商人、錢莊主人、珠寶商、銀器匠和衣飾商，他們可想而知是各省市紳的供應者，也都是一些和平的人。他們的野心似乎只在能參加各省公職(officium)的行列，也就是帝國最低一層公務員的行列。這一層的人員皆世襲

[95] Libanius, *Or.*, I, 205 ff., XXIX, passim。

[96] Sardis, VII, 18, Gregoire, *I.G.C.*, 322。

[97]　西元474至491年在位之東部羅馬皇帝。

[98] *Cod. Just.*, Iv, lix, 2。

[99] *Ibid.*, XII, lvii, 12。

其位,並明白沒有升遷的機會。即使如此,帝國政府仍規定這些低職位也"不可被污染"。在四世紀中,馬奇尼魯斯(Ammianus Marcellinus)(譯註[100])曾提到一位米索不達米亞省的富商——安東尼魯斯(Antoninus)。他大概是從事利潤頗厚的遠東貿易。後來加入該省督軍(dux)(譯註[101])幕府任財務之職,最後升任爲禁衛軍(protector)(譯註[102])。此職有望候補爲軍官。安東尼魯斯原來的身份顯然不高,才會以爲如此已提高了自己的身份[103]。

9、工商大城

　　以上所及,皆羅馬帝國一般城鎮之大要。現在談談少數工商業的中心大城。以工業言,能說的可惜很少。因爲可用的資料幾乎沒有。克瑞索斯托穆斯(Dio Chrysostomus)(譯註[104])曾提到塔索斯的人口中,有相當大一部分從事織麻。這些人雖有正當工作,卻無力負擔該城規定享有政治權力者必繳的500德拉克馬錢(drachmas)。在鄰近一大城——安納熱巴士(Anazarbus),有一碑銘提到一織麻工的基

[100] 馬奇尼魯斯是西元四世紀中晚期,出生於安提亞克的一位史家。他是希臘人,卻以拉丁文寫下羅馬後期最重要的一部史籍,其書有31卷,接續塔奇土斯之作,自多米提阿魯斯皇帝之死寫到阿卓堡(Adrianople)之役,也就是自西元96寫到378年。可惜其書頭13卷失傳,其書之重要在於許多事爲作者親身經歷,並爲此一時期史實唯一較可信據的文獻。

[101] 督軍是羅馬後期軍區的統帥,其軍權分自行省總督;在邊境地區,他們也是邊防軍團的統帥(duces limitum)。

[102] 禁衛軍是羅馬後期皇帝的貼身和宮廷衛士,包括步兵與騎兵兩種。

[103] Amm. Marc., XVIII, v, 1。

[104] 他是一位西元一、二世紀間,出生於畢熱尼亞省普魯沙(Prusa)的希臘演說和哲學家,曾因反多米提阿魯斯皇帝而遭放逐,雲遊於希臘與小亞細亞各地;有約80篇演說傳世,他的演說生動反映許多他的生活和時代。

爾特[105]。這意味織麻業操縱在一大群獨立的工頭手中。他們無疑像歐西倫庫斯的織工一樣，僱工生產。帝國後期的工業中心似乎就是帝國作坊之所在。索若門魯斯(Sozomenus)(譯註[106])說，塞熱庫斯城很重要一部分人口是，在政府織造作坊和礦場工作的工人。格・納山仁(Gregory Nazianzen)(譯註[107])提到卡帕多西亞省(Cappadocia)的凱撒瑞亞(Caesarea)的兵器作坊工人，情形也類似[108]。這些作坊的工人成一世襲的團體，和城市其他的人口判然有別。

有少數商業城，我們所知較多。在帝國西部，從陸獨隆(Lugdunum)和阿瑞列特曾出土相當大量的碑刻，而歐斯提亞港的發掘不但使古城重現，也得到大批碑銘。只是這些材料猶待發表。在帝國東部，隊商貿易大城帕米拉(Palmyra)已經徹底發掘，成果業已發表。

陸獨隆[109]位於隆河(Rhone)和沙隆河(Saone)交會處，是高盧交通網之要衝，全區自然之商業中心。自地中海輸入的貨物大部分沿河，少數沿陸路由此分銷至高盧內地。高盧所產亦由此出海輸出。陸獨隆也是一個重要的行政中心。它是高盧4省省都之一，也是兩省財政總監駐蹕之處。此地有城防隊駐守，也是西帝國主要鑄幣作坊

---

[105] Dio. Chrys., XXXIV, 21-3, *I.G.R.* III, 896。

[106] 索若門魯斯是死於西元450年的一位基督教史家，所寫自324年至439年。

[107] 格・納山仁是康士坦丁堡的主教，死於西元389年，有演說與詩歌傳世。

[108] Soz., *Hist. Eccl.*, V, 15, Greg. Naz., in Laud. Bas., 57。

[109] Grenier in *Econ. Survey of Anc. Rome,* III, pp.479-486。相關碑銘收入*CIL*, XIII, pp.248ff., nos. 1726-2445，關於基爾特，見Waltzing, III, pp.558-78。

之所在。再者，此地有羅馬和奧古斯都祭壇，是高盧諸省(Gallia Comata)60個城鎮集會之處。因為交通方便，市場良好，可想而知陸獨隆有相當發達的商業。在此我們的確找到不少興隆的船主和商人基爾特。其中有名為"隆河與沙隆河大船東協會"(splendidissimum corpus nautarum Rhodanicorum et Araricorum)者，他們的基爾特有時合而為一，有時往來隆河與沙隆河者又各有組織。還有名為"陸獨龍皮筏協會"(corpus utriclariorum Lugduni consistentium)，由營皮筏河運者組成。另外有酒商基爾特(negotiatores vinarii Lugduni consistentes)。可能是由酒進口商組成，因為此時在馬西夫中部(Massif Central)以北尚無葡萄種植[110]。我們也發現有獨自各別的穀物和油商(negotiator frumentarius-olearius)以及一個名為"阿爾卑斯南北麓巨商協會"(negotiator corporis splendidissimi Cisalpinorum et Transalpinorum)。這個基爾特顯然是由往來阿爾卑斯山貿易的商人組成。同樣的基爾特在米蘭也發現一個。此地除三位一體的fabri tignuarii、centonarii和dendrofori基爾特，還有一些其他的工業基爾特，如斗篷匠(sagarii)、泥水匠(artifices tectores)，以及許多個人的工匠和工頭(常不易區分)：銀匠、玻璃匠、陶匠、梳羊毛工、麻織工、製肥皂工等所組成者。

　　船主、商人和工匠是關係錯綜的一群人。其中有許多是解放奴，還有更多是外國人。有來自日耳曼特瑞委人首府特瑞維盧(Augusta Trevirorum)和維也納的，也有瑞米人(Remi)、凡奇尼人(Vangiones)、維羅卡西人(Velocassii)。一位維羅卡西人曾自詡是陸獨隆墾殖區兵團的候補(sublectus in numerum colonorum)。從馬可·

---

[110] (可能始於西元一世紀，Grenier, o.c., 580-584)。

奧利留皇帝迫害基督徒的故事裡可知，在城鎮中頗有一些東方居民；他們大部分像墳墓猶存的敘利亞的太・裘利阿魯斯(Thaemus Julianus)，以商爲生。可考的解放奴，大部分是奧古斯都祭司團(seviri Augustales)的成員，因此可知也是有錢之輩。外國人中有3人是其城鎮中有地位者，一人是特瑞委人的市紳，另一人是維也納的雙人市長之一(duumvir)，還有太・裘利阿魯斯是其家鄉堪納沙(Canatha)的議員。而當地人反多無足輕重之輩，能誇耀的最多不過是陸獨隆的市民(civis Lugdunensis)身份罷了。即使是這樣的商業中心，城鎮貴族仍然不經營工或商業，而將這些活動交給外國人、解放奴和地位較低的人。

　　阿瑞列特是高盧南部的首要港口[111]。順隆河而下的貨物在此轉上海船。在這兒，我們再度發現河運船主的基爾特(corpus nautarum Druenticorum)和皮筏基爾特。海運比較而言更爲重要，其組織可以阿瑞列特海船船主第五協會(naviculariisi marini Arelatenses corporum quinque)爲代表。此處也有造船者基爾特(fabri navales)，和建築、木匠的組織(fabri tignuarii)分而別之。阿瑞列特的碑銘不若陸獨隆豐富，但所顯示的情形一致。船主有許多是解放奴，被排除在當地貴族之外。有一資料十分有趣[112]。這是一封羅馬糧政官寫給一位省財政官(可能是procurator ad annonam provinciae Narbonensis et Liguriae)的信。這位省財政官曾被阿瑞列特的船主立碑稱頌過[113]。糧政官在信中提到：他接到一件船主基爾特的決議。決議中除了抱怨，並威

---

[111] Grenier, o.c., 473-8；碑銘見*CIL*, XII, pp.83ff, nos 654-977, 5804-24；基爾特參Waltzing, III, pp.524-32。

[112] *ILS*, 6987。

[113] *ILS*, 1432。

脅說：如果度量衡不公的情形不能改善，將進行罷工。他因而令省
財政官採取適當措施，加以補救。值得注意的是，帝國政府對基爾
特的抱怨直接加以處理，而阿瑞列特市政當局顯然對紛爭了無興
趣，對基爾特也不支持。

作爲羅馬出海港的歐斯提亞情形頗不相同[114]。歐斯提亞自有一
小塊領地，並完全由港務當局控制。該港由克勞底烏斯皇帝所建。
羅馬所須的各類貨物，從應付龐大人口所須的穀物、酒和油、各種
工業產品、從窮人所穿的廉價衣物到富人享用的奢侈品、政府糧政
官員進口的大宗糧餉以及私人貿易的貨物都由此進入。因爲該港專
事進口，多由外商及外地船隻經營，即使當地有船主基爾特，重要
性也有限。船主協會(corpus navicularorum)有關的碑刻只發現一件[115]，
而且屬於克勞底烏斯以前的時代。那時河、海船的船主基爾特很可能
還沒有各自獨立。後來有了好幾個駁船夫(lenuncularii)和駁船員
(codicarii)的大基爾特。他們從事自海船卸貨，沿台伯河將貨送往羅
馬的工作，也擔任擺渡和各種水上有關的雜事。其他和船運有關的
基爾特還有造船(fabri navales)、補船縫工(stuppatores)、清倉工
(saburrarii)、領航員(curatores navium)組成者。另外一類重要的基爾
特是由負責計算由船所卸穀物數量，儲糧並運往羅馬的人所組成，

114　關於該港一個有用的總論可參*Econ. Survey of Anc. Rome.*, V, pp.236-52；
　　又可參F.H. Wilson, "Studies in the Social and Economic History of Ostia",
　　P.B.S.R., XIII(1935), pp.41-68, XIV(1938), pp. 152-62。有關碑刻見*CIL*,
　　XIV, 1-2039, 4127-75, *Suppl.* 4279-5411。關於基爾特，參Waltzing, III,
　　pp.593-641。新材料除了Fasti Ostienses，其餘有待發表(現在可參R.
　　Meiggs, *Roman Ostia*, 1960, 第10, 11, 13, 14章)。

115　*ILS,* 6171；除非*ILS*, 6146(歐斯提亞出土), 7277(羅馬出土)二碑提到的
　　navicularii maris Hadriatici是屬於歐斯提亞的基爾特。

稱之爲mensores frumentarii。此外有糧商(mercatores frumentarii)、酒商(negotianes fori vinari)以及重要的麵包師(pistores)基爾特。其中最大並最富有的基爾特是建築基爾特(fabri tignuarii)。西元198年，它誇稱有成員350人，顯示出一個茁壯的大港，其建築業繁榮的景況。

這些基爾特的成員，從其姓名來看，絕大部分是解放奴或祖先曾爲奴隸者，而大體上無疑都是出身甚低的人。但有少數基爾特領袖，即使是解放奴，也曾被選爲奧古斯都祭司團的一員；如爲自由民，甚至有升至議員階級者。例如弗提斯(P. Aufidius Fortis)[116]和法斯土斯(M. Junius Faustus)[117]兩位糧商，都被選入議員階級並任市長，而蒲來維土斯(M. Licinius Privatus)[118]，一位麵包師和建築兩基爾特5年一任的執事(quinquennalis)，本人雖顯然爲解放奴身份，僅可享議員之名(ornamenta decurionatus)，卻可誇稱是議員子孫的父親和祖父。在第一世紀曾任公職的舊家族，在第二世紀時，允許以工或商致富的新人或其子孫進入城鎮貴族階層。陸奇利家族(the Lucilii)的格馬蘭(Gamalae)甚至允許一位新人格‧菲里克斯(Cn. Sentius Felix)[119]收養他們的繼承人。他是船與船員協會(curatores navium marinarum)5年一任的執事，也是無數基爾特的庇主。在歐斯提亞極特殊的環境下，由工商業累積的財富成功地超越了得自土地的財富。

---

[116] *CIL*, XIV, 4620。

[117] *ILS*, 6140。

[118] *ILS*, 6165。

[119] *ILS*, 6146。

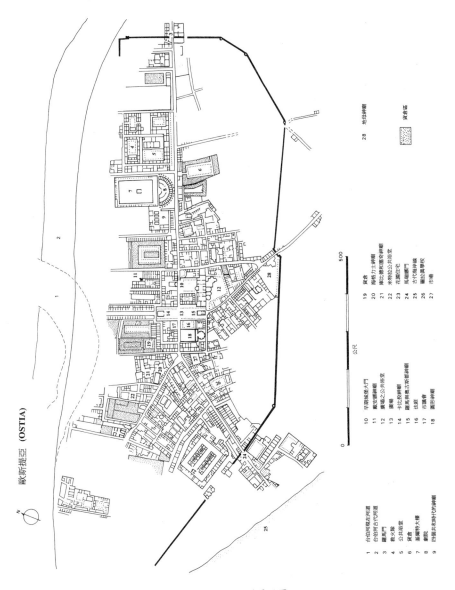

圖 6.7 歐斯提亞港平面圖。

　　帕米拉第一次被稱爲富庶的城鎮是在西元前41年[120]。此城在一世紀時大爲繁榮，二、三世紀時更加發達。西元273年爲奧利阿魯斯皇帝(Aurelianus)攻陷後，即一蹶不振。帕米拉城宏偉的遺跡，偉大的貝爾 神廟(temple of Bel)，迴廊夾側的街道，成百壯觀的陵墓都顯示整個城鎮，和其中居領導地位的市民都極爲富有。此城位居廣大沙漠圍繞下的一小片綠洲。其財富必全來自貿易。帕米拉能享繁榮，似乎是因爲它能掌握利潤極豐的東方奢侈品貿易。這些貨品必須是自陸路輸入，而不是自印度直接經海路到紅海的港口，進而至亞歷山卓。當帕米拉正盛的時代，另一條偏北經兩河流域的陸路貿

圖 6.8 帕米拉城遺跡。圖中近處建築爲戲院，遠處右方爲貝爾神(Bel)神廟。

易線甚少使用，因爲在安息諸王放任的治理下，政治猶處於無政府狀態，過往商人遭地方侯王任意重重徵稅。其後，羅馬與安息之間不斷的戰爭也使北路貿易無由恢復。帕米拉人的商隊直接橫越沙漠往巴比倫，甚至直抵波斯灣的港口，避開了混亂的地區(譯註[121])。

---

[120] Fevrier, *Essai sur l'histoire politique et economique de Palmyre*; J. Starcky, *Palmyre*。

[121] 關於羅馬與東方的貿易以及帕米拉的貿易情況，可參*The Roman Economy*，第7章：Asian Trade in Anitquity，頁140-150。

　　這種沙漠商隊貿易的情形，可從若干希臘和阿拉邁克語(Aramaic)的碑刻中得之[122]。帕米拉利用對過往貨物徵關稅，使城市大得其利。有些碑銘提到商隊($\sigma\upsilon\nu o\delta\iota\alpha\iota$)商人。他們來往於巴比倫的弗拉佳西斯(Volagasias)和波斯灣的加拉喀斯(Spasinou Charax)之間。在加拉喀斯有帕米拉人所設"作坊"性質的設施。他們常對擔任商隊隊長($\sigma\upsilon\nu o\delta\iota\alpha\rho\chi\alpha\iota$)的顯要公民加以褒揚。商隊隊長隨商隊而行，爲商人提供保護、裝備、組織隊伍並任嚮導。他由此可得報酬。因爲有一隊長爲他的僱主省下300金幣而特受稱讚[123]。又有另一隊長"於任隊長時，總能盡職保護商隊"，他爲此甚至自行花大錢，故而倍受讚揚[124]。擔任隊長者本身似乎很自然也是商人，而且很可能還是商隊商人的頭目($\alpha\rho\chi\epsilon\mu\pi o\rho o\iota$)。碑銘有時提到他們發揮和隊長相同的功能。有一次，帕米拉的人民和議會褒揚一位商人頭目護送一商隊回城，不但不取報酬，還自掏腰包[125]。另一碑銘褒揚塞・弗羅笛斯(Septimus Vorodes)[126]。他是帕米拉的法官(iuridicus)和行政官(procurator ducenarius)，也曾任將軍和市場官。碑中說他自費護送商隊歸來而爲商人頭目所稱謝。這可能意味塞・弗羅笛斯曾多次出任商隊領袖並因而贏得商人頭目的感謝。如此，商隊領袖就和他所護送的商人頭目非同一人，他本人也不一定是商人。另一位免費護送商隊歸來的商人頭目，大概是在不尋常的情況下擔任頭目的。也許更可能的是，塞・弗羅笛斯是以該城將

---

[122] 最重要的是 *O.G.I.*, 632, 633, 638, 641, 646, *I.G.R.*, III, 1050, *S.E.G.*, VII, 135, 139, 142, Le Bas-Waddington, 2603。前述資料與一些殘文，羅斯托夫茲夫(Rostovtzeff)曾加討論，見Melanges Glotz, II , pp.793ff。

[123] *I.G.R.* III, 1050。

[124] *S.E.G.*, VII, 139。

[125] Le Bas-Waddington, 2603。

[126] *O.G.I*, 646。

軍，而不是以通常商隊隊長身份，保衛商隊歸來。在這種情況下，商人頭目就可能同時也是商隊隊長。帕米拉城有自己的軍隊以維持沙漠的治安。一位常擔任商隊隊長的傑出市民，也曾因任將軍不斷對抗遊牧的伯都因人(Bedouin)而受讚揚[127]。

帕米拉貴族的財富無疑來自貿易。該城的官員和議會議員本身也都是富商，或爲商人提供保護而賺得財富。然而我們必須牢記，帕米拉是一極特殊的城市。佩特拉城(Petra)無碑刻傳世，其情況可能和帕米拉類似。但大馬士革(Damascus)擁有大量肥沃的土地，地主的力量很可能大過商人。

羅馬帝國後期與遠東的貿易持續不斷，因爲絲、香料和其他東方的奢侈品仍爲貴族所需要。漫長的海路仍然爲亞歷山卓帶來財富。陸路現在則轉經兩河流域。在波斯的尼西比斯(Nisibis)和羅馬的卡林尼孔(Callinicum)之間開通有運河[128]。帝國政府在地中海的海運上扮演重要的角色。政府透過各船主基爾特(corpora naviculariorum)，自各產地將大量食糧和儲備物資運往兩個首都和專供軍隊之需的港口(expeditionales portus)。這些基爾特以省爲單位，可考的如西班牙、非洲、東方或敘利亞省的基爾特，亞歷山卓和卡帕色斯(Carpathus)則分以其船隊爲代表[129]。

10、航運與工商業

在帝國頭300年裡，船主曾經歷一種奇特的轉變。他們變成世襲的地主，或更精確地說，不論他們的地產傳給子孫或因贈予而傳給

---

[127] *S.E.G,* VII, 139。

[128] *Cod. Just.,* IV, lxiii, 4。

[129] *Cod. Theod.,* XIII, v, 7, 8, 10, 14, 32, 36-7, ix, 3, 6。

外人，都變成附屬於船主地產的奴隸(functio navicularii)[130]。政府以黃金及穀物償付運費(每運1,000羅馬斗modii，付1金幣solidus及所運糧的百分之四)。為抵償修船費(運10,000羅馬斗的船以50羅馬畝土地計)，政府准船主免納土地稅，不過明白承認這事實上並不足以抵修船的費用[131]。船主須要依靠他們地產的收入彌補不足之數。他們被迫接受各種所謂優待，其中最重要的是免除為城鎮服務的徭役[132]。

帝國早期的船主為何在這時經此奇特的轉變，僅能作一些臆測。帝國政府早已發現，利用給予特權鼓勵船主參與政府糧餉的運送，比以高運費吸引其他富人協助運送為經濟。克勞底烏斯已經採取這一政策[133]，而最重要的特權——免徭役(vacatio muneris publici)，包括免城鎮之役，後來擴大包括免除擔任城市公職(honores)和成為市議員，早在哈德良皇帝時代已經如此[134]。其影響有兩方面。一方面是擔負運送政府糧餉的船主，將獲利投資於土地，卻企圖繼續此一行業，由子傳孫，即可一直免除徭役。另一方面，必被納入議員階級的地主卻將部分資產投入船運，以避免納入議員階級。因此，哈德良、安東尼魯斯(Antoninus Pius)和馬可·奧利留皇帝都企圖阻止，使議員或可能的議員僅藉加入船主基爾特，不須將相當資產投入船運，即可獲得免役特權的現象[135]。如此，船主可置地產，而地主也可投資航運。他們的繼承人各世襲其業並保

[130] *Ibid.*, XIII, v, 3, 19, 20, 27, vi, passim。

[131] *Ibid.*, XIII, v, 7, 14。

[132] *Ibid.*, XIII, v, 5, 7, 16。

[133] Suet, *Claudius*, 18-9, *Gaius, Inst.*, I, 32, Ulpian, *Frag.*, III, 6, 參 Tac., *Ann.*, XIII, 51。

[134] *Dig.*, L,ii, 9, §1, iv, 5, v, 3, vi, 1, 5, §§3-9, 13。

[135] *Dig.*, L, vi, 5, §§ 6-9。

有特權。到第三世紀時，航運不再有利可圖，主要因爲政府未能隨物價波動調整運費，船主變得樂於退出爲政府服務。可是政府卻將船主的工作視爲義務，他們得到的特權就是合理的報酬，強迫享有特權地產的人繼續爲政府工作。

可能就在這種情形下，四世紀時船主(navicularii)成爲十分特殊的一個階級。大地主必須花錢維持爲政府運送糧餉的船隻。他們似乎都是頗有資產者。帝國東部總管(praetorian prefect of the East)爲東方省設立一新基爾特，受命自議員，退任之行省總督和元老階級中擇人加入[136]。土地稅免稅範圍包括大地產。每一10,000羅馬斗載運量的船(相當於75噸)，可使50羅馬畝的土地免稅。這在敘利亞相當於最上等之耕地1,000畝。

11、海上貿易

也有相當多商人從事私人海上貿易。規模最大的無疑在亞歷山卓[137]。但也正因爲如此，我們倍覺遺憾，因爲我們對這一大城所知極有限。亞歷山卓所出的碑刻或草紙文書極少。我們依靠的，主要是文獻裡一些含混的描述。據這些文獻，亞歷山卓顯然是羅馬帝國最大的商業城市。第一，從此將埃及物產出口至帝國各處，主要有當地沃土所出的穀物和著名的工業產品──麻織物。其次，這裡控制著與阿拉伯和印度的海運。貨物或在克利斯馬(Clysma)卸貨，或經由圖拉眞皇帝所築的運河和尼羅河，或在紅海西岸港口卸貨，再以商隊運至尼羅河，送往亞歷山卓。第三，亞歷山卓本身有相當規模的工業，以玻

---

[136] *Cod. Theod.*, XIII, v, 14。

[137] *Econ. Survey of Anc. Rome*, II, pp.335-46。

璃、麻織、草紙製造著名。草紙尤為此地在全帝國中的專利產品。東方的產品也在這裡改裝和裝瓶，再分銷到西部市場。

　　亞歷山卓有些商人極為富有。例如有一位費姆斯(Firmus)，據說擁有到印度貿易的船隊，對東和南方沙漠中的布列明斯人(Blemmyes)很有影響力，可能也參與東南非的商隊貿易，以握有大量玻璃和草紙知名。他曾在埃及領導一次反奧利阿魯斯皇帝(Aurelianus)的叛亂。很可惜，我們之所以知道他，是依據頗不可靠的史書——《羅馬皇帝史》(Historia Augusta)。他是我們所知的商人中，唯一有政治野心的。他必是一位了不起的人物[138]。從基督教聖徒傳一類的資料可以知道一些後期商人的情形。陸非魯斯(Rufinus)記載道，有一位商人自從最後一次航行自塞白德(Thebaid)歸來後(他在此無疑曾選購東方貨物)，售出所有貨物並濟助窮人，他的貨物價值20,000金幣(約當275磅黃金)[139]。另一位從事西班牙貿易的商人，據載，除奴隸和田宅，曾留下現金5,000金幣(約近70磅黃金)給其繼承人[140]。還有一位，其父乃該城名流，因船難而沒落。他藉父執輩之助，東山再起，並很快即比他的父親更為富有[141]。這些故事不一定可靠，但最少顯示亞歷山卓商業鉅子的財富，在人們想像中，是何種規模。

12、商業與土地收入的比較

　　我們只要想想一個士兵的年薪，一年只有4到5個金幣即足以供其充足的糧食、肉食、酒和油，即可想見亞歷山卓商人的黃金購買

[138] *Hist. Aug.*, Firmus, 3。

[139] Rufinus, *Hist. Mon.*, xvi (= Palladius, *Hist. Laus.*, 65)。

[140] Palladius, *Hist. Laus.*, 15。

[141] Joh. Moschus, *Prat. Spir.*, 193。

力何其龐大,他們的財富何其可觀。然而,他們仍然不可能與帝國
的土地大亨—羅馬元老比富。據一位可靠的史家,奧林皮多盧斯
(Olympiodorus)(譯註[142])記載,一個普通的元老一年自土地上得到的
收入,從1,000至1,500磅黃金,而最富有的可達4,000磅,外加約爲
此三分之一的實物收入[143]。因此,可見作爲財富收入,商業仍不能
與土地相比。

第二節　農業

從共和晚期,大農莊逐漸成爲農業經營的主要形態(參本書
4.1:1)。帝國的頭200年裡,除了仍有無數小規模的農莊,在義大利
和各行省,大農莊最主要的主人是羅馬政府。義大利的生產以橄欖
和酒類爲主,埃及是糧食作物的主要供應地。農業勞動力原有極高
的比例爲奴隸,但隨著戰爭停止,奴隸來源減少,大農莊爲了維持
穩定的勞動力,逐漸將土地分租給自由身份的佃農(coloni)。這些佃
農很多是解放奴。二世紀時,以奴隸爲主的大農莊已沒落,代之而
起的是佃農制。隨著佃農制的興起,許多相關的法規跟著出現。這
就埋下了中古歐洲莊園農奴制(manorial serfdom)的種子。

---

[142] 奧林皮多盧斯是西元五世紀初一位埃及的史家,以希臘文著有史書22
　　卷。

[143] *F.H.G.*, IV, p.67 (frag.44)。

6.2:1　大農莊毀滅了義大利

譯自：Pliny, *Natural History*, XVIII. vii.35；**轉見**RC. II(1990版)，頁
　　85-86。

　　老一輩的人都相信，擁有地產一定要有節制。因爲他們認爲播
種不宜過多，而耕耘宜勤。我發現(詩人)魏吉耳(Vergil)也持這種看
法。事實上，現在大農莊已摧毀了義大利，各省很快也要被毀。當
尼祿皇帝判處6個地主死刑時[144]，這些地主握有非洲省一半的土地。

6.2:2　大農莊的經營

譯自：Columella, *On Agriculture* I.vi-ix；**轉見**RC, II(1990版)，頁
　　86-90。

　　一個莊園的大小和應分成幾部分，都應和整塊地產的面積成比
例。莊園應由三部分組成：莊主宅第(villa urbana)、農舍(villa
rustica)、倉庫(villa fructuaria)……。

　　這些都有了或建成之後，莊主在種種事務之中，尤須注意那些
勞動的人。他們或是佃農，或是(沒有上橑梏或鎖鏈的)奴隸。莊主
對佃農要可親仁慈，對工作的要求應比對金錢更嚴格，這樣反少怨
尤，通常來說，也較有利。因爲如果他們小心勤懇地耕種，只會獲
利，從不會有損失。除非遭受盜賊或天候異常，佃農將不會要求減

---

[144] 羅馬皇帝常因財政上的壓力，藉口沒收政敵或有錢人的財產，尼祿死
　　後，元老院不但不封他爲神，反毀去一切他的雕像和碑銘，原因即在
　　此。

租。莊主不應對佃農所約定的一切斤斤計較，例如某一日非繳租，
繳柴薪，或繳納其它小東西不可……我自己曾聽普・弗逸休斯
(Publius Volusius)說過一件事。這位老人曾任執政，十分富有。他
說：「莊園最幸運的事是能用當地人為佃農，並且能因長期的關
係，維繫住他們，使他們覺得好像自出生，即生活在自己父親的產
業上」。因此，我堅決認為不斷層層轉租是不利的，更糟的是承租
的佃農自己不耕種，住在城鎮裡，卻將下田的工作交給奴隸。沙塞
拉(Saserna)[145]曾說：這樣的結果，通常不是收入，而是官司纏
身……。

　　如果天氣尚宜於健康，土地尚屬肥沃，莊園主人自己在莊上照
顧，遠比請人照管獲利為多……可是如果莊園太遠，莊主無法親自
巡視，則不論那種莊園，最好都請自由農，而不要用奴隸當管莊。

尤其是種糧食的
莊園，自由的佃
農對之不會像對
葡萄園或樹園那
樣有大害，而奴
隸則為害極大。
奴隸會將耕牛私
下出租，不好好
餵養耕牛或其它
的牲畜，不好好
耕田，下種以少

圖 6.9 今法國北部Estrées-sur-Noye地方著名的羅馬農莊遺跡
　　　空照圖。

---

[145] 他是一位瓦羅(Varro)在著作中提到的另一位曾有農牧方面著作的共和時
　　代作家。

報多……自己偷竊，也不管別人偷竊。即使已經入庫，記錄也不誠實……因此，依我之見，這類莊園，像我所說，如果莊主不能自己管莊，最好出租。

接著談到奴隸應分擔那些責任，分配那些工作。我的頭一件忠告是：不要用外貌迷人，尤其不可用那些曾在城市中任賤業的奴隸為管工。這類奴隸懶惰成性，頭腦不清，耽於游手好閑，迷於競技場的賽會、馬戲、戲劇、賭博、酒館、娼館；他們耽於這些蠢事而不知回頭。當這樣的奴隸將這些帶到農莊，主人損失的不僅是一個奴隸，而是整個莊園。我們應選擇從小即耽於農事，並證明富於經驗的人……他必須大約中年，身強力壯，精於農藝，吃苦耐勞……不論任命誰當管工，都要給他一個妻子。這樣不但可使他受到約束，在某些事情上，更可成為他的幫手……。

關於其它的奴隸，以下是一般宜遵守的教訓，我自己也奉行不悔。我以親切的態度和鄉下來的奴隸交談，除非他們自己行為不當；和城鎮來的奴隸比較，我也較常和鄉下奴隸交談。因為我發現主人的友善可以使他們覺得較不辛苦；有時我甚至和他們一起說說笑話，也讓他們輕鬆說笑。現在我還實行一法，即有新工作時，我叫他們來商議，如同他們才是行家；這樣我可以發現他們每一個人各有什麼才能，各有多少才智。更重要的是，我發現他們更自動去任事，因為他們以為自己的意見曾被詢問，而自己的忠告也被接受。一件謹慎的主人都遵行的成規是：小心監管那些被關監的奴隸，查明他們是否都上好鎖鏈，監禁的牢房是否安全，是否有適當的防衛，看管的人是否給他們上了橑桔，或未經主人同意即鬆了他們的枷鎖……。

　　我對努力工作的人加以鼓勵，對特別能生產的女人，生產一定數目的小孩以後，即有獎勵。我讓她們免除工作，甚至在生許多小孩以後，釋放她們自由。生3個小孩的母親即可免除工作[146]。生更多的則可獲自由。主人這樣的公正和關懷，大有助益於增加他的產業……。

6.2:3　租佃制的興起

譯自：Pliny, *Letters,* bk. X, no.8, 5-6；**轉見**RC II(1990版)，頁94。

(蒲林尼致圖拉真皇帝函)

　　我請求……容我告假[147]……因為我在同一地區[148]擁有的土地出租事宜，已不容再拖延，尤其因為其租金高達400,000色斯特銅元[149]，新的佃戶已等著進行必要的(葡萄樹)修剪。再者，連續幾季欠收，我必須考慮減租。這事非我親自去辦不可。皇上，我將欠你一份情……為我私人之事，如果你許我告假30天。因為我所說的土地和我的駐地相距150哩以上，我無法請更短的假。

6.2:4　埃及的土地租約

譯自：*Amherst Papyrus* no.91；**轉見**RC II(1990版)，頁95。

---

[146] 自進入帝國時代以後，戰爭減少，戰俘來源萎縮；奴隸主多採鼓勵奴隸生產的方式，培養下一代的奴隸。

[147] 這大約是西元99年，蒲林尼當時不過是羅馬城的一小官。

[148] 這可能是台伯河的提弗龍(Tifernun)地方。

[149] 這是指一年或數年的租金，不明。

　　(阿西若耶Arsinoe)市[150]的阿弗第休斯(Aphrodisius)——阿庫西老斯(Acusilaus)之子致未成年的西羅(Hero)——沙拉皮歐(Sarapio)之子，其監護人伊西瑞歐(Ischyrio)——西羅德(Herodes)之子，以及得到未成年者的母親——西羅伊斯(Herois)的同意。我願意一次承租歸西羅所有，在尤米銳亞(Euhemeria)村附近，約11阿羅拉(arouras)[151]大小的葡萄園地；自現今——我主安東尼鲁斯皇帝在位之23年起[152]，承租2年。全園地每年租金總計爲以4 choinix-dromus[153]爲準之小麥40阿塔布(artabs)[154]，不論課稅和風險。我將每年負責：維護堤防、灌溉、犁田、鋤地、清除灌田溝渠、播種、除草以及其它一切該作的事。這一切按季節進行，一切費用由我自負，絕不造成任何損害。第1年，我將在土地上播種任何我選擇除紅花[155]以外的作物；第2年，以一半土地種小麥，一半種雜作[156]。每年向政府繳租的運輸費，由我——阿弗第休斯負責；但是任何其它的課稅由西羅負責。每年繳租時間在排尼月(Payni)[157]，繳納新收、純淨，未摻雜質，未混雜大麥的小麥；繳租地點爲塞笛非亞(Theadelphia)村。如果你同意出租，在我上述播種、收成之一季以後，我將奉上土地上的出產，不摻混任何粗草或其它雜棄之物。阿弗第休斯，40歲，前額中央有疤痕一

---

[150] 在尼羅河中下游西岸。

[151] 阿羅拉爲羅馬時代，埃及地區使用的土地面積單位，約稍大於半英畝。

[152] 即西元159年。

[153] choenix是乾貨的衡量單位，約當一夸脫(quart)。

[154] artab爲埃及的乾貨衡量單位，合3至6羅馬斗(modii)，亦即約當今3至6配克(pecks)。

[155] 紅花爲一種染料，埃及至今仍種植。

[156] 這種輪作要求常見於埃及的土地租約。

[157] 這是埃及的收獲季，當羅馬曆5月。

道。我主安東尼魯斯在位之23年12月。

6.2:5　義大利的國有牧羊場

　　這方石碑為有關義大利中部山區一政府所有的牧羊場，刻記著政府保護承租者，對抗地方侵漁的命令。從此碑可見最早的皇帝禁衛軍執行警察任務的記錄。在義大利、埃及、北非有極多屬皇帝所有，而出租出去的農場。埃及發現的草紙文書中有許多這方面的記錄。

譯自：*CIL*, vol.IX, no.2438 (=*FIRA*, vol.I, no.61)；**轉見***RC*, II(1990 版)，頁100-101。

　　巴・陸福斯(Bassaeus Rufus)和馬・文笛克斯(Macrinius Vindex)向塞賓魯(Saepinum)的官員們敬致問候。隨函附上寇斯穆斯(Cosmus)──皇上解放奴和財務長(a rationibus)[158]給我們信件的附本。我們要警告諸位，不要侵害羊群承租人，造成財務上的嚴重損失。否則如果我們接獲報告，我們就必須進行調查，並對罪行加以懲罰。

　　寇斯穆斯──皇上解放奴和財務長，致禁衛軍隊長巴・陸福斯和馬・文笛克斯函：隨函附上我的解放奴和助手塞提米阿魯斯(Septimianus)給我信函的附本，我請求你好心為我，給塞賓盧和波文龍(Bovianum)的官員們寫一信，請他們不要侵害羊群承租人。這些承租人是由我監管，因此如果承你協助，則可防止財務損失。

---

[158] 關於在皇帝身邊協助處理財務的解放奴，參本書5.2:5-15。

塞提米阿魯斯致寇斯穆斯函：因爲由你監管的羊群承租人，現在不斷向我抱怨：他們常常在山上牧地的道路上，遭到當地駐防警哨部隊(stationarii)和塞賓魯、波文龍官員的侵害。他們扣留他們所承租的，正在轉運中的駄獸和羊群，藉口他們是逃亡的奴隸並偷竊駄獸。以這樣的藉口，他們甚至吞沒屬於皇上的羊群。我們認爲必須不斷寫信給他們，要求他們應有節制，這樣皇上的財產才不致受損。可是他們仍不斷侵擾，揚言他們不會理會我寫的信，甚至你寫信也無用。

圖 6.10 擠羊奶石刻

因此，我的主子，我懇請——如果你認爲合適，請禁衛軍隊長巴‧陸福斯和馬‧文笛克斯幫忙，請他們寫信給上述的官員和駐軍……(以下文殘)。

第三節　工商業

工商業在羅馬世界的經濟生活中，到底重要到什麼程度，一直是一個辯論不休的問題。羅斯托夫茲夫(M. Rostovezeff)認爲帝國工商發達，甚至有因工商致富的中產階級。但是近代的羅馬史專家例如芬列(M.I. Finley)和瓊斯(A.H.M. Jones)都懷疑此一看法。他們認爲工商雖然發展，但地方城鎮或鄉村的經濟生活仍以農業活動爲主，工商業以供應地方性自給自足的需求爲主。大規模的工商活動主要見於供應政府(和軍隊)的需要。也有學者採取較爲折衷的看法，認爲工商業的重要性並不像芬列估計的那麼低，但也不像羅斯托夫茲夫描述的那般發達。相關不同的意見請見本章所附參考書。

6.3:1　圖迭塔尼亞的出口

譯自：Strabo, *Geography* III. ii. 6，轉見*RC. II*. pp.156-157。

　　圖迭塔尼亞(Turdetania)[159]輸出大量的穀物、酒和橄欖油。不但量大，而且品質絕佳。此外，從這兒也輸出臘、蜂蜜、樹脂，大量的洋紅染料[160]以及赭石[161]。赭石的品質不遜於西諾帕(Sinopa)[162]所出產的。他們又以當地的木材，建造船隻；當地還有鹽礦，不少的鹹水河。當地的鹹魚製造也有其重要性。除了這裡醃製鹹魚，沿岸一直到直布羅陀海峽[163]都有，產品不遜於黑海的出產。圖迭塔尼亞過去生產布匹，現在生產羊毛；尤其是烏黑色的毛料，美麗絕倫。總之，一頭配種用的公羊要值黃金1泰倫特(talent)。沙拉西亞(Salasia)[164]人所織的精美織品也極好。圖迭塔尼亞還有各樣大量的牛隻以及獵物……圖迭塔尼亞輸出之多，可以從船隻的大小和數量得

---

[159] 在西班牙半島西南的一地區。

[160] 以洋紅蟲製成，在地中海很普遍。

[161] 指西班牙辰砂(Spanish cinnabar)。

[162] 在黑海地區。

[163] 原文"柱石"(the Pillars)，即直布羅陀如柱狀之峭壁。

[164] 在現在葡萄牙的Alcacer do Sal。

知。從這兒販貨到羅馬港口普德歐里(Puteoli)和歐斯提亞(Ostia)的商人最多……。

6.3:2 塞納達的出口

譯自：Strabo, *Geography*, XII. viii.14，**轉見**RC, II，頁163(1990版，頁82)。

塞納達(Synnada)[165]並不是一個大城市，但城外平原上種植的橄欖樹周迴達60史塔笛(stadia)[166]。其旁有多奇邁阿(Docimaea)，是一個村落，有"塞納達"大理石礦。羅馬人如此稱呼這種大理石，當地人稱之為"多奇邁的"或"多奇邁安"石。這石礦起初只出產小型的石材，但是現在羅馬人所用壯觀華麗的單色石柱都從這兒而來。各式各樣的顏色與石膏般的大理石十分類似。這種笨重的石材在海運上雖然相當困難，但美麗又鉅大的石柱和石片仍然運送到羅馬……。

勞提奇亞(Laodicea)附近出產羊，其羊毛品質極佳，不但比米列西安(Milesian)出產的柔軟，其烏黑的色澤也勝過一籌。牢笛西亞人從羊毛上獲利甚多。他們臨近的寇羅西安人(Colossians)也以同樣色澤的羊毛致富。

---

[165] 在羅馬的亞洲省(Asia)。

[166] 希臘量度名，1史塔笛(stadium)約等於607呎。

6.3:3　艾沙利亞的鐵礦

譯自：Diodorus Siculus, *Historical Library*, V. xiii.1-2，**轉見***RC*, II，
　　　頁161-162(1990版，頁80)。

　　伊特拉雷亞(Etruria)城外爲波普羅尼亞(Populonia)，這裡有一個
島，人們稱爲艾沙利亞(Aethalia)[167]。該島離陸岸約100史塔笛，其得
名是因爲該島密佈的煙塵(aethalus)。因爲島上有大的鐵礦，人們在
此採石，熔礦，以取鐵。他們從此礦獲利極豐。那些在此工作的
人，先擊碎礦石，然後將破碎的礦石送入烈火熊熊的熔礦爐燒鍊熔
化，而後得到不大不小的鐵塊。這些鐵塊看起來像是大的海綿。商
人以錢或其他貨物買下這些鐵，載運到普德歐里[168]或其他交易地
點。在這些地方，有人收購，加工製成各式各樣的鐵器。他們手下
招攬有大批的鐵匠，幫助他們製造。有些製成武器，有些以火製成
條狀，以便製雙頭叉、鐮刀或其他的工具。這些製好的鐵器又由商
人販運到各地去。因此，世界上許多地方的人都能分享這些產品的
好處。

6.3:4　埃及紙草的生產與出口

譯自：Pliny, *Natural History*, XIII. xxii-xxiii. 71-77；**轉見***RC*, II(1990
　　　版)，頁83-84。

---

[167] 艾沙利亞是俄耳巴(Elba)島的希臘名。
[168] 普德歐里(Puteoli)是羅馬時代義大利半島西岸中部製造工業的中心。

圖 6.11 埃及人採集紙草。

紙草 (papyrus) 生長在埃及或尼羅河的沼澤中。在這些深不及3呎的水塘裡，長滿了動彈不得的紙草。紙草的根，橫斜於水中，粗如人臂；莖呈三角形，逐漸尖細而上，高不過15呎……埃及人利用紙草根當木材，不但用來燒火，也製造各種器皿。他們又將紙草編成繩子，再用繩子編造成船。他們利用莖的內層作成帆和蓆子，也製成衣服、床單、繩索；埃及還嚼紙草的內莖，不論生或煮過的，吸其汁液而已……。

紙草也用來造紙。先以針尖將莖分成極薄，卻盡可能寬的薄條。莖愈中心的部分，品質愈好，愈外層品質愈差。品質最好的以前稱爲"僧侶紙"(hieratic)，因爲這種紙只用來書寫宗教經典。現在爲了討好"統治者"，改稱奧古斯都。次一級的因其妻命名，稱爲麗維亞(Livia)；而"僧侶紙"降爲第三級。

再次一級的因其製造地點，稱爲劇場紙[169]。在羅馬，法尼烏斯(Fannius)有一極高明的作坊，利用細心的製造過程，將這些普通紙精製成第一流的好紙，並以自己的名字爲紙重新命名。那些沒有經過精製過程的，仍是原來的等級，稱爲劇場紙。

(以下還有一些更次級的紙，不以品質，而以重量來買賣)

---

[169] 這是因爲紙草產在尼羅河下流三角洲，爲就地取材之便，紙的製造就在亞歷山卓城(Alexandra)的劇場附近，因此得名。

　　以上各種紙都在以尼羅河水濕潤過的平台上加工製成。尼羅河的泥水有黏合之效[170]。首先，在平台上舖上一層垂直的紙草薄片條。薄條兩頭修整後，中間可用的長度都盡量利用。接著疊上一層橫向的薄條，形成格子狀。然後在紙上加壓，以陽光曝曬乾燥，如此兩層即黏合在一起。這樣連續製成的紙，愈後製成的品質愈差。一卷從不超過20張[171]。

6.3:5　普德歐里的商務會館

譯自：_IG_, vol.XIV, no.830, line1-19；**轉見**_RC_, II，頁196-197(1990版，頁110)。

　　普德歐里(Puteoli)的(泰耳人)寫此信給泰耳(Tyre)城(腓尼基與其他城市神聖不可侵犯和自治的首府)的首長、議會以及他們轄下的人民，並敬致問候。

　　承蒙眾神的恩寵和吾皇[172]的鴻運，在普德歐里有許多商務代理會館。如同諸位大多數人所知，這些會館以我們的最為龐大和裝璜的最漂亮。過去，這個會館一直由在普德歐里的泰耳人照管。他們人數眾多且又富有。現在照管的責任由我等承擔。我們人數很少，並且由於在此地神廟中供奉和祭祀我們先祖的神祇，花費不貲。我

---

[170]　其實用什麼水都可以達成黏合，只要在紙草片未乾以前，將兩片疊壓，乾後即黏成一片。

[171]　這裡所說的是指作坊製成供運送和買賣的原紙，使用的人可依需要裁成不同的張數，如果一卷不夠長，還可若干卷黏接成更長的紙卷。

[172]　Marcus Aurelius (121-180 A. D.)。

們已無力付出會館的年租250笛納銀幣[173]，尤其是額外加諸我們身上，普德歐里祭牛賽會[174]的費用。因此，我們祈求諸位出資，維持會館的繼續存在。如果，你們能負責250笛納銀幣的年租，會館即可維持。關於其他的費用，包括為慶祝吾皇生日，重新整修會館的經費，由我們自掏腰包，不再加重你們的負擔。我們願請諸位特別留意，此地的會館，不同於在首都羅馬的會館，我們從船主和商人無法得到收入[175]。在這種不幸的情況下，因此，我們向諸位提出請求，敬請施以援手。

葛勒斯(Gallus)與弗·孔里阿魯斯(Flaccus Cornelianus)任執政之年，7月23日寫於普德歐里。

(此信之後，附有泰耳城議會，西元174年12月8日的會議記錄摘要。記錄首先指出羅馬的會館已從其收入中撥款，代付普德歐里會館的租金，議會並通過以後繼續如此辦理)。

6.3:6　地中海上的航行──保羅到羅馬的行程

西元60年，保羅因遭猶太人控告，自猶大省(Judaea)的省都凱撒瑞亞(Caesarea)往羅馬上訴。新約使徒行傳詳細記載了他的航行過程。記載中的經過，相當真實生動地反映了當時海上航行的路線、技術和風險。

---

[173] denarii，參"功業錄"一節，註40。

[174] 不可考。

[175] 在共和時代，普德歐里原是義大利最重要的港口。其商業後為更接近羅馬的歐斯提亞所奪。更由於西元二世紀以後，義大利商業的普遍衰退，此地遂沒落。這封信清楚反映這種沒落的情況。

摘自：《新約·使徒行傳》27章，1-28.13節；*RC*, II(1990版，頁114-116)(本節譯名悉依聖經公會新約中譯本，未加更動；英文地名等爲編者所加，以便對照)。

非斯都既然定規了，叫我們坐船往義大利去，便將保羅和別的囚犯，交給御營裡的一個百夫長，名叫猶流。有一隻亞大米田的船要沿著亞西亞(Asia)一帶地方的海邊走，我們就上了那船開行。有馬其頓的帖撒羅尼迦人亞里達古，和我們同去。第2天到了西頓(Sidon)……從那裡又開船，因爲風不順，就貼著居比路(Cyprus)背風岸行去。過了基利家(Cilicia)旁非利亞(Pamphylia)前面的海，就到了呂家(Lycia)的每拉(Myra)。在那裡百夫長遇見一隻亞力山太(Alexandria)的船，要往義大利去，便叫我們上了那船。一連多日，船行得慢，僅僅來到革尼士(Cnidus)的對面。因爲被風攔阻，就貼著革哩底(Crete)背風岸，從撒摩尼(Salmone)對面行過。我們沿岸行走，僅僅來到一個地方，名叫佳澳(Fair Havens)。離那裡不遠，有拉西亞城(Lasea)。

走的日子多了，已經過了禁食的節期，行船又危險[176]，保羅就勸眾人說：「眾位，我看這次行船，不但貨物和船要受傷損，大遭破壞，連我們的性命也難保」。但百夫長信從掌船的和船主，不信從羅保所說的。且因這海口過冬不便，船上的人就多半說，不如開船離開這地方，或者能到非尼基(Phoenix)過冬。非尼基是革哩底的一個海口，一面朝東北，一面朝東南。這時微微起了南風，他們以爲得意，就起了錨，貼近革哩底行去。

---

[176] 冬季風浪凶險，從埃及往義大利的糧船在冬季通常皆停航。

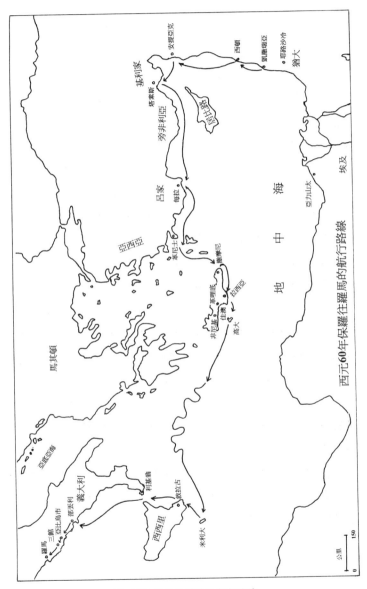

圖 6.12 保羅往羅馬的航行路線。

不多幾時,狂風從島上撲下來。那風名叫友拉革羅(Euroclyro)[177]。船被風抓住,敵不住風,我們就任風颳去。貼著一個小島的背風岸奔行。那島名叫高大(Cauda)。在那裡僅僅收住了小船。既然把小船拉上來,就落下篷來,任船飄去。我們被風浪逼得甚急。第2天,眾人就把貨物拋在海裡。到第3天,他們又親手把船上的器具拋棄了。太陽和星辰多日不顯露,又有狂風大浪催逼,我們得救的指望就都絕了。

眾人多日沒有吃甚麼。保羅就出來站在他們中間說:「你們本該聽我的話,不離開革哩底,免得遭這樣的傷損破壞。現在我還勸你們放心。你們的性命一個也不失喪,惟獨我失喪這船。因我所屬所事奉的神,他的使者昨夜站在我旁邊說:『保羅不要害怕,你必站在該撒面前,並且與你同船的人,神都賜給你了……』」。

到了第14天夜間,船在亞底亞海(Adriatic)飄來飄去。約到半夜,水手以為漸近旱地,就探深淺,探得有12丈……保羅勸眾人都吃飯……我們在船上的,共有276個人。他們吃飽了,就把船上的麥子拋在海裡,為要叫船輕一點。到了天亮,他們不認識那地方。但見一個海灣,有岸可登。就商議……砍斷纜索,棄錨在海裡……順著風向岸行去。但遇著兩水夾流的地方,就把船擱了淺……這樣,眾人都得了救,上了岸。

我們既已得救,才知道那島名叫米利大(Malta)……離那地方不遠,有田產是島長部百流的……他們又多方的尊敬我們。到了開船的時候,也把我們所需要的送到船上。

---

[177] 意為東北風。

　　過了3個月，我們上了亞力山太的船，往前行。這船以丟斯雙子為記[178]。是在那海島過了冬的。到敘拉古(Syracuse)，我們停泊3日。又從那裡繞行，來到利基翁(Regium)。過了1天，起了南風。第2天就來到部丟利(Puteoli)。在那裡遇見弟兄們。請我們與他們同住了7天。這樣，我們來到羅馬。那裡的弟兄們一聽見我們的信息，就出來到亞比烏市和三館地方迎接我們。保羅見了他們，就感謝神，放心壯膽。

6.3:7　海外貿易——阿拉伯的香料

譯自： Pliny, *Natural History*, XII, xxxii.63-65；**轉見**RC, II(1990版)，
　　頁119。

　　乳香收集之後，利用駱駝運到沙巴塔(Sabbata)[179]。沙巴塔的一個城門打開，讓香料入城。沙巴塔的國王規定如果使路上載貨的駱駝過門不入，將犯死罪。在此，祭司將抽取香料體積而非重量的十分之一，獻給他們稱為沙比斯(Sabis)的神。未抽稅之前，這些香料不准進入市場販售。所抽之十分之一是用來支付公共的開銷。因為在固定的幾天裡，沙比斯神廟會以宴會款待往來的客商。香料輸出必經吉班尼人(Gebbanites)的地界[180]，因此也必須付稅給吉班尼人的國王。其國都稱為銅納(Thomna)，距地中海濱猶大省(Judaea)的格煞城(Gaza)有1,487又二分之一(羅馬)哩。全程共有65個供駱駝歇息的

---

[178] Zeus的兩個兒子叫Castor、Pollux，船首有此二子之像，他們是海上航行的守護神。

[179] 沙巴塔即聖經中的士巴(Sheba)，位於阿拉伯半島的西南部。

[180] 這是指駱駝商必經此地，很多也經海路到埃及。

驛站。乳香必有固定的部分要分給(沿途的)祭司，國王的左右；此外，他們的衛隊、隨從、門衛和僕從都要分潤好處。他們沿途爲了飲水，爲了糧草，或爲了覓一歇腳處，以及各種(奉獻)，都得付錢。這樣一來，每一隻駱駝在抵達地中海之濱前即須花費688笛納的錢。接著，又須付稅給羅馬帝國的收稅官。因而，乳香的價格，其上品1磅要6笛納，次品5笛納，第3級要3笛納。

6.3:8　印度貿易

譯自：Pliny, *Natural History*, VI. xxvi.100-106；**轉見**RC, II(1990版)，頁120-121。

　　這是亞歷山大艦隊所走的路線，可是後來大家認爲最安全的路線始於阿拉伯半島一個海岬——塞格盧斯(Syagrus)[181]。利用西風(此風名爲西巴勒斯Hippalus[182])，可抵帕達列(Patale)[183]，其距離據計爲1,332(羅馬)哩。接著的一段大家認爲較短和較安全的路線，是從同一海岬航向印度的西格盧斯港(Sigerus)。長久以來大家都走這一航線，直到有一個商人發現了一條更短的途徑。爲了追求利益，的確使得通往印度之路日益縮短。每年都有船航往印度，船上有弓箭手隨行，因爲航程中經常有海盜侵擾。從埃及開始整個航程將並不算錯，我們現在第一次對整個航程有了可靠的認識。一個重要的事實

---

[181] 現在的Ras Fartak，位於阿拉伯的南岸，阿丁灣(Gulf of Aden)的入口處。

[182] 這是印度洋的季風，希臘和羅馬人稱之爲西巴勒斯，航海家發現可以利用這一季風直接航行於紅海口和印度之間。

[183] 帕達列和下文提到的西格魯斯都是位於印度半島西岸的港口和貿易站。

是，我們帝國的財富每年被印度吸收的不下於50,000,000色斯特銅幣。從印度運來銷售給我們的貨物是原地價格的100倍。

第四節　戴克里先的經濟改革

戴克里先頒佈的限價令是他經濟改革裡重要的一環。西元296年，配合稅制改革，戴克里先鑄發新幣以取代鉅幅貶值的舊幣。但是綿延不斷的戰爭、日益龐大的軍隊和政府官員人數，以及過去百年來貨幣不斷貶值所造成對貨幣的不信任，都使得新幣無法抑止飛漲的物價。為了抑止物價，確保經濟穩定以疏解財政上的困難，戴克里先採取了羅馬史上前所未有的極端手段，於301年頒佈限價令，訂定主要物資與工資的上限。凡囤積居奇與違反上限的可處以死刑或流刑。這個限令遭到普遍抵制與反對，在執行上也有事實上的困難，最後不能不取銷。

6.4:1　戴克里先限價前的通貨膨脹

大約在西元300左右，一位政府官員因職務方便得到貨幣即將貶值的內部消息，寫信給和他有關係的人，要他立即利用所有的現金蒐購貨物。這封寫在草紙上的信十分生動地反映了當時的通貨問題和官僚如何利用職權。

譯自： *Rylands Papyrus*, No.607 ；**轉見** *RC*, II，頁463(1990版，頁421)。

　　戴奧尼修斯(Dionysius)敬向阿皮歐(Apio)問候。聖上已令將義大利魯姆斯(nummus)[184]幣貶值一半。因此,從速將你所有的義大利幣花掉,並請爲我以任何代價蒐購一切你能買到的物資⋯⋯不過,我言明在先,如你乘機中飽,我必不與你干休。我的兄弟[185],祝你健康。

6.4:2　戴克里先的限價令

　　限價令的拉丁與希臘文殘刻傳世甚多。除了1937年在義大利發現的兩塊殘石以外,其餘全在帝國東部各地發現。如在埃及、希臘、小亞細亞、克里特、塞倫尼卡(Cyrenaica)都曾發現。參:M. H. Crawford & J. Reynolds,"The Publication of the Price Edict:a New Inscription from Aezani", *Journal of Roman Studies* ,LXV (1975), pp.160-163。殘文較完整之收錄見S. Lauffer, *Domitians Preisedikt* (1971)。這些殘令構成羅馬經濟史上最長的一份存世文件。以下是文件的摘譯。限價令序言部分絕大部分譯出,物價表甚長,僅摘要譯之。

譯自:*CIL*, vol.III, pp.801-41, 1055-58, 1909-53, 2208-11, 2328 (=*ESAR*, V.307-421), *Transactions of the American Philological Association*, LXXX (1940), 157-75,轉見*RC, II*, pp.464-472 (1990版,頁422-426)。

---

[184] 魯姆斯nummus是羅馬銅幣sestertius的同義字。
[185] 僅爲書信習用語,並不表示通信雙方眞是兄弟。

　　皇帝凱撒戴克里先(Imperator Caesar Gaius Aurelius Valerius Diocletianius)，虔敬、堅貞、不可被征服的奧古斯都，大祭司、第6次榮膺“最偉大的日耳曼征服者”、第4次榮膺“最偉大的沙馬提亞征服者”、第2次榮膺“最偉大的波斯征服者”、“最偉大的不列顛征服者”、“最偉大的卡皮亞征服者”、“最偉大的阿美尼亞征服者”、“最偉大的梅底亞征服者”、“最偉大的阿底奔尼亞征服者”、第18年擁有保民官之權，第7度的執政、第18次被尊爲“勝利的將軍”、國父和資深執政；以及皇帝凱撒馬可・邁克西米(Impeator Caesar Marcus Aurelius Valerius Maximianus)，虔敬、堅貞、不可被征服的奧古斯都，大祭司、第5次榮膺“最偉大的日耳曼征服者”、第4次榮膺“最偉大的沙馬提亞征服者”、第2次榮膺“最偉大的波斯征服者”、“最偉大的不列顛征服者”、“最偉大的卡皮亞征服者”、“最偉大的阿美尼亞征服者”、“最偉大的梅底亞征服者”、“最偉大的阿底奔尼亞征服者”、第17年擁有保民官之權，第6度的執政、第17次被尊爲“勝利的將軍”、國父和資深執政；以及康士坦丁(Flavius Valerius Constantius)，第2度榮膺“最偉大的日耳曼征服者”、第2度榮膺“最偉大的沙馬西亞征服者”、第2度榮膺“最偉大的波斯征服者”、“最偉大的不列顛征服者”、“最偉大的卡皮亞征服者”、“最偉大的阿美尼亞征服者”、“最偉大的梅底亞征服者”、“最偉大的阿底奔尼亞征服者”、第9年擁有保民官之權，第3度的執政，最尊貴的凱撒；以及蓋・邁克西米(Galerius Valerius Maximianus)，第2度榮膺“最偉大的日耳曼征服者”、第2度榮膺“最偉大的沙馬西亞征服者”、第2度榮膺“最偉大的波斯征服者”、“最偉大的不列顛征服者”、“最偉大的卡皮亞征服者”、“最偉大的阿美尼亞征服者”、“最偉大的梅底亞征服者”、“最

偉大的阿底奔尼亞征服者"、第9年擁有保民官之權、第3度的執政和最尊貴的凱撒,(共同)宣佈:

感謝我邦命運之神,這位僅次於不朽諸神的神祇。自贏得戰爭勝利以後,這個世界終於得享最大的平安恬靜,以及得來不易的和平幸福。本諸眾人的心願和羅馬的尊嚴,我們必須使命運之神稍解憂愁,並享受應得的禮拜和榮耀。因此,受諸神護佑的我們,在抵擋蠻族侵害的浪潮,將他們消滅以後,必須捍衛為永恆而建立的和平,並為正義作必要的防衛。

雖然自我克制能夠防止充滿貪欲的人不致過度,奈何貪欲卻會使人不顧一切,無休無止攫取一己之利;即使眾人的幸福能夠忍受狂暴放縱,事實上狂暴放縱正日益嚴重地威脅著眾人的幸福。或許我們可以沈默,對這樣的局面可以視若無睹,因為人們以為容忍或許能夠改善惡劣可悲的情況。可是那些毫不節制的狂徒,唯一的意念是全不顧及眾人的需要。對無恥、放縱和貪婪的人而言,這幾乎有如信條。貪婪之心隨著燃燒的慾念膨脹增高,對一切財富的掠奪,若非不得已不會停止。有些人因處於極端的匱乏,深感情況之惡劣無以復加,對此情況不再視若無睹。因此,我們──芸芸眾生的父母(parentes generis humani)──在斟酌情勢之後,決意採取必要果斷的立法,以保障眾人的福祉。這些盼望已久的立法,一般人提不出;現在因為我們的深謀遠慮,而得以提出。……

我們緊急提出為挽救時局所必要的法令。沒有人能夠抱怨它們不必要,不及時,不重要或不足道。它們是針對(上述)貪婪無節之徒而設。多年來,他們本已從我們的沈默看見了人應自制的教訓,卻無意學習如何自制。在市場的買賣中,在我們城市的日常生活中，物價普遍無限度的上漲，有誰能夠視若無睹，渾然不覺呢？……

圖 6.13 戴克里先限價令序文部分石刻
（局部）。

現在，必須詳述迫使我們不再長期容忍和採取措施的原因……當我們派遣軍隊前往安全有顧慮的地區，趁機謀利的人就不斷在城鎮，在鄉村，甚至在每一條要道作出危害公益的事。這種情形豈有人不知？他們哄抬物價，謀取暴利，不是4倍、8倍，而達到一個非人類語言所能形容的程度。事實上，在一次交易中，一個士兵所有的獎金和薪餉就被完全剝削掉。更可怕的是全帝國用來支援軍隊的賦稅就像利潤一樣，完全落入這般剝削謀利者之手，而我們的士兵將他們從軍和退伍應得的報酬和利益，有如親手奉送給了奸商。結果這般侵害國家的奸商，攫取了比他們所能掌握更多的利益。

基於以上所有的事實，和回應眾人祈求解脫的渴望，我們公正地決定，必須建立貨物售價的最高限制。我們並沒有訂下固定的價格，因為我們估量這樣並不適宜。有些行省有時運氣較佳，能享有低廉的物價和繁榮的利益。可是任何地方只要出現物價上漲的壓力（這種災難豈是諸神所能逃避！），當貪取奸利的不能受到制止，可望由我們訂下的限價和防範的法律加以遏止。

　　因此，我們樂於見到下列的物價表為全國所遵守。每一個人都必須注意：不得再任意超過限價，不過，在那些物資供應充分的地區並不會失掉低物價的好處……再者，這一全帝國遵行的法令，對那些往來於各省和港口的買賣商人將有牽制的作用。因為當他們了解在匱乏緊縮的情況下，不可能超過固定的物價，他們在出售時就會將地點、運輸成本和所有其它的因素考慮進去。如此，他們就可以證明我們的決定是正確合理的，即他們將貨物運送到他處，也賣不出較高的價錢。

　　我們都知道，我們的老祖宗制訂法律以防止犯罪，依賴的是處罰。眾人很少自動自發接受對公眾有利的事。經驗告訴我們：使人盡其應盡之責最有效的導師是恐懼(semper prae-ceptor metus iustissimus offuciorum invenitur esse moderator)。我們樂於使那些敢於違抗法令的人，因抗令而死。請不要以為這樣過於嚴厲，因為只要遵守就不致受罰。再者，如果買賣雙方利慾薰心，共謀違反此令，也要受同樣的懲罰。還有那些擁有生計物資的人，如果以為受法令限制，就得罷市，也不能免於死刑的懲罰。因為這些造成市場缺貨的人，比違反限價而造成物價混亂的人，應受到更嚴厲的處罰。因此，我們對帝國全體忠誠的人民呼籲，請誠心全意遵守這一為眾人福祉而訂定的法令。尤其要注意這個法令不是針對某些城市，某些人民或某些省份，而是為了全世界。……

　　以下是各項物品任何人在出售時，不得超過的價格表：

(物品)	(單位)	(售價)
I.穀糧		
小麥	一軍斗(castrensis modius)[186]	100笛納
大麥	一軍斗	60
黑麥	一軍斗	60
高梁，磨製者	一軍斗	100
高梁，未製者	一軍斗	60
稗草	一軍斗	50
一種小麥(speltae)，去殼者	一軍斗	100
豆(fabe)，磨碎者	一軍斗	100
豆，未磨碎者	一軍斗	60
扁豆	一軍斗	100
野豌豆	一軍斗	80
豌豆去皮者	一軍斗	100
豌豆未去皮者	一軍斗	60
埃及豆	一軍斗	100
苦豌豆	一軍斗	100
燕麥	一軍斗	30
胡蘆巴(荳科植物)	一軍斗	100
羽扇豆，生	一軍斗	60
羽扇豆，熟	一義大利品脫[187]	4

[186] 一種軍隊使用的容量名，約當1又1/2摩笛，或現代的8.754公升。

[187] 原文作sextarius，容量名，相當於現代1又1/4品脫，特別標出義大利品脫，是因限價令頒於各地，各地度量衡不一致，以義大利之衡量為準。

茱豆,乾者	一軍斗	100
亞麻子	一軍斗	150
米,精潔者	一軍斗	200
大麥粉,精潔者	一斗	100
一種小麥粉(alicae)		
精潔者	一斗	200
芝麻	一軍斗	200
乾草子	一軍斗	30
苜蓿子	一軍斗	150
大麥子	一軍斗	80
野豌豆,乾者	一軍斗	80
罌粟	一軍斗	150
茴香,精潔者	一軍斗	200
蘿蔔子	一軍斗	150
芥菜	一軍斗	150
芥末,製成品	一義大利品脫	8

II.同上,酒類

皮肯酒	一義大利品脫	30
提伯耳丁酒	一義大利品脫	30
沙賓酒	一義大利品脫	30
……		
同上,高級陳年酒	一義大利品脫	24
次級陳年酒	一義大利品脫	16

現在所見的限價令是由各地發現的殘件拼湊而成,有些未特別標明義大利字樣。

普通酒	一義大利品脫	8
啤酒(高盧或		
帕諾尼亞製)	一義大利品脫	4
啤酒(埃及製)	一義大利品脫	2

......

III.同上，油類

未熟橄欖油	一義大利品脫	40
次級油	一義大利品脫	24
普通油	一義大利品脫	12
蘿蔔子油	一義大利品脫	8
醋	一義大利品脫	6
魚醬，高級	一義大利品脫	16
魚醬，次級	一義大利品脫	12
鹽	一軍斗	100
香料鹽	一義大利品脫	8
蜂蜜，高級	一義大利品脫	40
蜂蜜，次級	一義大利品脫	24
腓尼基蜜(棗蜜)	一義大利品脫	8

IV.同上，肉類

豬肉	一義大利磅	12
牛肉	一義大利磅	8
羊肉	一義大利磅	8
豬子宮	一義大利磅	24
豬乳房	一義大利磅	20
豬肝(以無花果		

飼養之上貨)	一義大利磅	16
鹹豬肉，高級	一義大利磅	16
火腿(孟納皮克		
或塞瑞坦之上貨)	一義大利磅	20
火腿(馬色克產)	一義大利磅	20
豬油	一義大利磅	12
豬油膏	一義大利磅	12

……

豬油腸	一盎司	2
牛腸	一義大利磅	10
肥野雞	一對	250
野雞		125

……

肥鵝	一對	200
鵝	一隻	100
雞	一隻	60
鷦鶘	一隻	30
斑鳩，上貨	一隻	16
斑鳩，野生	一隻	12

……

鴿子	一對	24
鷦鶘之一類	一隻	20
鴨	一對	40
野兔		150
兔子		40

......

鹿肉	義大利磅	12

......

板(油牛羊腰部)	一義大利磅	6
牛油	一義大利磅	16

V.同上，魚類

粗鱗海魚	一義大利磅	24
次等海魚	一義大利磅	16
高級河魚	一義大利磅	12
次級河魚	一義大利磅	8
鹹魚	一義大利磅	6
牡蠣	100個	100
海膽	100個	50
鮮海膽，已潔淨者	一義大利品脫	50
鹹海膽	一義大利品脫	100

......

乾酪	一義大利磅	12
沙丁魚	一義大利磅	16

VI.同上，(果菜類)

朝鮮薊，大者	5顆	10
薊菜心	10顆	6
茅菜，上等	10顆	10
茅菜，次等	10顆	4
錦葵，大	5顆	4
錦葵，小	10顆	4

生菜，上等	5顆	4
生菜，次等	10顆	4
白菜，上等	5顆	4
白菜，次等	10顆	4

(以下還有韭菜、蘿蔔。洋蔥、大蒜、水芹菜、黃瓜、甜瓜、西瓜、蘆筍、葫蘆瓜、青豆、菜豆、埃及豆、蛋、核桃、杏仁、松果、栗子、櫻桃、桃子、梨、蘋果、梅、無花果、桑椹、棗、葡萄、葡萄乾、橄欖等之限價，從略)

VII.工資

農工兼維護	一天	25
石匠兼維護	一天	50
……		
木匠兼維護	一天	50
燒石灰兼維護	一天	50
大理石舖道		
和砌牆工兼維護	一天	60
牆壁嵌銀器工兼維護	一天	60
……		
壁畫工兼維護	一天	75
人物畫匠兼維護	一天	150
製車匠兼維護	一天	50
製車鐵匠兼維護	一天	50
麵包師兼維護	一天	50
造船工，		
造海船兼維護	一天	60

造船工，

造河船兼維護	一天	50

趕駱駝

或驢工兼維護	一天	25
牧羊工兼維護	一天	20

⋯⋯

理髮師	一人	2

⋯⋯

整天清潔工	一天	25

⋯⋯

抄書匠，高級	100行	25
抄書匠，次級	100行	20
訴訟或法律文件代書	100行	10

⋯⋯

高級套裝裁縫師

⋯⋯

初級教師，每一男孩	一月	50
算術教師，每一男孩	一月	75
速記教師，每一男孩	一月	75

古文書抄寫教師，

每一學生	一月	50

希臘、拉丁文學和幾

何學教師，每一學生	一月	200

修辭或演說教師，

每一學生	一月	250

律師或法律專家	每提一訴訟案	250
律師或法律專家	爲一案件辯護	1000
建築教師，每一男孩		100

……

VIII.生獸皮(略)

IX.製鞋模型(略)

X.皮貨(略)

XI.羊或駱駝毛(略)

XII.木材(略)

XIII.(紡織)梭類(略)

XIV.木桿、蘆葦等(略)

XV.木製車件、各式車輛(略)

XVI.(類別名，闕)

……

縫紉用針，高級	一根	4
針，次級	一根	2
縫囊袋或馱鞍用針	一根	2

XVII.運費

車資，每人	一哩	2
(……)資	一哩	12
1,200磅一車貨	一哩	20
一隻駱駝600磅貨	一哩	8
一隻驢馱貨	一哩	4
草料：		
野碗豆	兩磅	2

乾草或麥皮	四磅	2
青草	六磅	1

XVIII.鳥毛類

鵝毛	一磅	100
其餘鳥毛	一磅	50
各種鳥軟羽	一磅	2

……

孔雀羽，最上品	一支	2
蘆葦桿筆和墨水：		
墨水	一磅	12
帕非安—亞歷山卓		
蘆葦筆(一節製成者)	十枝	4
蘆葦筆，次級	二十枝	4

XIX.衣料類

士兵披風，上等		4000
襯衫		2000

……

帳篷，染色16呎		
長寬見方	一個	2500
床顫，白色，12磅上等		1600

……

被，普通，10磅		500

……

被，卡帕多夏或旁提克產		3000

……

被，埃及產		1750
……		
被，非洲產		1500
……		
襯衫，挪瑞克製		1500
襯衫，高盧製		1250
襯衫，盧米底亞製		600
襯衫，非瑞吉或倍西安製		600
……		

XX.刺繡與絲織工人工資

刺繡工繡襯衫一件，		
用部分絲線	一盎司	200
全用絲線	一盎司	300
……		
絲織工		
織半絲品兼維護	一天	25
織無圖案全絲品		
兼維護	一天	25
織菱形圖案全絲品		40(60)

XXI.羊毛織工工資

羊毛織工，		
織產於幕提納或其		
沿海之羊毛，兼維護	一磅	40
織產於塔倫同、		
拉笛其亞之羊毛		

或保暖布料	一磅	30
織次等羊毛	一磅	20
織三等羊毛	一磅	15

……

XXII.漂布工工資(略)

XXIII.絲品

白絲	一磅	12000
拆解之絲布	一盎司	64

XXIV.紫染類

原絲,紫染	一磅	150000
羊毛,紫染	一磅	50000

……

XXV.(毛料)

羊毛,

塔倫同產,洗淨	一磅	175
拉笛其亞產,洗淨	一磅	150
阿斯突尼亞產,洗淨	一磅	100

……

所有其它羊毛,洗淨	一磅	25

……

兔毛,不分類	一磅	100

XXVI.亞麻類

亞麻,

所謂亞麻屑,上等	一磅	24
二等	一磅	20

	三等	一磅	16

各類亞麻絲線不得踰越之售價分別如下

	上等	一磅	1,200
	二等	一磅	960
	三等	一磅	840

……

一般人與奴隸用較粗亞麻絲線

	上等	一磅	250
	二等	一磅	125
	三等	一磅	72

……

XXVII.(腰布‧腰帶、手帕等)(略)

XXVIII.(纏頭)(略)

XXIX.(婦女、兒童衣著類、大部殘闕)(略)

XXX.金類

金，精鍊成塊

	或成錢幣	一磅	50,000
	金，金絲	一磅	12,000
	金製品工價	一磅	5,000

……

XXXI.銀類(內容大部殘闕)(略)

XXXII.(類別名，闕)

……

	肉桂(根、幹和木)	一磅	125
	樹膠	一磅	100

......

荷蘭芹	一磅	120
乳香，上等	一磅	100

......

番紅花，阿拉伯產	一磅	2,000

......

沒藥油	一磅	600

......

玫瑰花油，上等	一磅	70
二等	一磅	......

......

薑，乾	一磅	250

......

各地與各省間貨運費用不得不超過之限價：

從亞歷山卓

到羅馬	一軍斗	12
到尼科米底亞		
(Nicomedia)	一軍斗	12
到拜占庭(Byzantium)	一軍斗	12
到達馬提亞(Dalmatia)	一軍斗	18
到阿葵列亞(Aquileia)	一軍斗	24
到非洲(Africa)	一軍斗	10
到西西里(Sicily)	一軍斗	10
到伊非索斯(Ephesus)	一軍斗	8
到鐵撒羅尼加		

(Thessalonica)	一軍斗	12
到潘非里亞		
(Pamphylia)	一軍斗	6

......

從亞洲(Asia)

到羅馬	一軍斗	16
到非洲		8
到達馬提亞		12

從非洲

到撒羅納(Salona)		18
到西西里		6
到西班牙		8
到高盧		4
到亞該亞(Achaea)		12

......

6.4:3　遵守限價誓詞

當戴克里先的限價令頒佈以後，在埃及的各種工匠工會組織曾受令宣誓他們所售物品未超過限價。像這樣的宣誓恐不僅行於埃及，帝國各省可能都有。以下是一件西元301年4月13日，寫在草紙上的銀匠工會負責人的誓詞。誓詞開始部分有殘闕。

譯自：*Antinoopolis Papyrus*, no.38；**轉見***RC, II*, pp.472-473(1990版，頁426)。

　　安提挪市(Antinoopolis)銀匠工會……謹致安挪提市……總監……我們謹對主奧古斯都，戴克里先和邁克西米，最尊貴的凱撒，康士坦丁(和邁克西米)之隆運發誓，茲據總督之令，敬謹奉聞，飾銀1磅售62笛納，鑄銀1磅售31笛納。以上所言並無虛假，否則將對所誓負責。我們同意接受合法查核。

　　我主奧古斯都－戴克里先與邁克西米之第16年、15年；我主最尊貴的凱撒－康士坦丁與邁克西米之第3年，法穆西月(Pharmuthi)17日。我－奧‧沙拉帕莫(Aurelius Sarapammo)，安提挪市代表，謹誓如上；我－奧‧阿蒙尼斯(Aurelius Ammonis)，貝沙瑞歐(Besario)之子，謹誓如上；我－奧‧伊西多盧斯(Aurelius Isidorus)，謹誓如上。

本章參考書：

一般經濟史

R. P. Duncan-Jones, *Economy of the Roman Empire-Quantitative Studies*, Cambridge, 1982

R. P. Duncan-Jones, *Money and Government in the Roman Empire*, Cambridge University Press, 1994

M. I. Finley, *The Ancient Economy*, London: Chatto & Windus, 1973, 1975

T. Frank ed., *Economic Survey of Ancient Rome*, Baltimore, 1938

Kevin Greene, *The Archaeology of the Roman Economy*, The University of California Press, 1991

A. H. M. Jones, *The Roman Economy--Studies in Ancient Economic and*

Adminstrative History,New Jersey, 1974

M. I. Rostovtzeff, *The Social and Economic History of the Roman Empire*, Oxford,1926,2nd ed.,1957

M・羅斯托夫采夫著，馬雍、厲以寧譯，《羅馬帝國社會經濟史》二冊，商務印書館，1985

邢義田，〈羅斯托夫茲夫與《羅馬帝國社會經濟史》──附《羅馬帝國社會經濟史》第一版序言譯文〉，收入《西洋古代史參考資料》(一)，頁157-181

厲以平、郭小凌譯，《古代希臘、羅馬經濟思想資料選輯》，商務印書館，1990

農業

J. Frayn, *Subsistence Farming in Roman Italy,* London, 1979

Peter Garnsey, *Famine and Food Supply in the Graeco-Roman World,* Cambridge University Press, 1988

G. Rickman, *The Corn Supply of Ancient Rome,* Oxford, 1980

M. S. Spurr, *Arable Cultivation in Roman Italy c.200BC-c.AD100*, London, 1986

K. D. White, *Roman Farming*, London, 1970

K. D. White, *A Bibliography of Roman Agriculture*, University of Reading, 1970

K. D. White, *Farm Equipment of the Roman World*, Cambridge, 1975

K. D. White, *Greek and Roman Technology,* Cornell University Press, 1984

工商業與東方貿易

M. P. Charlesworth, *Trade-Routes and Commerce in the Roman Empire*, New York: Square Publishers, 1979

J. H. D'Arms, *Commerce and Social Standing in Ancient Rome*, Harvard University Press, 1981

J. M. Frayn, *Sheep-rearing and the Wool Trade in Italy During the Roman Period*, Liverpool, 1984

P. Garnsey and C.R. Whittaker eds., *Trade and Famine in Classical Antiquity*, Cambridge, 1983

P. Garnsey, K. Hopkins and C.R. Whittaker eds., *Trade in the Ancient Economy*, University of California Press, 1983

J. F. Healy, *Mining and Metallurgy in the Greek and Roman World*, London, 1978

W. Jongman, *The Economy and Society of Pompeii*, Amsterdam, 1988

Aaron Kirschenbaum, *Sons, Slaves, and Freedmen in Roman Commerce*, Jerusalem: Magnes Press, Hebrew University, 1987

H. A. Manandian, *The Trade and Cities of Armenia in Relation to Ancient World Trade*, Lisbon: Livraria Bertrand, 1965

D. P. S. Peacock, *Pottery and Early Commerce: Characterization and Trade in Roman and Later Ceramics*, London, 1977

D. P. S. Peacock, *Pottery in the Roman World*, London, 1982

C. R. Whittaker, *Land, City, and Trade in the Roman Empire*, London: Variorum, 1993

J. P. Wild, *Textile Manufacture in the Northern Roman Provinces*, Cambridge,

1970

邢義田，〈漢代中國與羅馬關係的再省察：拉西克著《羅馬東方貿
　　易新探》讀記〉，收入《西洋古代史參考資料》(一)，1987，
　　頁209-224

丘進，《中國與羅馬》，廣東人民出版社，1990

梯加特(F. J. Teggart)著，丘進譯，《羅馬與中國——歷史事件的關
　　係研究》，人民交通出版社，1994

邢義田，〈漢代中國與羅馬帝國關係的再檢討〉，《漢學研究》
　　15:1(1997)，頁1-31。

戴克里先的經濟改革

T. D. Barrnes, *The New Empire of Diocletian and Constantine*, Cambridge,
　　Mass., 1982

George C. Brauer, Jr., *The Age of the Soldier Emperors-Imperial Rome,
　　A.D.244-284*, Noyes Press, 1975

A. H. M. Jones, *The Later Roman Empire 284-602*, Oxford, 1964; reprint
　　Baltimore, 1986

S. Williams, *Diocletian and the Roman Recovery*, London, 1985

7

軍隊與法律

羅馬依賴軍隊征服地中海世界，依賴法律和軍隊維持帝國的和平和秩序。羅馬軍隊組織之嚴密，訓練之嚴格，戰鬥力之強大可以說為古代世界所少見。而羅馬人建立起來，既龐大且嚴密的法律系統，也是其他古代文明所遠遠不及。一直到今天世界主要國家的法律，在觀念、原則、制度、用語等方面都還深受羅馬法的影響。

第一節　軍隊的佈署與來源

7.1:1　奧古斯都時代的軍事佈署

譯自：Tacitus, *Annales*, v.；轉見 *RC*, II. pp.490-491(1990版，頁445)。

義大利兩岸由兩支艦隊保護。艦隊基地一在米深農(Misenum)[1]，一

---

[1] 在今義大利半島西岸中部那不勒斯(Naples)附近。

在拉文納(Ravenna)[2]。高盧省附近的海岸由奧古斯都派遣一支在阿克廷海戰勝利中俘獲的艦隊防衛。這支艦隊有強壯的水手，駐紮在弗‧裘利姆(Forum Julium)[3]。我們的防衛主力佈署在萊因河沿岸，以防禦日耳曼人和高盧人。這支軍隊共有8個軍團(legiones)[4]。新近平服的西班牙則有3個軍團駐防。羅馬人民獲得的禮物──矛里塔尼亞(Mauretania)地方，交託裘巴(Juba)王治理[5]。非洲其餘的地方有3個軍團，埃及同樣也有2個軍團戍守。其次，在從敘利亞到幼發拉底河邊境一片廣大的土地上，駐有4個軍團。鄰近此區的伊比利亞(Iberia)、阿耳巴尼亞(Albania)[6]和其他的一些王國，也靠羅馬的強大力量，抵抗外侮。塞雷斯(Thrace)地區由羅米塔奇斯王(Rhoemetalces)和科提斯(Cotys)的子孫掌理[7]。多瑙河沿岸則有2軍團在潘農尼亞省(Pannonia)，2軍團在摩伊西亞省(Moesia)。達馬提亞省(Dalmatia)也駐紮有同樣數量的軍團。由於此地的位置，這些軍團可為多瑙河軍團的後衛；當義大利有緊急需要時，也可就近馳援。首都羅馬的守衛另有特殊的衛戍部隊──3個城防營(urbanae cohortes)和9個禁衛營(praetoriae cohortes)。衛戍部隊的士兵主要從伊特拉雷亞(Etruria)、烏布銳亞(Umbria)或過去拉丁姆(Latium)和老的殖民城鎮(coloniae)招募而來[8]。此外，在各省要衝

---

[2]　在義大利半島東岸北部，波河(Po)河口。

[3]　在今法國馬賽(Marseilles)附近。

[4]　羅馬帝國時代一軍團有約4,200人至6,000人。

[5]　指盧米笛亞(Numidia)王裘巴一世之子。在北非。

[6]　在高加索與阿美尼亞(Armenia)之間的小王國。

[7]　在希臘半島北部，為羅馬附庸。

[8]　羅馬附近的拉丁城鎮及羅馬初期殖民地所及的區域。

之地，還有聯盟的艦隊、騎兵以及協防軍(auxilia)[9]。它們的數量約與軍團相當。不過，對它們的情形，不易細述，因為它們隨情勢需要，不斷移駐各地；它們的數量亦時有增減。

7.1:2　二世紀中的羅馬軍團名單

譯自：*CIL, vol. VI, no.3492 (=Dessau, no.2288)*；**轉見***RC,* II(1990版，頁446)。

圖 7.1 軍團名單石刻

這方在羅馬發現，現藏梵蒂崗博物館，可能屬安東尼魯斯皇帝時代(西元138-61)的半圓石柱上刻著當時33個軍團的名稱。根據其他資料的研究，可知碑中軍團的排列是依順時鐘方向，從駐紮在不列顛的開始，沿帝國北邊而下。我們知道當時軍團有3個駐紮不列顛，4個沿萊因河，11個沿多瑙河，9個在東方各省，另在埃及、盧米笛亞、西班牙各駐1軍團，其餘3個則駐防義大利北境。

---

[9] 帝國初期的協防軍由非公民組成，以騎兵為主。

軍團名稱

II Augusta[10]	II Adiutrix[11]	IIII Scythica
VI Victrix	IIII Flavia	XVI Flavia[12]
XX Victrix[13]	VII Claudia[14]	VI Ferrata
VIII Augusta	I Italica	X Fretensis[15]
XXII Primigenia[16]	V Macedonica	III Cyrenaica[17]
I Minervia	XI Claudia[18]	II Traiana[19]
XXX Ulpia[20]	XIII Gemina[21]	III Augusta[22]

---

[10] 軍團例有徽號，其前有數字番號。徽號常源自最早駐軍或成軍時的地點(如Italica由尼祿皇帝以義大利公民組成；Gallica、Macedonica早期曾分別駐紮在高盧和馬其頓)，神名(如Minervia來自Minerva，這是哈德良皇帝的保護神；Primigenia是命運女神Fortuna Primigenia)，或皇帝家族名(如Augusta、Claudia、Flavia、Traiana)。另有出於期望或形容的吉語如：Victrix，意為勝利、征服；Ferrata，意為如鐵一般的鐵軍。也有較特殊的如；Adiutrix，此字原義為"輔助"，意為其他軍團的輔助，分別由尼祿和圖拉真以水手組軍。有些則因在某地光榮的勝利而得名，如：Cyrenaica, Parthica。

[11] 以上3個軍團在不列顛(Britannia)。

[12] 在上日耳曼(Germania superioris)。

[13] 在下日耳曼(Germania inferioris)。

[14] 在上潘農尼亞(Pannonia superioris)。

[15] 在下潘農尼亞(Pannonia inferioris)。

[16] 在上摩伊西亞(Moesia superioris)。

[17] 在下摩伊西亞(Moesia inferioris)。

[18] 在達奇亞(Dacia)。

[19] 在卡帕多西亞(Cappadocia)。

[20] 在敘利亞(Syria)。

[21] 在猶大(Iudaea)。

[22] 在阿拉伯(Arabia)。

I Adiutrix	XII Fulminata	VII Gemina[23]
X Gemina	XV Apollinaris[24]	II Italica[25]
XIIII Gemina[26]	III Gallica	III Italic[27]
I Parthica[28]	II Parthica[29]	III Parthica[30]

7.1:3　兵源

譯自： *Chronique d'Egypte* (1949), 24: 296-301；**轉見** *RC,* II(1990 版，頁449-450)。

提·朗格斯(Titus Flavius Longus)，塞倫涅卡第三軍團(legio III Cyrenaica)[31]，阿瑞留斯(Arellius？)百人連之團附，證明……並宣誓(？)……他是自由出身，而且是羅馬公民，有權在軍團服役[32]。因

---

[23] 在埃及。

[24] 在盧米笛亞(Numidia)。

[25] 在西班牙(Hispania)。

[26] 在諾瑞孔(Noricum)。

[27] 在瑞提亞(Raetia)。

[28] 在米索不達米亞(Mesopotamia)，以下3軍團為西元200年以後補刻在石柱。

[29] 在義大利。

[30] 在米索不達米亞。

[31] 這一草紙文書出自埃及，從文書所附日期可知為西元92年之物。這一文件和前一、二世紀時的軍團名單可以證明塞倫涅卡第三軍團在第一、二世紀時都駐紮在埃及。

[32] 羅馬軍團(legiones)只有自由出身的公民可以參加，因此，任何人入伍前必須先證明其公民及自由民身份，由保證人宣誓保證其身份。這裡看見的就是一份稍有殘失的宣誓書。

此他的保證人(？)……在至高至尊之神邱比特和皇帝多米提阿魯斯的神靈之前發誓……以上所說的提‧朗格斯是自由出身，是羅馬公民，也有權爲軍團服役。

立誓於第三軍團奧古斯都團部之冬營[33]。(月、日殘闕)，多米提阿魯斯皇帝之17年，昆‧沙屯尼魯斯(Quintus Volusius Saturninus)和逯‧阿普隆尼阿斯(Lucius Venuleius Montanus Apronianus)任執政之年[34]。

7.1:4　新兵名單

譯自：*Oxyrhynchus Papyrus*, no. 1022(=*Select Papyri*,no.421)；轉見
　　　RC, II(1990版，頁450-451)。

(埃及總督)蓋‧義大盧斯(Gaius Minucius Italus)向塞西阿魯斯(Celsianus)敬致問候。請將我所同意，編入貴營的6名新兵列入2月19日的新兵名籍。他們的姓名及形貌附於信後。我最親愛的兄弟，再見。

　　蓋‧格米逯斯(Gaius Veturius Gemellus)，年21，沒有明顯特徵
　　蓋‧普瑞斯卡斯(Gaius Longinus Priscus)，年22，左眉有疤
　　蓋‧馬克西姆斯(Gaius Julius Maximus)，年25，沒有明顯特徵
　　……逯‧塞康德斯(Lucius Secundus)，年20，沒有明顯特徵
　　蓋‧沙屯尼魯斯(Gaius Julius Saturninus)，年23，左手有疤
　　馬可‧瓦倫(Marcus Antoninus Valens)，年22，前額右側有疤

---

[33]　冬營爲軍團過冬用的營地。

[34]　西元92年。

(收發紀錄)吾皇圖拉眞之6年2月24日[35]，(本信)由普瑞斯卡斯經手收到，我——阿‧阿瑞阿魯斯(Avidius Arrianus)——義圖蘭第三營(cohortis iii Ituraeorum)[36]之營附(cornicularius)[37]，謹記錄原信並存入本營檔案。

第二節　軍隊的訓練

7.2:1　訓練 ── 一位猶太史家的觀察

譯自：Josephus, *The Jewish War*, III. v. 71-107；**轉見***RC*, II, pp.492-494(1990版，頁446-448)。

　　如果我們繼續研究羅馬軍隊組織的全貌，我們將會明白，他們贏得廣大的帝國，不是憑藉運氣，而是勇敢的代價。因爲他們從不坐待戰爭的爆發，平時也從不袖手，坐應情勢而後行動。相反的，他們活像從一出生即已習於戰鬥，訓練從不片刻歇止，從不靜觀待變。此外，他們平日操練的艱苦不下於眞正的戰爭。每一位士兵都將全副精力投注在日復一日的操練中，就好像他們是在眞的作戰行動裡一般。完美的訓練使他們能夠從容面對戰場上的震撼驚恐……。

---

[35] 西元103年。

[36] 這是駐在埃及的協防軍(auxilia)之一部，由埃及當地人組成。協防軍各單位的名稱皆依成軍時兵源之地點命名，其後兵源改變，名稱仍舊。

[37] 爲營長、百人長等各級長官的助手，負責秘書性工作，因配有小號(corniculum)在身旁，因而得名。

　　羅馬人藉軍事訓練，不但強化士兵的體魄，也強化他們的心志。在他們的訓練中，"害怕"也是一部分。根據他們的軍法，不但逃亡處死，些微疏忽職守也會處死。他們對長官比對軍法有更大的敬畏之心。長官以高貴的榮譽獎賞勇敢的士兵，因此，犯法受罰即不覺自己所受的待遇太嚴苛。

　　在長官如此完美的訓練之下，羅馬的軍隊成爲太平時代的裝點，在戰時則結爲一體。它們的行伍嚴密，行動機警。耳聞軍令，眼觀信號，執行任務是如此迅速。他們不但在戰鬥中敏捷迅速，即使受挫也毫不稍懈。我們從不見羅馬軍隊在逆境中，曾因人數、謀略、地形困難、運氣不佳而遭擊敗。他們確信勝利有過於相信運氣。當戰鬥行動謀劃已定，如此有效的一支軍隊立即執行長官的作戰計劃，無怪乎帝國的疆土遠拓，東至幼發拉底河，西達於海，南極北非沃壤，北窮多瑙與萊因之濱。

7.2:2　哈德良皇帝視查部隊訓練之訓話

譯自：*CIL*, vol. VIII. nos.2532, 18042(*Dessau*= nos.2487, 9133-35)，
　　　轉見*RC,* II,507-508(1990版，頁460-462)。

　　哈德良皇帝(Imperator Caesar Trajanus Hadrianus Augustus)[38]檢閱奧古斯塔第三軍團[39](legio Ⅲ Augusta)操練之後，其訓話紀錄如

---

[38]　西元117年至138年在位。

[39]　羅馬軍團除編號，還有各式各樣的徽號(cognomen)。這些徽號或與神有關（如：XV Apollinaris），或與軍團的成軍或駐紮之地有關(如：V Macedonica)，或與建軍的皇帝有關，如此處的III Augusta。

下。於托夸土斯(Torquatus，第2度出任)與李伯(Libo)任執政之年[40]，7月1日。

　　對百人連首席連長[41]的訓話……(你們的統帥)曾代你們向我詳述這裡的情形。我未能親見你們，因為每年會輪派一營去為省督(proconsul)工作，現在有一營不在。2年以前，你們曾抽調一營並從每100連中調出4人增援你們第三軍團的弟兄[42]。再者，由於防哨四佈，你們也就散在各處。據我的記憶，你們不僅曾兩度改變營地，更曾營建新營區。基於這些理由，如果你們的訓練一度鬆緩，我可以諒解。可是，事實上，你們從未鬆弛操練……百人連的首席連長和其他的連長都敏

圖 7.2 哈德良訓話石碑(局部)。

捷、勇敢一如平常。

　　(對軍團騎兵的訓話)凡軍事操練皆有定則。我認為不宜增減。增減不是減低了效用，就是太過困難。增加花樣越多，演練起來

[40] 西元128年。

[41] primus pilus。羅馬一個軍團有60個百人連(centuriae)，百人連有連長(centurio)，其最資深者為首席百人連長。

[42] 這是指駐紮在東方的ligio III Gallica 或III Cyrenaica。

越糟。不過，你們操演了所有訓練中最困難的部分，也就是武裝擲矛……此外，我要對你們表現的精神表示祝賀……。

(對某騎兵營的訓話)他人須要數日才能完成的防禦工事，你們竟能在一日之內完成。你們費力築成的一道牆，其強固有合乎通常一座永久冬營營牆的程度，你們卻只花了不比築一道草牆更多的時間。草牆所用的草料，切割成一定大小，易於搬運和利用，用來築牆也不費事，因為草料自然柔軟、平整。可是你們是用大小不等，笨重的石塊砌牆。這樣的石塊對任何人都不是容易搬動和拼砌的。你們也在堅硬粗糙的碎石地上挖掘一道筆直的壕溝，並將壕溝整平。工程通過驗收，你們迅速回營，重拾裝備和武器……我恭賀司令官帶給你們有如實戰的軍事訓練。由於你們訓練良好，使我能向諸位表示祝賀。你們的營長孔里阿魯斯(Cornelianus)克盡職守，令我滿意。可是騎兵的行進有不盡理想處。騎兵須自藏匿處奔馳而出，追擊時則應謹慎小心。因為除非一個人能掌握方向，並隨時控制馬匹，否則必落入隱藏的陷阱……。

(對潘農尼亞第一營訓話)諸位的操演井然有序。操演時，原野上佈滿諸位的陣式。諸位使用的雖是短拙的標槍，擲槍動作卻甚優美。不少人擲矛也展現同樣優美的技巧。而諸位方才和昨天表演的上馬動作，皆機警快速。任何缺失，我都會注意到，不合標準處，我也會指出來。但是諸位在整個演習中的表現都令我高興……茲給予獎賞……。

第三節　軍隊的任務與待遇

7.3:1　駐在雯都蘭達的邊防軍

譯自：Alan K. Bowman and J.David Thomas, "A Military Strength Report from Vindolanda", *Journal of Roman Studies*, LXXXI (1991), pp.62-73，**木牘編號：**88/841。

5月18日，通格龍第一營(cohors i Tungrorum)官兵人員數：752名。

營長(praefectus)：裘‧維瑞康杜斯(Iulius Verecundus)，百人連長6位。

其中不在營者：

省督衛隊(singulares legati)：

在非羅士(Ferox)的治所者	46人
在可瑞亞(Coria)者	337人，包括(？)百人連長2人
在倫敦(London)者	(？)百人連長1人
……	6人，包括百人連長1人
……	9人，包括百人連長1人
……	11人
在……(？)	(？)1人
	45人
不在營者總計：	456人，包括百人連長5人
目前在營者總計：	296人，包括百人連長1人
在營者之中：	
生病	15人

受傷	6人
眼炎患者	10人
傷患總計	31人
可服勤人數：	265人，包括百人連長1人[43]

7.3:2　邊防士兵的非戰鬥勤務

譯自：A.K. Bowman and J.D. Thomas, *Vindolanda: The Latin Writing Tablets*, 1983，**木牘編號**：195、198。

---

[43] 這是一件雙折葉片牘，時代屬西元90年左右。木牘內容是一份十分完整的協防軍一營的兵力清查報告。報告開始有日期，單位名稱，單位指揮官姓名，長官人數，及官兵總人數。接著列表顯示調遣至它處服勤的人員人數及地點，不在營者總人數，以及其餘在營者人數。最後是在營者適於服勤及不適服勤人數的分別統計。報告中通格龍第一營的番號也曾出現在其他的資料中，這使我們知道這個單位不但存在於第一世紀，第二，三世紀仍然存在，最後駐紮在雯都蘭達附近的郝思帖茲。報告中的總官兵人數750餘人，與通常理解中羅馬軍隊一營800人的數字，尚屬接近。但過去理解一營是由10個百人連(centuriae)，一連80人組成，則與這一營所見有相當差距。報告中提到營長以下只有6名百人連長，亦即或可能只有6個百人連，一連有百餘人。這項資料提示我們，羅馬軍團編組變動雖然不大，但實際人數和編制人數可以有差距。另外，這項資料也讓我們知道，邊塞的駐軍不是全部人馬固定在一處，而可隨任務分遣到各地，其中一位甚至到遙遠的倫敦(即今倫敦)去。報告中，通格龍是少數民族名稱。省督衛隊通常由500名步兵(pedites)，500名騎兵(equites)組成，通格龍第一營調遣去的是46名步兵。非羅士是人名，但為何人不能十分確定；可瑞亞即范都蘭達東約20餘公里的另一要塞Corbridge的拉丁原名。傷患中特別列出眼炎，這是當時常見的一種週期性眼疾，專門研究可參G.C. Boon,"Potters, oculists and eye-troubles", *Britannia* 14 (1983), pp.1-12。

4月25日，343人於作坊(fabricis)工作。

其中製鞋，12人；

浴室修建，18人；

……

(水管)……

(醫院)……

窯……

取土……

塗泥工……

碎石……[44]

7.3:3　士兵待遇──西元一世紀一位軍團騎兵的收支

譯自：*Geneva Latin Papyrus* no.1, col.1；**轉見** *RC,* II(1990版，頁470-471)。

韋斯巴息阿魯斯皇帝之第3年，逯·弗拉維斯(Lucius Flavius)和逯·阿西留斯(Lucius Asinius)任執政之年[45]。

昆·普羅庫盧斯(Quintus Julius Proculus)，來自大馬士革

---

[44] 此牘由12片碎片拼復，原牘左側有楔口和繫孔，原可能是一雙折牘。文書內容從日期開始，提到有343人在作坊工作，接著紀錄擔任各種工作的人數。我們雖不知道雯都蘭達駐軍的總數，但同時有300餘人在作坊勞動，應佔總數不小的比例。這對我們了解駐軍平時從事那些活動，是很好的材料。

[45] 這件草紙文書是西元81年，駐紮在亞歷山卓附近一位軍團騎兵的軍餉收支記錄。從這份記錄可知，其薪餉一年分三季發放個人所須之衣靴糧食等都須自薪餉中扣除。

收入：吾皇第3年第一季	248德拉克馬(drachmas)[46]
扣支：乾草[47]	10
配糧	80
靴，綁腿	12
營中農神祭典[48]	20
被服	60
(共支)	182
收入餘額：	66
原存餘額：	136
總餘額：	202
收入：同年第二季	248德拉克馬
扣支：乾草	10
配糧	80
靴、綁腿	12
軍旗[49]	4
(共支)	106
收入餘額：	142
原存餘額：	202
總餘額：	344
收入：同年第三季	248德拉克馬

---

[46] 德拉克馬是希臘銀幣名。1德拉克馬約相當於羅馬銀幣1笛納 (denarius)。

[47] 睡覺舖床之用。

[48] 羅馬軍中有各種祭祀。農神(Saturnus)為農業收獲之神，每年12月17日 舉行祭祀，此日除有宴會，亦互贈禮物。此祭日原與農神有關，但後 來宗教意義漸淡，成為眾人歡樂的節日而已。

[49] 這是一種軍中的互助基金，存在各單位軍旗手之處。基金用來安葬死 亡的同袍。

扣支：乾草	10
配糧	80
靴、綁腿	12
被服	146
(共支)	248
存款總計：	344

(證明人)瑞·殷若甚思(Rennius Innocens)

7.3:4　退伍權利狀

奧古斯都以後，禁衛軍及城防營士兵役期為16年，軍團士兵為20年，後延長為25年。不論禁衛軍、城防營或軍團只可由羅馬公民充任；行省的非公民只能參加協防軍或海軍。所有士兵在退伍時都可得到合法結婚的權利(conubium)。對許多士兵而言，這項權利只是使他們在服役期間早已存在的地下夫人和子女合法化。協防軍士兵退伍時，和其妻子子女可成為羅馬公民。到第二、三世紀，軍團與協防軍的區別逐漸消失。

退伍權利狀由皇帝或由皇帝授權行省總督代行。權利狀並不是某一士兵服役期滿即頒發，而是同一單位的集體一次頒發。皇帝所下之退伍令刻在銅牌上，存放羅馬；而每一士兵可得一銅質副本，上刻其姓名及其所獲的權利。目前在羅馬帝國各地，尤其在邊境各省，發現退伍權利狀約200餘件。以下僅錄一件為代表。

譯自： *CIL*, vol. XVI, no.21(=*Dessau*, no.1993)；**轉見***RC*, II(1990版，頁485)。

韋斯巴息阿魯斯皇帝，大祭司，擁有保民官之權的第8年，18次被稱為勝利之將軍，國父，監察官，第7次任執政，並預定為第8任執政[50]，我茲附記曾在我個人禁衛軍任衛士，以及在9個禁衛營和4個城防營服役者的姓

圖 7.3 退伍權利狀一例，CIL, vol. xvi, no.14，A.D.71。

名如下。他們曾勇敢和負責地服完他們的役期，茲給予他們結婚的權利。他們可和一個女子以及第一個妻子(締結合法的婚姻)。如果他們的對象是法律上的外國人(按：即非羅馬公民)，他們所生養的子女仍視同兩個羅馬公民所生[51]。

12月2日，蓋‧裴特隆尼阿魯斯(Galeo Tettienus Petronianus)和馬可‧基羅(Marcus Fulvius Gillo)任執政之年。

第6禁衛騎兵營：逸‧裴羅士(Lucius Ennius Ferox)，逸休斯之子，屬特羅門廷部(Tromentine)，阿快‧斯塔德賴地方之人[52]。

證明副本依據存在羅馬卡比投山非洲邱比特神像下之銅牌。

---

[50] 西元76年。

[51] 關於羅馬婚姻法，可參Percy E. Corbett, *Roman Law of Marriage*, Oxford at Clarendon Press, 1969。

[52] Aquae Statellae在今義大利北部之Liguria。

第四節　軍隊特色與帝國政治

7.4:1　羅馬帝國軍隊常備職業化的特色

原刊：《台灣大學歷史學系學報》，第15期，1990，頁297-317。

　　軍隊猶如兩面之刃。用之得當，則為國之利器；不當，則反受其害。古代廣土眾民的帝國為了安全和秩序，都必要組織某種形式的軍隊。如何組織和控制軍隊，使國家蒙其利而不受其害，是一個困擾古代帝國，也是至今許多國家，還沒有完全解決的問題。羅馬帝國的軍隊曾是古代世界最強大的武裝力量之一。地中海世界，在帝國軍隊有力的保護下，維持統一達數百年之久。但羅馬軍人干政之烈，也成為人類歷史上"軍人干政"的重要典型。羅馬史家塔奇土斯(Tacitus，c.A.D.55-117？)曾說：「羅馬世界是在兵士的手中……只有通過他們，皇帝才得稱號登位」[53]。近代史家羅斯托夫茲夫(Michael Rostovzeff)乾脆說：「軍隊是帝國的主人」[54]。羅馬軍隊在帝國史上舉足輕重的地位固然是由許多複雜的因素所造成，不過關鍵性的一點，個人以為仍然在軍隊本身的常備職業特性，以及軍隊在社會和政治上構成組織最嚴密，力量最能持續，無人能與之抗衡的"利益團體"。本文擬以羅馬帝國頭300年的軍隊為對象，從兵源性質、服務條件、內部組織、訓練等方

---

[53] Tacitus, *Annales*, I.31.5: " sua in manu sitam rem Romanam…… in suum cognomentum adscisci imperatores" 。

[54] M. Rostovzeff, *The Social and Economic History of the Roman Empire*, vol.1 (2nd ed., Oxford, 1957), p.40 。

面，略論其常備職業化的特色。至於其如何干政，則須專文另論
(參本章7.4:3)。

一、兵源——從徵兵到募兵

羅馬公民當兵的義務和權利，並沒有因西元前一世紀末從共
和進入所謂的帝國時代而改變。羅馬共和時代的軍隊原本是典型
的城邦公民軍。凡有一定田產的成年男性公民，都有執干戈以衛
城邦的義務和權利[55]。這個傳統無論在理論或實際上都延續至帝國
時期以後。帝國以後仍不時徵兵。據可考的例證，一直到四世紀
末都有徵兵之例可尋[56]。不過因共和時期城邦對外擴張和長期內戰
的結果，軍隊的性質發生轉變。大體而言，最主要的轉變就是從
臨事徵集的公民軍邁向以募兵為主的常備職業軍[57]。帝國以後雖然
時有徵兵之舉，可是都在緊急或招募不足時行之。帝國各時期，
軍中自願應募與被徵服役者的比例不可考。然而帝國軍隊的三類

---

[55] 關於共和時代的軍隊，須要專文詳述。可參H.M.D. Parker, *The Roman Legions* (Cambridge, 1958); Lawrence Keppie,*The Making of the Roman Army* (Totowa, N.J., 1984)；軍隊在共和末期的變化，參R.E. Smith, *Service in the Post-Marian Roman Army* (Manchester, 1958); L.R. Taylor, *Party Politics in the Age of Caesar* (Berkeley and Los Angeles, 2nd ed., 1961); R. Syme,*The Roman Revolution* (Oxford, 1939, 1966)。關於軍隊變化和共和末期社會背景之關係，參Emilio Gabba, *Republican Rome, the Army and the Allies* (Berkeley, 1976)。

[56] P.A. Brunt, "Conscription and Volunteering in the Roman Imperial Army", *Scripta Classica Israelica*, 1 (1974), pp.90-115。

[57] 參註54及G. Webster, *The Roman Imperial Army* (London, 1969)。

主幹：軍團(legiones)、禁衛軍(cohortes praetoriae)和協防軍(auxilia)的士兵，絕大部分都是自願應募者[58]。

應募從軍有許多年齡、體格、身份甚至品格上的限制。這些限制的目的很顯然是爲了軍隊能有較高的素質。以年齡而言，理想是成年(pubes)，亦即青春發育以後，到35歲之間[59]。一位四世紀作家維格提烏斯(F. Vegetius Renatus)，在其所著《論軍事》(De Re Militari)一書中認爲，這樣年齡的人才足夠成熟，並且能接受艱苦嚴格的訓練[60]。據學者分析可考的資料，事實上，軍團士兵入伍絕大部份在18至23歲之間[61]。以體格言，維格提烏斯曾詳述對眼、頭、胸、腹、四肢等之要求。應募者第一關須通過的就是嚴格的體檢。單以身高言之，不同兵種的標準在羅馬尺5尺10寸至6尺之間。尼祿曾成立一新的軍團(legio I Italica)，全由6尺以上的義大利

---

[58] 危急時徵兵之例，可見Suetonius, *Augustus*, 25; *Nero*, 44; *Galba*, 10; *Vitellius*。前引P.A. Brunt認爲徵兵不止行於危急之時(p.102)，但其他的學者意見不同。他們相信即使繼續實行徵兵，很明顯不是普遍和經常性的措施。參G.R. Watson, *The Roman Soldier* (Ithaca, 1969), p.31; M. Grant,*The Army of the Caesars* (New York, 1974), p.58; E.T. Salmon, "The Roman Army and the Disintegration of the Roman Empire", *Transactions of the Royal Society of Canada* LII:3(1958), p.48。儘管如此，以上學者一致認爲募兵才是最主要的士兵來源。

[59] 年齡限制見Vegetius,*De Re Militari*, I.4 ; Livy, XXII.11。有關研究參Roy W. Davies, "Joining the Roman Army" *Bonner Jahrbücher*, 169(1969), pp.208-211。

[60] Vegetius, *op.cit.*, I.4。

[61] G. Forni曾分析約500名可考的軍團士兵的資料，發現皆在13至36歲之間入伍，其中四分之三則在18至23歲之間。見所著*Il reclutamento delle legioni da Augusto a Diocleziano*(Milano-Roma,1953), pp.26-27。轉見Roy W. Davies, op.cit., p.211。

人組成[62]。據說,哈德良有一次發現一名士兵僅5尺6寸,將他自禁衛軍除名,改隸他軍。又據塞奧多西法典(Theodosian Code)的記載,西元367年,身高的最低標準已降至5尺7寸[63]。以身份而言,軍團士兵必須先檢證其公民及自由民的身份,凡奴隸及職業低賤者皆不得入伍[64],從事農業、打獵、各種手工製造等行業的被認為是理想的人選。維格提烏斯甚至提到招募士兵以北方較寒冷地帶的為優先,因為南方的人較懶惰,也不如北方人勇敢和能吃苦[65]。

---

[62] 羅馬尺1尺(pes)約當0.97英尺,6羅馬尺約當5呎9吋。尼祿軍團參 Suetonius, *Nero*, 19.2。尼祿稱此軍團為(亞歷山大之方陣),有誇耀之意。以6羅馬尺以上人組軍恐非常態標準,通常應較此標準稍低。

[63] *Codex Theodosianus*, VII.13.3。哈德良事轉見Roy W. Davies, *op.cit.*, p.210。

[64] 軍團、禁衛軍士兵必須為公民兼自由民,所謂自由民指在法律上非具奴隸身份者,協防軍不必為公民,但須為自由民。羅馬史上曾有極少數以奴隸和解放奴(libertini)當兵的例子,唯皆時值緊急,且將這些奴隸別屬一單位,不與軍團、協防軍相混。所謂職業低賤者,依維格提烏斯的意見,是指從事如紡織、糖果糕餅製造等應屬女人從事的工作者 (op.cit.,I.7);塞奧多西法典明確指為低極小酒店中的僱工、廚師、麵包師及其他從事不名譽行業的人(op.cit., VII.13.8)。關於公民及自由民身份,參J.A. Crook,*Law and Life of Rome* (Ithaca, 1967, 1984), pp.36-67; Adrian N. Sherwin- White, *Roman Citizenship* (Oxford, 1936),同一作者較新之討論, "The Roman Citizenship: a survey of its development into a world franchise" in *Aufstieg und Niedergang der römischen Welt*(以下簡稱 *ANRW*) I.2 (1972), pp.23-58。關於羅馬人對(自由)概念之詳細討論,參 Ch. Wirszubski, *Libertas as a Political Idea at Rome during the Late Republic and Early Principate* (Cambridge, 1950)。

[65] 帝國初期軍團兵士即以來自義大利北部地區為主,後來加入羅馬軍隊的蠻族亦以北方之各族為多;參Lawrence Keppie, op.cit., p.180; Fergus Millar,*The Roman Empire and its Neighbours* (London, 1966,1967), chapter 12。維格提烏斯對南北方人之評論當有事實根據,羅馬人對非羅馬人

在品格上，則以誠實、知廉恥、勤勞等爲重。爲保證品格，特有推薦書(litterae commendaticiae)之制。推薦書雖非必備，但通常能有父親或其他親友推薦者，錄用的機會較好[66]。此外，士兵並不必識字，但應募者如識字，才有機會擔任不識字者所不能出任的較高的職位。能通過以上各種體格和身份檢查的，還不算正式的兵。他們須先經4個月的考驗期(probatio)，凡在實際武器及體能訓練考驗期中不能合格者，即被淘汰。合格者接受黥記，參加宣誓，列入名單，才眞正具有"士兵"(miles)的身份[67]，開始正式的訓練。從以上繁複嚴格的入伍過程可以了解，羅馬軍隊的兵士構成和凡民皆兵的義務兵制相去甚遠。義務兵制不太可能有這樣嚴格的挑選過程。

以及非羅馬人對羅馬人之觀感，參J.P.V.D. Balsdon,*Romans & Aliens*, (Chapel Hill, 1979), chapters 12-14。

[66] 關於推薦書制，參G.R. Watson, *op.cit.*, pp.37-38，有的學者認爲推薦書爲必備，參Roy W. Davies, *op.cit.*, p.216-217。

[67] 維格提烏斯提到應募者在經歷考驗期以後，須接受黥記(signatus) (op. cit.,I.8)，其目的顯然在防止逃亡，這種制度頗引起學者爭論。大致而言，這可能是四世紀才有的制度，在奧古斯都時代找不到任何證據。參Roy W. Davies, *op.cit.*, pp.217-218; G.R.Watson, *op.cit.*, pp.50-51。宣誓(sacramentum)是一自共和時代即有的重要儀式，士兵須誓言服從長官命令，遵守紀律，不逃亡，不作任何違法之事，並效忠共和，帝國以後，改爲效忠皇帝，四世紀帝國基督教化以後，誓詞更加上對上帝，對基督，對聖靈發誓，"列入名單"(in numeros relatus)是具有重要法律意義的程序。因爲士兵在法律上有特定的特權和地位，必須列入士兵名籍的才可享有，也受特定與軍人有關法令的約束。關於軍人在法律上的特定地位和權利，參Peter Garnsey, *Social Status and Legal Privilege in the Roman Empire* (Oxford, 1970); J.B.Campbell, *The Emperor and the Roman Army*, (Oxford, 1984), pp.207-242。

　　據學者估計，爲保持軍團規模和戰力，每年須要增補的兵員不過五、六千人[68]。因軍團只有公民才得加入，而羅馬人以征服者自居，初期頗吝於開放公民權，因此早期的軍團泰半爲羅馬和義大利人[69]。然而自奧古斯都時期，軍旅生涯對他們已漸失吸引力。我們甚至看見羅馬公民斷指以避兵役的例子[70]。帝國政府爲應付需要，不得不藉授與公民權，以擴大可能的兵源。到尼祿時，義大利人在軍團中所佔比例

圖 7.4 禁衛軍兵士石刻。

已不及一半；二世紀初，只佔五分之一。羅馬和義大利人在軍團中的位置迅速爲各省的公民所取代。二世紀時，帝國更藉提高薪津，增加賞賜，較好的升遷機會，更佳的退伍優待等來吸引應募

---

[68] 這項估計見G. Forni, op.cit., p.30，又參同作者，"Estrazione etnica e sociale dei soldati delle legioni nei primi tre secoli dell'impero" *ANRW*, II.1 (1974), pp. 339-391, esp. 343。

[69] 據L. keppie, *op.cit.*, p.180，卡里古拉皇帝(Caligula, r. A.D.37-41)以前，軍團中義大利人佔65%。

[70] 奧古斯都曾處罰一屬騎士階級的人，因爲他爲使二子不必當兵，將二子之手指切斷，參Suetonius, *Augustus*, 24；又提比瑞斯皇帝(Tiberius, r. A. D.14-37)曾下令在義大利各處搜捕逃避兵役的人，見Suetonius, *Tiberius*, 8；從此二例可見帝國初期，羅馬公民對兵役的態度。

者[71]。到三世紀，除了較邊遠，開化較淺的地區，這些條件又漸失去吸引力。因為此時帝國的戰爭日漸增劇，當兵的危險大增，一般人避之為恐不及。帝國政府不得不一方面招募開化尚淺的蠻族。軍團中來自伊利孔(Illyricum)地區的士兵大增即為明證[72]。另一方面，即不惜採取強迫服役的手段。到戴克里先(Diocletian，r.284-305)在位時，法律已規定退伍老兵之子必須繼承父業。甚至規定城鎮或大地主須提供定額的兵源，否則須納"徵兵稅"(aurum tironicum)[73]。羅馬政府以此稅款招募以蠻族為主的自願者，也用以償付蠻族盟軍(foederati)。羅馬士兵的待遇對絕大部分的蠻族來說，極具吸引力。衣、食、裝備、薪餉都令蠻族垂涎。到四、五世紀時，羅馬軍隊大部分已由日耳曼蠻族組成[74]。當蠻族換上羅馬的軍裝，他們得到了一份有薪餉，有升遷，有退休的職業。這對他們而言，是獲得生活的保障，而不是在盡公民的義務。

---

[71] 關於服役條件的變化，參G.R. Watson, *op.cit.*, pp.75-126; H.M.D.Parker, pp.212-247；關於協防軍，參G.L. Cheesman, *The Auxilia of the Roman Imperial Army* (Oxford, 1914), pp.31-36；其詳參本文下節。A. Mocsy, *Pannonia and Upper Moesia* (London and Boston, 1974), pp.183-212。

[72] A. Mocsy, *Pannonia and Upper Moesia*, London & Boston, 1974, pp.183-212。

[73] 老兵之子強迫服役的規定，見*Codex Theodisianus*, VII.22.1。有關研究參 A.H.M. Jones, *The Later Roman Empire* (Norman, Oklahoma,1964), p.60。關於提供兵源及徵兵稅，參M.T. Rostovtzeff, "ΣΤΝΤΕΛΕΙΑ ΤΙΡΩΝΩΝ",*Journal of Roman Studies*, VII (1913), pp.26-33; P.A. Brunt, *op. cit.*, pp.113-115。

[74] 羅馬軍隊的蠻族化是一歷時甚久，因素複雜的過程，因超出本文範圍，暫不多述。請參A.H.M. Jones, *op.cit.*, chapter XVII; *The Cambridge Ancient History* (Cambridge, 1939,1971), vol.XII, ch.VI。

二、服役待遇——從義務到謀生職業

羅馬軍隊在共和末期已走向常備職業化，但服役的待遇到奧古斯都時才統一和固定。奧古斯都重整軍隊組織，劃一待遇，使帝國軍隊常備職業的特質完全確立。以役期而言，在此以前，似乎並沒有明確的規定[75]，奧古斯都明確訂定軍團士兵須在行伍16年，16年後另有4年不脫編制(sub vexillo)，服預備役，20年後才得完全退伍。其後，預備役納入正式服役年限，一律20年退伍。禁衛軍無預備役，服役16年即退伍。而協防軍士兵則須25年才得退伍[76]。上述不同的役期經奧古斯都訂定後，300年間基本上未再變動。

共和期間，士兵原無所謂薪餉，因戰事延長，才開始有了金錢和土地的報償。其多寡，每視戰利品及追隨的將領在政壇上的

---

[75] 在共和早、中期，羅馬公民只是在3至10月之間，離家數週或數月，服役於軍中。隨著對外擴張，戰事綿延，戰區遠及義大利之外，服役長短即不得不視情況而定。李維(Livy)在他的《羅馬史》，xlii.34.5-11，提到一位50餘歲的老兵，曾轉戰各地達22年之久，其時代約當西元前200年左右。對共和軍隊性質及役期有決定性影響的人物是西元100年前後的執政馬留斯(Gaius Marius, 157-86 B.C.)。他使軍隊大步邁向職業化，役期可能訂為20年。但共和末，將領各自招兵，條件是否一致，無可考，詳參註54所引各書。

[76] Suetonius, *Augustus*, XLIX.2; Tacitus, *Annales*, I.17; Dio Cassius, LV. 23.1。所謂sub vexillo，是16年期滿的老兵不再擔負例行任務，別成一營(vexillum原意為旗幟，軍中單位各有旗，老兵自有一旗之意)，只有在有緊急情況時再上戰場。但後來因經濟因素，將預備役之4年納入正規之服役期限。參H.M.D. Parker, *op.cit.*, pp.212-213。

成敗和慷慨與否而定[77]。奧古斯都則依軍種和職級建立了一定的薪餉(stipendium militum)制度[78]。以軍種言，禁衛軍待遇最高，其次為軍團，協防軍殿後。各軍種士兵的薪餉雖不斷調高，但三種軍隊的待遇差別很可能依然維持相同的比例[79]。薪餉一年分三次平均發放。多米提阿魯斯皇帝(Domitianus, r.81-96)時加薪三分之一，改為每三月發放一次[80]。至塞皮提・塞維盧斯皇帝(Septimius

---

[77] 這種情形在共和末期尤為明顯，參與政爭的將領無不以各種手段討好士兵，分配戰利品、金錢、土地等無定規可言。精彩分析可參前引R. Syme, L.R. Taylor之作及Matthias Gelzer, *Caesar: Politician and Statesman* (Cambridge, Ma., 1968)。

[78] Suetonius, *Augustus*, XLIX.2。

[79] 帝國軍隊的薪餉是一十分複雜，學者意見甚多的問題，本文不擬詳述。相關的一般敘述，可參前引Watson, Parker, Grant, Smith, Cheesman諸人之作。較新之綜合專論，參H.C. Boren, "Studies Related to the Stipendium Militum", *Historia* XXXII.4 (1983), pp.427-460。不同意見之討論，參P.A.Brunt, "Pay and Superannuation in the Roman Army", *Papers of the British School at Rome* XVIII (1950), pp.50ff; G.R. Watson, "The Pay of the Roman Army, Suetonius, Dio and the quartum stipendium" *Historia* V (1956), pp.332-340; "The Pay of the Roman Army, the Auxiliary Forces" *Historia,* VIII (1959), pp.372- 378; David J. Breeze, "Pay Grades and Ranks Below the Centurionate ", *Journal of Roman Studies* LXI (1971), pp.130-135; B.Dobson, "Legionary Centurion or Equestrian Officer? a comparison of pay and prospects" *Ancient Society* 3 (1972), pp.193-207; M.P. Speidel, "the Pay of the Auxilia", *Journal of Roman Studies* LXIII (1973), pp.141-147, also in *Roman Army Studies* vol.1 (Amsterdam, 1984), pp.83-89。致於各軍種薪餉之比例，以M.P. Speidel師為例，他主張自西元84年至塞皮提・塞維盧斯皇帝時代，協防軍士兵之餉一直為軍團士兵之六分之五或三分之二，見前引文，p.141-147。最新研究又可參M.A. Speidel, "Roman Army Pay Scale", *Journal of Roman Studies*, LXXXII, 1992,pp.87-106。

[80] Suetonius, *Domitian*, 7。

Severus，r.193-211)時，薪餉總數不變，但恢復分三次發放的舊
制。薪餉原以現金發給，三世紀以後因貨幣不斷貶值，而漸以實
物(annona)取代[81]。不論以現金或以實物，從薪餉上最能顯現羅馬
軍隊職業性的是，兵士在軍中的衣食及裝備開銷，必須自行負
擔，自薪餉中扣除。在埃及發現的草紙文書中，有西元一世紀士
兵薪餉收支賬殘紙。根據殘賬，士兵須扣繳服裝、伙食、鞋子、
皮帶、床具(？)、喪葬互助或某種獻祭的錢[82]。根據塔奇土斯的記
載，軍團士兵甚至須付錢買帳篷和武器[83]。這種自行負擔衣食裝備
的作法，可能是源自共和時代，有財產的人才能當兵的老傳統的
遺留[84]。不過，自共和末，普羅階級(proletarii)大量加入軍隊以來，
從軍的意義即在謀取一份糊口的職業[85]。依賴職業的收入，支付開銷，
維持生活，每一行業都無不同。因此，從這一意義言，羅馬軍隊的
薪餉制正充分反映了它的職業性。

---

[81] 塞皮提・塞維盧斯也是羅馬軍制發展中的關鍵皇帝。關於他與軍隊的
關係，參R.E. Smith, "The Army Reforms of Septimius Severus", *Historia*,
21 (1972), pp.481-499; A. Birley, "Septimius Severus and the Roman Army"
Epigraphische Studien,8 (1969), pp.63-82; *Septimus Severus, the African
Emperor*, (N.Y., 1972; revised ed., New Haven, 1988)。

[82] 殘文意思有小部分尚無確解。資料原文(P.Gen.Lat.1)及釋文，參G.R.
Watson, *op. cit.*, Appendix A, B, pp.220-231；另一相關草紙賬(P. Gen.
Lat.4), 參 M.P.Speidel, *op.cit.*, pp.141-143.另參本章7.3:3。

[83] Tacitus, *Annales*, I.17。

[84] 參G.R. Watson, *op.cit.*, p.106；相關文獻參N. Lewis and M.Reinhold
eds.,*Roman Civilization, Source Book I: the Republic* (N.Y., 1951, 1966),
pp.94-95。

[85] 塔奇土斯曾以輕蔑的口吻，形容那些選擇以軍人為職業的人都是一些
"無力糊口、無家可歸之徒"(inopes ac vagi)，見*Annales*, IV.4。這樣情形
自共和末，普羅階級亦可參軍即已如此。

　　帝國的青年一旦投身軍旅，即須將一生最精華的16至25年奉獻給軍隊。他們自然盼望在服役中能有升遷，服役後能有退休生活的保障。對一般士兵而言，不論隸屬那一軍種，都有升任專勤兵(immunis)的機會。專勤兵擔任特定工作，而可免除一般兵士的例行勤務[86]。如果是識字的士兵，又逢機運，則可能升為士官(principalis)，成為百人連內軍官的助手或團部幕僚。這些士官依年資，有可得一般士兵一又二分之一倍薪餉的"下士"(sesquiplicarius)；可得兩倍薪餉的"上士"(duplicarius)[87]。士官最高則有希望升為百人連長(centurio)。百人連長雖有可能再高升，不過一般士兵絕大部分難有指望，因為這一級以上的軍官已必須由騎士階級以上的人出任[88]。如果士兵幸運歷經十幾二十年未戰死，光榮退伍，他可以得到

---

[86] 專勤兵和一般士兵，自薪餉多少言之，並無不同。只是前者因有某種特殊技能，能夠擔任特定的工作，如打鐵、造車、修製武器、醫病、建築、燒炭、造船、燒磚、冶銅等等，而免除一般士兵擔任的例行勤務(vacatio munerum)。因此嚴格而言，擔任專勤，並非升遷，但如將某士兵專勤的身份取銷，被視為一項懲罰；可見專勤兵的地位仍有其特殊性。參G.R. Watson, *op. cit.*, pp.75-77; D.J. Breeze, "The Organization of the Career Structure of the Immunes and Principles of the Roman Army", *Bonner Jahrbücher*, 174 (1974), pp.245; B. Dobson, "The Significance of of the Centurion and 'Primipilaris' in the Roman Army and Administration", *ANRW*, II.1 (1974), pp.392-434.

[87] 參前註及D.J. Breeze, "Pay Grades and Ranks Below the Centurionate", *Journal of Roman Studies*, LXI (1971), pp.130-135。上士和下士主要擔任軍官的助手和營務幕僚，如文書、財務、營區管理、武器管理。各單位之護旗手(signifer，詳見下文)，除掌旗幟，單位內士兵的財物亦由其保管，亦屬上士一級。

[88] 羅馬軍隊軍官可粗分為三級：由元老階級出任之最高統率，如軍團長等職；由騎士階級出任之次一級軍官及幕僚，如軍團長之幕僚，營級

土地、金錢和若干法律上的優待爲回報。較特殊的是協防軍士兵。他們退伍時,可有公民權爲回報,成爲羅馬的公民。此外,他們的"地下"妻子和子女也可取得合法地位[89]。

　　禁止士兵及下級軍官結婚是反映羅馬軍隊常備職業化的一項極特殊的規定。軍隊甚至規定已結婚的人必須先解除婚姻,才得以入伍[90]。這項禁令對所有百人連長以下的官兵皆有效。奧古斯都甚至一度禁止軍團長(legati legionis)與妻子相會[91]。後來放寬限制,允許多季休兵期間,軍團長可離營與妻子團聚。羅馬人認爲,最少在理論上,如果官兵沒有家庭的顧慮,將可更專注於戰鬥,成爲戰力較強的軍隊;也因爲官兵少牽掛,較不影響軍隊的調動和機動性。但是事實上,由於人性的基本需求,這項禁令不可能澈底執行。法律以外的婚姻普遍存在,也被允許存在。只是這些婚姻得不到法律保障,子女也沒有合法繼承權。士兵與下級

　　單位之司令等;再次一級爲百人連長級軍官,參E. Birley, "The Equestrian Officers of the Roman Army" in *Roman Britain and the Roman Army* (Kendal, 1953), pp.133-153。

[89] 光榮退伍(honesta missio)是一特定術語,指非因不名譽原因,如犯罪、戰敗而單位撤銷等,而離開軍隊者(missio ignominiosa)。凡因不名譽原因離職,不得享有退伍待遇,還有一類是因患病或負傷而離職者,稱之爲missio causaria,這一類視情況可享有光榮退伍的待遇,參G.R. Watson, *op.cit.*, pp.121-124。

[90] 見Dio Cassius, LX.24; *Digest*, XXIV.i.60-62,參G.R. Watson, *op. cit.*, pp.133-136及註(455)、(456)。

[91] Suetonius, *Augustus*, 24,軍官與妻兒子女同住的情形參本書5.5:4。

軍官的合法婚姻權一直到塞皮提・塞維盧斯皇帝時才得到正式承
認。這是因當時招兵日難，爲吸引人當兵才放寬的一個條件[92]。

三、紀律要求與訓練——以提高戰力爲目的

　　羅馬軍隊職業性的另一重要表現，毫無疑問在其高度專業，
不事生產，唯以戰鬥訓練爲務，以及嚴格的紀律要求。關於軍隊
訓練，前文提到的維格提烏斯所寫《論軍事》有詳細的記載。根
據該書，我們可以清楚知道從新兵入伍開始的一切訓練。這包括
如無武裝行軍、跑、跳、游泳、超越障礙等之基礎體能訓練，刀
矛等之武器訓練，野戰行軍、紮營、戰鬥隊形等之野戰訓練，騎
兵當然有騎術和隊形訓練。維格提烏斯謂這一切訓練的目的"在保
證，當實際戰爭發生時，不會有任何危急或意外，是久經良好訓
練的士兵，在訓練時不曾經歷過的"[93]。事實上，平日凡無戰鬥，
除維持必要營務者，羅馬士兵絕大部分的時間都用在訓練上[94]。

---

[92]　相關研究，參E. Birley, *op.cit.*, (1972, 1988); P. Garnsey, "Septimius
　　Severus and the Marriage of Soldiers", *California Studies in Classical
　　Antiquity*, V.3 (1970), pp.45-53。P. Garnsey獨排眾議，認爲塞皮提・塞維
　　盧斯允許士兵有合法婚姻權(ius conubii)之事並無明確佐證。但其他學
　　者幾乎都根據Herodian, 3.8.5等記載，承認到西元197年，塞皮提・塞維
　　盧斯讓士兵婚姻合法化，參G.R. Watson, *op.cit.*, pp. 133-137; M. Grant,
　　op.cit., 258。允許婚姻合法的一個重要理由，在期望士兵有合法的子孫
　　繼承父業，投入軍隊，軍職世襲的現象自三世紀以後愈演愈烈，最後
　　演爲強迫世襲。

[93]　Vegetius, I.27: "ut nulla res vel casu prorsus pugnantibus posset accidere,
　　quam non ante boni milites adsidua exercxitatione didicissent"。

[94]　參Roy W. Davies, "The Daily Life of the Roman Soldier under the
　　Principate", *ANRW* II.1 (1975), pp.299-338。

　　據維格提烏斯記載，所有軍隊的各單位，每日清晨都得集合，操練各種兵器，每月有3次行軍訓練。每隔一段時間，各單位還舉行大規模的聯合演習。這些訓練都加紀錄考核。殘存的考核記錄曾在北非的藍白西斯(Lambaesis)和中亞的杜拉・優羅普斯(Dura-Europus)等地發現[95]。西元128年，哈德良皇帝曾巡視北非防務，檢閱盧米笛亞省之駐軍——奧古斯塔第三軍團(legio III Augusta)及附屬的協防軍單位。駐軍事後將哈德良對各單位的訓話大要刻碑，立於軍團總部之前。從這些訓話，可以清楚看見二世紀初，羅馬軍團平日操練的實況。以下略錄片段，以見一斑：

　　凡軍事操練皆有定則。我認為不宜增減。增減不是減低了效用，就是太過困難。增加花樣越多，演練起來越糟。不過，你們操演了所有訓練中最困難的部分，也就是武裝擲矛……此外，我要對你們表現的精神表示祝賀……。(對軍團騎兵的訓話)

　　他人須要數日才能完成的防禦工事，你們竟能在一日之內完成。你們費力築成的一道牆，其強固有合乎通常一座永久冬營營牆的程度，你們卻只花了不比築一道草牆更多的時間。草牆所用的草料，切割成一定大小，易於搬運和利用。用來築牆也不費事。因為草料自然柔軟、平整。可是你們是用大小不等，笨重的石塊砌牆。這樣的石塊對任何人都不是容易搬動和拼砌的。你們也在堅硬粗糙的碎石地上挖掘一道筆直

---

[95] 相關資料介紹，見前引Roy W. Davies, (1975), pp.303-305及附表B: Duty roster of legio III Cyrenaica; 1st-10th October, A.D.87; G. R.Watson, "Documentation in the Roman Army", *ANRW*, II.1 (1975), pp.493-507, esp. 500-506。

的壕溝，並將壕溝整平。工程通過驗收，你們迅速回營，重
拾裝備和武器……我賀恭司令官帶給你們有如實戰的軍事訓
練。由於你們訓練良好，使我能向諸位表示祝賀。你們營長
——孔里阿魯斯(Cornelianus)的克盡職守也令我滿意。可是騎
兵的行進有不盡理想處。騎兵須自藏匿處奔馳而出，追擊時
則應謹慎小心。因為除非一個人能掌握方向，並隨時控制住
馬匹，否則必落入隱藏的陷阱……。(對某騎兵營訓話)

諸位的操演井然有序。操演時，原野上佈滿諸位的陣式。諸
位使用的雖是短拙的標槍，擲槍動作卻甚優美。不少人擲矛
也展現同樣優美的技巧。而諸位方才和昨天表演的上馬動
作，皆機警快速。任何缺失，我都會注意到，不合標準處，
我也會指出來。但是諸位在整個演習中的表現都令我高
興……茲給予獎賞……。(對潘農尼亞第一營訓話)[96]

哈德良的訓話雖不免有鼓舞士氣的恭維成份，但他也明確指出缺
失，明白證明羅馬軍隊平日確在嚴格的訓練下生活。較哈德良稍
早，一位一世紀的猶太史家——裴瑟夫(Fabius Josephus)檢討羅馬
成功的原因，曾結論道：「如果我們全盤研究羅馬軍隊的組織，
將會明白他們贏得廣大的帝國，不是憑藉運氣，而是勇敢的代
價。他們從不坐待戰爭來臨。相反的，他們活像天生即已習於戰
鬥，訓練從不稍息。他們平日操練的艱苦不下於真正的戰爭。每

---

[96] H. Dessau, *Inscriptiones Latinae Selectae*, (Berlin, 1962), no. 2487, 9133-
9135；相關研究參J.B. Campbell, *op.cit.*, pp.69-88，訓話全文參本書
7.2:2。

一士兵皆將精力投注在日復一日的演練裡，如同面對著眞正的戰鬥」[97]。

圖 7.5 在隊旗引導下前進的軍團士兵，此爲馬可‧奧利留皇帝紀功柱上的石刻。

成功的軍隊除了精良的戰技，嚴明的紀律和團隊精神亦不可或缺。羅馬軍隊在這方面的要求，到了令人難以像想的地步。裘瑟夫指出羅馬人不但藉訓練「強化士兵的體魄，更強化他們的心志」[98]。著名的羅馬將領無不以紀律嚴明著稱[99]。最令人驚異的是爲了達成強化精神紀律的目的，羅馬人甚至將“紀律”(disciplina)和“勇武精神”(virtus)等抽象的觀念人格化，在軍中加以崇拜。其他被人格化受敬拜的“觀念”還有“榮譽”(honos)、“虔敬”(pietas)、“幸運”(fortuna)等[100]。這些觀念的崇拜一方面反映羅馬人的宗敎態度，一方面也反映他們將軍旅生涯視爲職業，要求官兵內化的一些“職業道德”和信念。

---

[97] Josephus, *The Jewish War*, III.73-74 (G.A. Williamson's translation)。

[98] *Ibid.*, III. 102。

[99] 例如：Suetonius, *Vespasianus*, IV.8; Tacitus, *Annales*, XIII.35，相關研究，參J.B. Campbell, *op.cit.*, pp.190-198, 303-311。

[100] 參G.R. Watson, *op.cit.*, pp.127-133; J. Helgeland, "Roman Army Religion", *ANRW*, II.16.2 (1978), pp.1470-1505; E. Birley, "The Religion of the Roman Army: 1895-1977", *ANRW*, II.6.2 (1978), pp.1506-1541。

　　此外重要的是團隊精神的培養。這可以軍隊單位建立番號和別名(cognomina)、建立旗幟崇拜、各有保護神(genii)等方面見之。這些設施都有強化官兵對所屬單位認同的作用。羅馬軍團和協防軍各營(cohortes)都有獨自的番號和別名。大部分別名和它們成立時的來源或曾贏得的榮譽有關。以協防軍而言，其名往往用成軍時兵源的地方或種族名，成軍後，雖士兵不再來自一地一族，名稱仍沿用不替。可見對名稱著眼的不是地方或種族，而是團體已有的傳統和榮譽[101]。軍團別名或源自神名，如：XV Apollinaris；或源自成立軍團的皇帝，如：II Augusta；或源自曾贏得榮譽的地名，如：V Macedonica[102]。這些別名都有助於建立官兵的榮譽和歸屬感。這種榮譽和歸屬感，可以從羅馬官兵死後，喜歡在墓碑上標明死者曾屬某軍某營或其他某單位看出來[103]。他們在生前服役時，即被刻意培養對軍隊單位的感情。刻意培養的一個例子是對單位旗幟的崇拜。

---

[101]　參D.B. Saddington, "The Development of the Roman Auxiliary Forces from Augustus to Trajan", *ANRW*, II.3 (1975), pp.176-201; P.A. Holder, *Studies in the Auxilia of the Roman Army from Augustus to Trajan*, (Oxford, 1980); M.M. Roxan, "Pre-Severan Auxilia named. in the Notitia Dignitatum" in *Aspects of the Notitia Dignitatum* ed. by R. Goodburn and P. Bartholomew (Oxford. 1976), pp.59-79, esp. p.59。

[102]　H.M.D. Parker, *op.cit.*, pp.261-276。

[103]　例如，參*Inscriptiones Latinae Selectae*(以下簡稱*ILS*), nos. 2021, 2024, 2035, 2766, 2767。

羅馬軍隊將旗幟視爲單位神聖的象徵，是單位官兵祭祀和奉獻的對象。以軍團爲例，軍團旗頂上的老鷹(aquila)是軍團精神的象徵，尤受尊崇。在軍團總部內，有特建的團旗祭壇(aedes aquila)，而軍團各單位的旗幟(signa)也在此同受供奉。各種旗幟各有護旗手(signiferi)。他們除掌旗外，還負責保管兵士們的財物[104]。這種安排使兵士對旗幟不但有精神上的聯繫，也有實質上的利害關係。作戰前，官兵向旗幟許願；作戰時，官兵隨旗幟進退，爲旗幟所象徵的榮譽而戰；作戰後，則對旗幟奉獻還願。因此如果戰敗，失掉旗幟，被認爲

圖 7.6 羅馬軍團各種旗幟模型及士兵長矛，1978年7月28日作者攝於Römisch-Germanische Zentralmuseum, Mainz。

---

[104] 關於軍旗崇拜，參Tertullian, *Apologia*, 16；關於軍團旗手，參M.P. Speidel, "Eagle-Bearer and Trumpeter",*Bonner Jahrbucher*, 176 (1976), pp.123-163; M.J.Gabe, *The Signiferi of the Roman Imperial Army*, unpublished M.A. thesis of University of Hawaii, 1977；關於護旗手負責保管財物，見Vegetius, II.20; Suetonius, *Domitian*, VII.3; Dio, LXVII.1-2; Tacitus, *Annales*, I.37。關於士兵對軍旗獻祭，見碑銘，如 *ILS*, no.2295; *The Roman Inscriptions of Britain*, nos. 1262, 1263。

是莫大的恥辱。有些時候，單位甚至從此撤消，因爲不再有人願意隸屬於一個有不光榮紀錄的單位[105]。

團隊精神的培養還表現在對各單位保護神的崇拜上。羅馬人相信，每個人，每個地方和每件事的發生，冥冥中都有特定的力量或神靈在照管，籠統言之，就是保護神。從帝國各地出土的碑刻資料可以證明，羅馬軍隊各單位幾乎都有保護神，目前發現最多的是與百人連保護神(genii centuriae)有關的遺物。這是因爲士兵對百人連這一級單位有最強的認同和歸屬感[106]。從獻祭的碑銘和遺物看，對保護神的獻祭活動，不一定是官方舉行的，而是士兵私自的奉獻。這更可顯現士兵對自己單位的感情。總之，羅馬人爲了提高一支軍隊的戰鬥力，可謂無所不用其極。紀律訓練和團隊精神的培養都是爲達到同樣的目的。這樣的訓練和培養，只有長期服役的職業化軍隊才能作到。

圖 7.7 哈德良錢幣上，士兵持軍旗像，銘文強調紀律(DISCIPLINA)。

---

[105] 羅馬軍隊單位有不少因而撤銷，參G.R. Watson, *op.cit.*, pp.128-129。

[106] M.P. Speidel and A. Dimitrova-Milceva, "The Cult of the Genius in the Roman Army and a New military Deity", *ANRW*, II.16.2 (1978), pp.1542-1555, esp. 1542。

四、組織——編制固定化與長期化

共和時代,隨著對外戰爭和內戰的發展,軍隊一直沒有統一和固定的組織。雖然軍團和協防軍的名稱和大體規模都已出現,但如單位人數和裝備,因共和末期,將領有權各自招兵組軍,事實上並不一致[107]。真正統一要到奧古斯都重整軍隊以後。重整的一大特色即在編制的固定化和長期化。

整編後的羅馬軍團約有5,500人。下分10個營(cohortes),1個營又分為6個百人連(centuriae)。協防軍的步兵編制與軍團同,分為營、百人連;騎兵則以約500人為一單位,稱為騎兵營(alae)。但騎兵營也有少數以千人為單位的。禁衛軍共由9個營(cohortes)組成,約4,500人[108]。軍團和禁衛軍的士兵必為公民,非公民(peregrinae)只能加入協防軍。不過這種軍團和協防軍的差別逐漸模糊,到二世紀末,三世紀初,蠻族參加軍團者日多,西元212年,帝國居民普獲公民權,軍團和協防軍的區別幾已不再存在[109]。

---

[107] 共和時代的軍隊一直在變化,Polybius(VI. 19-42)與Livy(VIII. 8-10)對軍隊的描述即不相同;共和末,凱撒(Caesar)、龐培(Pompey)、安東尼(Antony)等皆在各地自行招募軍隊。以軍團而言,人數在5,000至6,000之間,並不一定,士兵的收入差別則更大;參Lawrence Keppie, *op.cit.*, chapters 1-4。

[108] 這時的百人連事實上並沒有100人,約僅80、90人,所謂一個軍團5,500人,也是估算數。我們雖知奧古斯都曾將軍團的編制統一,但很遺憾毫無明確的記載傳世。

[109] 關於公民權的開放,參A.N. Sherwin-White, *op.cit.*, (1972),pp.23-58;公民權開放與軍隊的關係,參J.F. Gilliam, "Dura Rosters and the Constitutio Antoniniana", *Historia*,14 (1965), pp.74-92。

　　帝國頭200年，軍團的總數浮動於25至34之間[110]。大致的趨勢是隨著帝國的不安定，軍團逐漸增加。而協防軍的人數無從確知。照塔奇土斯(Tacitus)的記載，在提比瑞斯皇帝(Tiberius，r.14-37)在位之初，協防軍兵力約與軍團相當；然根據近代學者研究，前者人數稍多於後者[111]。三世紀時羅馬兵力的總數，因資料缺乏，無由估計。只能約略而言，自塞皮提‧塞維盧斯至戴克里先，約增加了一倍左右[112]。儘管軍力大小時有增減，軍團、協防軍的內部編制和存在的單位卻相當穩定持續。以奧古斯都整編後的25個軍團而言，其中有18個的番號和名稱延續到二世紀，其中最少又有16個到三世紀初還存在[113]。協防軍情形相同。依據一份大致成書於四、五世紀《百官志》(Notitia Dignitatum)的記載，最少有53個塞皮提‧塞維盧斯時代以前即已存在的協防軍營和騎兵營，維持到《百官志》成書的時代[114]。禁衛軍的情形稍有不同。禁衛軍駐紮羅馬，保護皇帝，自奧古斯都死後，一直嚴重左右羅

---

[110] 關於帝國各時期的軍團數爭論甚多。大致而言，奧古斯都時為2；韋斯巴息阿魯斯(Vespasianus, r.69-79)時為29；多米提魯斯時增為30；二世紀馬可‧奧利留(Marcus Aurelius, r.161-180)時代新增2軍團；塞皮提‧塞維盧斯時增為33或34。參R. Syme, "Some Notes on the Legions under Augustus" *Journal of Roman Studies*, XXIII (1933), pp.14-33; M. Grant, *op. cit.*, p.257; A.H.M.Jones, *op.cit*, p.59。

[111] Tacitus, *Annales*, IV.5; G.L.Cheesman估計帝國頭二世紀約有220,000協防軍，而軍團人數在156,000左右，參Cheesman, *op.cit.*, p.168。

[112] A.H.M. Jones, *op.cit.*, p.60。

[113] 參附錄：奧古斯都軍團存續表。

[114] M.M. Roxan, *op.cit.*, pp.59-79, Tables I-III, pp.73-75，關於《百官志》之編成，參 A.H.M. Jones, *The Later Roman Empire,* Appendix II, pp.1417-1428, esp.1421。

馬的政局和皇位轉移[115]。西元68年，尼祿(Nero，r.54-68)死後，禁衛軍和地方軍團各自擁立皇帝。帝國一度四帝並立。69年，當憑藉萊因河區軍團支持稱帝的魏德留斯(Vitellius，r.69-69)進入羅馬，即將與其相抗的禁衛軍解散，並自支持自己的軍團中抽調人馬，組成一支包括16營，一營千人的新禁衛軍。這造成禁衛軍組織的變化。第二次重要的變化發生在塞皮提·塞維盧斯時代。他爲了加強羅馬防衛的力量，將禁衛軍擴編至近30,000人[116]。西元312年，康士坦丁(Constantine，r.306-337)終於完全撤銷禁衛軍，另以皇宮衛隊(Scholae Palatinae)代之。皇宮衛隊創自戴克里先。其與禁衛軍不同處，在主要由蠻族騎兵組成，除擔任皇帝的衛隊，更是一支隨皇帝四處征戰的機動精銳部隊[117]。

以上所述，都是羅馬常備職業性的"正規軍"。除此之外，爲應付戰爭的需要，羅馬人也常常臨時編組各種部族軍(nationes，或稱作symmachiarii)，投入戰場。這種軍隊往往隨戰役結束而解散，因而與協防軍不同。例如，圖拉眞皇帝(Trajanus，r.98-117)征達先人(Dacians)，即徵招了不少非洲摩耳人(Moors)和奧斯圖人(Astures)參

---

[115] 參M. Grant, *op.cit.*, parts III, IV。

[116] 有學者認爲塞皮提·塞維盧斯擴編禁衛軍意味著帝國防衛戰略從邊境線防禦轉縱深機動防禦。但也有學者認爲塞皮提·塞維盧斯此舉並非出自戰略上的考慮；參E.N. Luttwak, *The Grand Strategy of the Roman Empire*, (Baltimore and London, 1976, 1978), chapters II, III; A. Ferrill, *The Fall of the Roman Empire: the Military Explanation*, (London, 1986, 1988), pp.23-43; A. Ferrill, *Roman Imperial Grand Strategy*, University Press of America, 1991。

[117] 參R. MacMullen, *Constantine* (N.Y., 1969), p.43; A. Ferrill, *op.cit.*, pp.43-50；A. Ferrill認爲到康士坦丁時才眞正採取不同的帝國防衛戰略。

戰[118]。不過自二世紀初，哈德良皇帝開始，這些非正規軍不再即組即散，逐漸有正規常備化的傾向，稱之爲部族營(numeri)。他們由羅馬軍官率領，但作戰時所持武器和作戰方式一乃部族之傳統[119]。因爲二世紀以後，原富部族色彩的協防軍，在裝備和作戰方式上逐漸和軍團接近，羅馬人覺得仍有必要利用不同部族特殊的戰鬥技能。部族營的出現頗有取代原協防軍角色的意義[120]。

　　羅馬軍隊的職業性除表現在組織、兵源、服役條件、訓練紀律等方面，還有十分重要的一點即高度的專業性。所謂高度專業性，不是說羅馬軍隊除戰鬥，絕不務其他。但據可考的資料，他們絕大部分的時間的確只用在與軍務有關的工作上[121]。那麼數十

---

[118] 參Lino Rossi, *Trajan's Column and the Dacian Wars*, (London, 1971), pp.162-163; M.P.Speidel, "The Rise of Ethnic Units in the Roman Imperial Army", *ANRW*,II.3 (1975), pp.203-231; "Stablesiani, the Raising of New Cavalry Units During the Crisis of the Roman Empire", *Chiron*, 4 (1974), pp.541-546。

[119] 參J.C. Mann, "A Note on the Numeri", *Hermes*, 82(1954), pp.501-6; M.P.Speidel, *op.cit.*, (1975), pp.202-231; "Citizen Cohorts in the Imperial Army: New Data on the Cohorts Apula, Campana, and III Campestris", *Transactions and Proceedings of the American Philological Association*, 106 (1976), pp.339-348, esp.346-348。

[120] E. N. Luttwak, *op.cit.*, p.122。

[121] 前引Roy W. Davies (1975)文，曾依據文獻及考古資料，將羅馬官兵日常工作分爲訓練、軍中行政、考核、後勤、警衛、武裝監督與警戒、經濟發展活動、地區特殊任務八項。所謂武裝監督與警戒，是指邊境巡邏、保衛交通線、警衛市場、徵關稅、護送等事；所謂經濟發展活動主要是指以龐大的兵工力量從事修橋造路及製造建築材料如磚瓦等；地區特殊任務指協助地方行政、司法或協助救火等事，這些工作除一小部分，絕大部分與軍事相關。

萬軍隊的糧食和各種必要的補給從何而來？羅馬人似乎從沒有想
到要利用軍隊的龐大勞動力，從事農業生產以求軍隊自足。據現
代學者的估計，單以基本糧食而言，一個軍團一年最少須消耗
2,032噸穀物，一營騎兵的馬匹須635噸大麥[122]。以古代世界的經濟
力而言，二、三十個軍團加上人數相當的協防軍，長年消耗而不
事生產，是極其沉重的負擔。這些負擔在帝國頭三世紀，絕大部
分可以說都加在帝國各省人民的身上。帝國政府允許駐軍就地徵
收軍需，而軍隊除禁衛軍，幾全駐紮在義大利以外，有安全顧慮
的各省[123]。徵用軍需雖須先請得許可狀(diploma)，事實上軍隊不
時有非法濫徵的情形。從埃及發現的文書上，可以見到駐軍徵收
衣物、麻繩、皮革、草料、燈油、食用油等之記錄。糧食的徵
收、儲存和運輸是一件大事，軍中各置專人負責。軍隊當然也自
駐地購買或租用必需品，例如服裝、馬匹等[124]。不論如何，在帝
國頭300年中，羅馬軍隊絕不見有為自給自足而從事農業生產的。
帝國各地有許多的殖民城鎮(coloniae)，但屯田的都是解甲的老兵
或平民[125]，絕無現役軍人。這和漢代中國，軍隊只要稍久不罷

---

[122] Roy W. Davies, *op.cit.*, (1975), p.318。

[123] 羅馬軍團駐防地區演變情形，參Lawrence Keppie, *op.cit.*, pp.113, 192,
194附圖；M. Grant, *op.cit.*, 附錄: The Location of the Legions, pp.291-
294。

[124] Roy W. Davies, *op.cit.*, (1975), pp.316-318；軍隊與地方城鎮的經濟關係，
參A.H.M. Jones, *The Roman Economy* (New Jersey, 1974), p.38。

[125] 關於殖民城鎮，參A.H.M. Jones, *Ibid.*, pp.293-307。羅馬軍隊不事農業的
情形自三、四世紀，蠻族大量參加軍隊以後發生重大變化。羅馬固然在
中央由皇帝率領一支高度機動專業的強大部隊，但是絕大部分由蠻族組
成，已喪失機動性的邊防軍(limitanei)，都投入了農業生產。這一方面
是三、四世紀以後，羅馬經濟力在不斷戰爭中大為衰退，無力全面繼續

散，多行屯田自給，大不相同[126]。羅馬爲了使軍隊戰力臻於極至，可謂無所不用其極。常備職業化和專業化都是這一理念下必然的發展。

五、餘論：常備職業化的因素

羅馬帝國軍隊常備職業化固然與上述理念有關，基本上還受到許多現實因素的左右。一是羅馬從小小城邦發展爲以地中海爲“內海”的大帝國，爲應付帝國防衛的需要，臨事徵集的城邦公民軍已遠遠不能滿足。西元三世紀初的一位史家笛歐(Cassius Dio)在他的羅馬史中，曾借奧古斯都左右手麥奇納士(Maecenas)之口，建議爲何帝國須要一支常備軍。他的話雖是希臘、羅馬史書中常見的模擬的演說，非眞有其事，但頗足以反映三世紀以前羅馬人的想法。他說：

> 應該維持一支由公民、屬邦、同盟組成的常備軍。各地軍隊的多寡應隨各地的需要而定。這些軍隊應枕戈待旦，不斷磨練，並在最有利的地點建立冬營。士兵服役應有一定期限，如此他們從退伍到老邁之前仍有一段時光。建立常備軍的理由是：我們帝國的邊界相距十分遼遠，又有敵國環伺四周。

支持軍隊之消耗，另一方面也因爲日耳曼蠻族原本從事農牧，爲安定湧入的蠻族，除將他們納入軍隊，也分配土地給他們，亦農亦兵的情形遂不可免。相關研究參 R. MacMullen, *Soldier and Civilian in the Later Roman Empire* (Cambridge, 3rd ed., 1980), chapter I, pp.1-22；R. MacMullen雖曾努力蒐證，指出帝國早期也有軍隊從事生產的例子，但最後不得不結論，所謂soldier-farmer，最早也只能推到四世紀前半期(p.15)。

[126] 羅馬與漢代中國軍隊的比較須另文詳說，其略見本章下節。

如遇危急，我們無法依賴(臨時徵集的)遠征軍。另一方面，如果允許所有的役齡男子都可擁有武器，學習戰鬥，他們將成爲動亂和內戰不斷的泉源……[127]。

關於役齡男子皆可擁有武器，是指共和以來，公民皆兵的傳統。共和末期，將領擁兵內戰，造成長期動亂。因此，他建議「一般役齡男子無須練武和入營服役，只有身體最健壯，生活有迫切需要的人才入伍受訓。如此，這些人專意於一業，才會有較佳的戰鬥力。如果有這樣一批人擔任防衛，其他的人無慮被迫參軍出征，將較易從事農耕、航海或其它太平盛世所可經營的行業。人群中最活躍不安穩的份子，通常也就是那些以打家劫舍爲業的人。他們入伍當兵，換取溫飽，即不致再侵犯他人；其他的人也不必再在驚恐中渡日」[128]。從這一段話可以看出，帝國時代的羅馬人已不再將當兵視爲公民的權利和光榮，只是一種可以換取溫飽的職業。此外，也可看出軍隊常備職業化，是爲了轉化社會動亂的根源，使社會中不得生活的動亂因子有一條出路。另一個現實的因素是共和時代的公民軍，經歷數百年城邦擴張和內戰的洗禮，早已常備職業化，奧古斯都雖欲"恢復共和"，實際上已無法走回頭路[129]。奧古斯都的軍隊重整工作，基本上只是依循已

---

[127] Dio, LV.27；另參本書4.5:2。

[128] *Ibid*。

[129] 關於奧古斯都是否眞正恢復了共和(res public restituta)，是一個從當時即爭論至今的問題。奧古斯都本人在自撰的《功業錄》(Res Gestae)中曾誇稱"將國家從自己的手中轉回羅馬元老院和人民的主宰之下"，(參拙譯，〈奧古斯都的功業錄〉，《慶祝王任光教授七秩嵩慶中西歷史與文化研討會論文集》(文史哲出版社，民國77年)，頁294。當時不少"御用"文人亦爲詩文，同聲歌頌。但一世紀的塔奇土斯卻憤恨地指出，羅馬人

然的趨勢，使帝國軍隊常備職業的特色更加確立而已。最後，我
們不可忘記，羅馬人統一地中海世界，久久不能忘懷自己是征服
者，不但吝於將平等的公民權授予被征服的各省人民，更大量擄奪
帝國各地的財富，以裝點羅馬。奧古斯都曾驕傲地說：「他將原以土磚
建造的羅馬城，改成以大理石建造」[130]。他的改造有一大部份即來自
對帝國各地的略奪。各省人民因而不免也將羅馬人視為貪婪成
性，奴役他們的征服者[131]。在征服者與被征服者之間的敵意未消
解前，羅馬人不得不將最強大的軍隊，依最有效率的方式組織起
來，以保衛自己的優越地位。如此，從共和末已職業化，由公民
組成的軍團不但不可能如漢高祖從龍的軍隊一般，"皆罷歸家"[132]，
反而在奧古斯都的整頓下向常備職業化更邁進了一步。

在共和時代享有的自由，已在奧古斯都的一人專制下煙消雲散。參
Tacitus, *Annales*, I.2-4; Dio, LVI.44.3-4。近代學者對這個問題的看法，參
P.A. Brunt & J.M.Moore eds., *Res Gestae Divi Augusti* (Oxford, 1967), pp.8-
16; F.Millar & E. Segal eds., *Caesar Augustus: Seven Aspects* (Oxford, 1984),
pp.1-88; R. Syme, *The Augustan Aristocracy* (Oxford, 1986), pp.64-103。近
代學者大多認為奧古斯都的恢復共和只是煙幕，事實上自此以後，共和
只是名義的意義居多。又可參一本佳著，F.E. Adcock, *Roman Political*
Ideas and Practice (Ann Arbor, 1959), pp.71-88。較新的討論參P.A.
Brunt, *Roman Imperial Themes*, Oxford, 1990。

[130] Suetonius, *Augustus*, XXVIII.3；相同記載又見Dio, LVI.30.3。

[131] 帝國人民對羅馬人的觀感；參J.P.V.D. Balsdon, *op.cit.*, (1979), pp.161-
192。

[132] 《史記・高祖本紀》五年五月，其後高祖用兵，竟然發生以羽檄徵，無
人相應的事。此於羅馬帝國乃屬不可想像。基本上，漢之得 "天下"，與
羅馬之異民族、異文化征服，有型態上的不同，這一點須另文詳述。

附錄：奧古斯都軍團存續表

軍團名稱	存　在　時　間　與　駐　地			
	A.D. 20	A.D. 68	A.D.112	A.D. 215
IV Macedonica	Nearer Spain	Upper Germany		
VI Victrix	Nearer Spain	Nearer Spain	Lower Germany	Britain
X Gemina	Nearer Spain Lower Germany	Nearer Spain	Upper Pannonia	Upper Pannonia
II Augusta	Upper Germany	Britain	Britain	Britain
XIII Gemina	Upper Germany			
XIV Gemina	Upper Germany			
XVI	Upper Germany	Lower Germany		
I	Lower Germany	Lower Germany		
V Alaudae	Lower	Lower		

	Germany	Germany		
XX	Lower Germany	XX Valeria Victrix	Britain	Upper Britain
	Britain			
XXI Rapax	Lower Germany	Upper Germany		
VII Moesia	Dalmatia Pia Fidelis Moesia	VII Claudia	Upper Moesia	Upper
XI	Dalmatia	XI Claudia Pia Fidelis Dalmatia	Lower Moesia	Lower Moesia
VIII Augusta	Pannonia	Moesia	Upper Germany	Upper Germany
IX Hispana	Pannonia	Britain	Britain	
XV Apollinaris	Pannonia	Judaea	Pannonia	Galatia-Cappadocia
IV Scythica	Moesia	Syria	Syria	Syria Coele
V Macedonica	Moesia	Judaea	Lower Moesia	Upper Dacia
III Gallica	Syria	Moesia	Syria	Syria Phoenice
VI Ferrata	Syria	Syria	Arabia(?)	Syria Phoenice
X Fretensis	Syria	Judaea	Judaea	Judaea

XII Fulminata	Syria	Syria	Galatia-Cappadocia	Galatia-Cappadocia
III Cyrenaica	Egypt	Egypt	Egypt	Arabia
XXII Deiotariana	Egypt	Egypt	Egypt	
III Augusta	Africa	Africa	Africa	Numidia

本表參照J.P.V.D. Balsdon, *Rome: The Story of an Empire* (N.Y. 1970), Table 3改列。表中軍團番號後未見軍團別名者,為別名失考。

7.4:2　漢代中國與羅馬帝國軍隊的特色

原刊:《歷史月刊》第8期,1988,頁56-63。

「三時務農而一時講武,故征則有威,守則有財。若是,乃能媚於神而和於民矣。」

（《國語》〈周語〉）

「軍隊應經常處於備戰,並應不斷訓練和操演。」

（卡・笛歐,LII.27.1）

　　信不信由你,羅馬軍隊的士兵不許結婚;已經結婚的,必須先離婚才可入伍。在羅馬帝國的頭200年裡,這項規定不但適用於士兵,也適用於所有包括百人連長(centuriones)在內的下級軍官。百人連長以上的軍官可以有合法的妻子,不過他們只准在冬季休兵期間離營,與妻子相會。羅馬人的理由很簡單。妻兒子女會削弱官兵的戰鬥意志,減低他們轉戰四方的興趣,影響軍隊的機動性,更會使官兵無法長期在營,接受嚴酷的訓練。羅馬人為了追求軍隊最高的戰鬥力，不惜剝奪官兵的婚姻生活。這對強調家庭倫理，相信"夫婦乃人倫之始"的中國人而言，誠屬不可思議。漢代在居延、敦煌等邊地戍守的官兵，有不少不但帶著妻兒父母，還按月領"眷糧"呢。

漢代中國和羅馬是兩個約略同時存在，廣土眾民的大帝國。從大約西元前二世紀到西元後二世紀，亞洲大陸東端和地中海四周各有五、六千萬的人口，分別生活在以農業為主，高度統一的政治結構裡。帝國的安全如何防衛？兩大帝國的統治者都面臨這個問題。

問題相同，答案卻各具特色。漢代中國人和羅馬人由於傳統上、理念上、帝國形勢上等等的不同，作了很不一樣的選擇。其不一樣，從前述禁止結婚的規定以及前引《國語》〈周語〉和羅馬史家卡・笛歐(Cassius Dio，c.A.D.155-230)的話中已可見其端倪。大體而言，當羅馬帝國發展出一支訓練嚴格，機動性高和戰鬥力強的常備職業化軍隊時，漢代中國在"寓兵於農"的大原則下，始終保持一支以農暇訓練為主，亦兵亦農，臨事徵集，有濃厚"民兵"色彩的軍隊。當然，羅馬和漢代軍隊的組成並不單純，400年間也非全無變化。可是，上述的特色可以說相對地一直存在。

一、羅馬帝國軍隊的特點

羅馬人的軍隊自西元前三世紀，在與迦太基綿延百餘年的爭霸戰爭以及社會內部變化的過程裡，大步邁向職業化。羅馬本來只是義大利中部，台伯河畔的小小城邦，軍隊是典型的城邦公民軍。遇到外來侵害，城邦裡的成年男子，放下犁頭，撇開羊群，拿出自備的弓箭刀矛，較富有的還可騎在自家的馬上，披副盔甲，由推選出來的領袖帶頭，走上戰場。公民執干戈以衛城邦，是義務也是權利。戰事一旦結束，軍隊解散，牧羊的牧羊，耕田的耕田。

這種軍隊足以防衛城邦，卻不足以應付戰區遼闊、時間持續的帝國爭霸戰。羅馬在與迦太基爭霸的百餘年間，不斷調整組織，加強訓練，公民參加軍隊的性質也逐漸改變。軍隊職業化有幾項重要的指標：組織固定化、任務專業化、服役長期化。更重要的是當兵變成一種謀生的職業，可以有升遷、有退休、有固定的收入。這些現象在共和後期的300年裡，轉變得日益清楚。不過，職業化的真正確定和完成是到奧古斯都(Augustus，27 B.C.-A.D. 14)的時代。

奧古斯都是一位典型保守的羅馬人，對傳統不輕言放棄。他權掌數十年，始終以恢復共和傳統為號召。根據傳統，當兵是公民的權利和義務，只有公民才得加入羅馬軍團，這是公民的光榮。但是新的帝國形勢迫使他不得不作若干妥協。羅馬人征服地中海世界以後，為了維護少數征服者的優越地位，頗吝於將公民權開放給各省人民(帝國人民普有公民權要到西元212年)，也不准他們加入軍團。可是龐大的帝國顯非少數公民所能防衛。妥協的辦法是在帝國內維持兩種主要的軍隊，兩種都有常備職業化軍隊的性質。

一種是軍團(legiones)，由公民組成。理論上，徵兵的傳統仍然存在；事實上，絕大部分的士兵係招募而來。士兵役期為20年。奧古斯都曾大力縮減共和末期因內戰而擴增的軍隊。到他逝世時，尚有25個軍團部署在帝國各個仍有安全顧慮的行省。另一種是數量不相上下的協防軍(auxilia)，由無公民身分的各省人民組成。他們步、騎皆有，而以騎兵為主，協同正規軍團作戰。協防軍士兵須服役25年。軍團和協防軍的官兵都隨階級的高低，每年分三次領取固定的薪餉和津貼。服役期滿，軍團士兵可得到土地和金錢為回報，他們的"地下夫人"和子女這時也可取得合法地位。協防軍士兵在退伍時的一項特殊回報是羅馬的公民權。自從奧古斯都將這些服役的條件固定下來以後，一、兩百年間未再有根本的大改變。總的來說，此後由於兵源短缺，為吸引人投效，薪餉趨於提高，優待日益增加。例如：到二世紀末、三世紀初，士兵和下級軍官終於准許在服役期間結婚。三世紀初以後，隨著公民權完全開放，軍團和協防軍的分別逐漸模糊，有愈來愈多帝國邊區的蠻族加入了軍隊。但軍隊常備職業化的特性絲毫未曾改變。

　　這種常備職業化的特性，不但見之於20或25年的役期，也見之於組織和訓練。在組織上，羅馬軍隊有編制固定和強調團隊精神的特點。一個軍團編制為5,500人，下分10個營(cohortes)，每營再分為6個百人連(centuriae)。協防軍的騎兵以約500人為一營(alae)，步兵則如軍團，分為營和百人連。由於是長期服役，官兵無論訓練和作戰無時不在一起，彼此之間因而形成極為緊密的關係。為了提高戰力，羅馬人以各種方式刻意培養團隊精神。舉例言之，每個軍團和協防軍都有固定的番號和別名(cognomina)。別名或取自創建者(如：II Augusta)，或取自神名(如：XV Apollinaris)，或取自有光榮紀錄的地名(如：V Macedonica)等。官兵上下無不以所屬單位為榮，並以維護其光榮為職志。除此之外，每軍團或協防軍以下的各級單位都有本身的旗幟(signa)作為團結和認同的對象。例如軍團旗頂端是以老鷹(aquila)爲飾，營旗則有軍團名稱與營番號。各種旗幟都有護旗手，作戰時，官兵皆隨旗幟而進退。作戰中喪失旗幟是極大的恥辱。作戰失敗的軍團，其番號與別名甚至從此撤銷，因爲沒有人願意再隸屬這樣的軍團。羅馬軍人甚至將旗幟當神靈(genii)來敬拜。作戰前，夥伴們向軍旗許願，祈求勝利；作戰後，則向軍旗行獻禮還願。軍團和協防軍的數量時有增減。但到三世紀初，奧古斯都時代的25個軍團中仍有16個，亦即一半以上的番號和別名延續不斷；另有至少53個協防軍的各級番號到五世紀初仍然存在。羅馬軍隊組織的固定和強韌於此可見。

就訓練而言，羅馬軍隊以嚴格著名。除執行任務外，官兵大部分的時間都投注在訓練上。訓練的內容包括跑、跳、游泳等體力訓練，刀矛等武器訓練和行軍、紮營、造橋、佈陣等野戰和勤務訓練。當時被征服的各省人民對羅馬軍隊的訓練和戰力，無不感到驚異和佩服。以一世紀的猶太史家裴瑟夫(Flavius Josephus，A.D. 37-100)爲例，他說：

> 如果我們全盤研究羅馬軍隊的組織，將會明白他們贏得廣大的帝國，不是憑藉運氣，而是勇敢的代價。他們從不坐待戰爭爆發。相反地，他們活像從一出生即已習於戰鬥，訓練從不片刻歇止。他們平日操練的艱苦不下於眞正的戰爭。每一位士兵將全副精力投注在日復一日的操演中，就如同在眞正的戰鬥裡一般。完美的訓練使他們能夠從容面對戰場上的震撼、驚恐……。(《猶太戰爭》，III.V)

裴瑟夫接著指出羅馬人不但藉訓練"強化士兵的體魄，更強化他們的心志"。強化心志靠紀律和精神訓練，最能顯示這種精神的是他們將"勇武精神"(Virtus)和"紀律"(Disciplina)都加以人格化，在軍中當作神祇一般敬拜。

以上對羅馬帝國軍隊的描述，極為簡略，而且只限於初期。不過，已不難看出其組織固定、役期甚長、訓練嚴格、任務專一等職業化軍隊的特性。這些特性在帝國後期基本上並沒有改變。如果以這些特性和中國漢代的軍隊相對照，漢代軍隊很明顯較近乎所謂的"民兵"。

二、漢代軍隊的特點

漢代百姓和羅馬公民看來似乎一樣有當兵的義務，但是前者是天子治下的齊民，後者則是城邦的主人。這一身分的差異使當兵一事在兩個社會有了完全不同的意義。因為是主人，羅馬才產生"唯公民有資格當兵"的限制，公民也才以當兵為榮。漢世齊民是被統治者，當兵是徭役，是負擔，無所謂光榮可言。當羅馬由城邦而成帝國，身為城邦主人的感覺逐漸模糊，但羅馬公民仍不失為擁有賦稅和法律特權的征服者。他們也許和漢代百姓一樣漸以當兵為苦，但苦的滋味畢竟不同於純然的被統治者。

在漢代，所有20或23歲以上的男子，都要在郡國登記，成為徭役徵發的對象，這叫"傅"。然後一直到56歲才能解除徭役，這叫"免"。根據文獻，似乎每個成年男子一生最少要當2年兵。一年服役於所在的郡國。駐防於北方邊郡的，大部分被訓練成"騎士"；內郡的則成步兵，叫"材官"；江、淮以南的則成水軍，叫"樓船"。服役期間，如何編組，如何訓練？一無可考，只知道西漢時，每年秋天的8月或9月，地方的郡守和都尉會將他們集合起來，考核他們騎射、駕車、戰陣或水戰的技巧，這叫"都試"。史書中雖不乏舉行都試的記載，我們卻不易想像如此短暫訓練的效果。郡守之下，只有一位，頂多兩、三位負責軍事的都尉。他們如何在一年之內，將"不知尺籍伍符"的田家子化爲訓練有素的戰士？爲什麼都試要安排在秋收農閒時舉行？是不是意味在地方服役的，平常還得在田裡幹活，秋收後才有閒暇操演？這些問題，都無法確切回答。但從漢人服膺的"三時務農，一時講武"的古訓看來，並不是沒有這樣的可能。漢獻帝建安21年，魏國有司奏：「古四時講武，皆於農隙。漢西

圖 7.8 漢代的騎兵，1965年楊家灣漢墓出土。

京承秦制，三時不講，惟十月都試」云云(《晉書》〈禮志〉下)，奏文中都試月份雖不同於其他記載，"三時不講"一語，頗可幫助我們了解漢代郡國兵訓練之有限。從"講武皆於農隙"又可知道，糧食生產似乎比訓練更重要。

另外一年的服役，在京師的叫"衛士"；在帝國邊境戍守的叫"戍卒"。京師有擔當戍衛的南北軍。其衛士人數兩漢不同，在數千至數萬人之間。戍卒的數量也不大。兩漢邊防一向以北方與西北方最吃緊，可是從居延、敦煌等邊陲遺址以及文獻上估計，部署在北方約3,500公里防線上的戍守兵力不會超過10,000人。宣帝時，趙充國曾說：「北邊自敦煌至遼東萬一千五百餘里，乘塞列

隧有吏卒數千人。」(《漢書》〈趙充國傳〉)。趙充國是當時的將軍，熟於邊事，所說當有根據。他所說的數字遠小於羅馬帝國在北方邊界佈置的武力，奧古斯都末期，在多瑙河和萊因河沿岸2,600公里的防線上，駐紮了12個軍團，達66,000人。這還不包括數量不明，輔助性質的協防軍。

　　相比之下，漢邊戍卒只算哨兵。漢代眞正用來對付內外動亂的主力是臨時自郡國徵調的部隊。這種部隊只有天子有權徵調，地方郡國受天子虎符而後出兵。通常北方邊郡出騎兵，內郡主要出步兵。另由天子任命一位或數位朝臣爲將軍。戰爭結束，部隊遣歸郡國，將軍亦返舊任。舉例來說，宣帝本始2年(72 B.C)秋天，宣帝爲救烏孫，伐匈奴，調「關東輕車銳卒，選郡國吏三百石伉健習騎射者，皆從軍。」又令「御史大夫田廣明爲祁連將軍，後將軍趙充國爲蒲類將軍，雲中太守田順爲虎牙將軍，及度遼將軍范明友，前將軍韓增，凡五將軍，兵十五萬騎，校尉常惠持節護烏孫兵，咸擊匈奴。」(《漢書》〈宣帝紀〉)《漢書》〈匈奴傳〉曾較詳細記述了各將所率騎兵人數以及各路如何分途進兵。總之，徵調軍隊在本始2年的秋天，五將軍從長安出發已是第2年的3月。150,000關東兵從徵調到分途出發，耗費了最少5個月。結果，匈奴聞漢兵大出，早已奔走逃逸，"五將少所得"。祁連和虎牙兩將因"逗留不進"，獲罪自殺，而所有的軍隊在5月罷遣。

　　這種臨事徵集，隨即解散的軍隊，既缺長期密集訓練，又無固定組織，官不知兵，兵不知將，其戰鬥力與戰鬥精神不可能與常備職業軍相比。戰鬥力有限，則必寄望於以量取勝。兩漢出兵動輒十餘萬或數十萬，這種情況在羅馬極爲少見。以西元前59年(漢宣帝神爵3年)，凱撒征高盧的第一場戰役爲例。凱撒面對大約

90,000賀維提人戰士，卻只以4個軍團贏得勝利。當時一個軍團不過3,600人！漢代發動十餘或數十萬軍隊之外，還須徵用數目更爲龐大的民伕擔任後勤支援，如此一來，任何一次大規模軍事行動都不免造成"海內騷然"的局面。武帝和王莽都曾飽嚐動員這一類型軍隊的苦果。

　　兩漢也有屬較長期服役性質的軍事編組。例如，武帝時的七校(屯騎、步兵、越騎、長水、胡騎、射聲、虎賁)，東漢時的五營或北軍五校。還有期門(後更名虎賁)、羽林之類，都應不止服務一、兩年。他們雖偶爾出征，基本上都是京師、宮廷或皇帝的衛隊。期門、羽林除了護從皇帝，也是皇帝身邊的郎官，隨時擔任皇帝指派的其他職務。郎官的性質基本上和"職業軍人"是兩回事。七校或五校有些由胡人組成，他們或許可算是"職業軍

圖 7.9 漢代居延邊塞烽火台遺跡。

人"。武帝七校人數不可考，東漢北軍五校，一校有700至1,200人。其餘羽林之類，時有增減，在數百至千餘人間。以這樣的數量，即使參加遠征，似乎也不可能構成戰鬥主要的力量。

　　東漢光武帝時，廢除都試，也曾一度省罷郡國掌理軍事的都尉，使郡國兵原本有限的訓練更趨廢弛。爲了軍事的需要，募兵漸多。所募稱爲應募、應募士、募士、勇敢、勇敢士或奔命等

等。例如,明帝曾募兵戍隴右,代價是每人30,000錢。此外,東漢還大量利用罪犯和外族出征。其服役條件如何,不甚清楚。不少死罪囚犯是因皇帝恩典,減死赴邊充軍。漢朝政府鼓勵他們帶著妻兒父母到邊地落戶屯墾,這叫"占著所在"。漢邊還有所謂的田卒。這些人都不可能是一年一更,而是下文晁錯所說的"常居者"。他們或爲謀生而應募,或長期服役,但非專以戰鬥爲務,仍稱不上是真正的職業軍人。

三、小結

總之,羅馬式專業化常備軍隊的整個概念,在漢代中國可以說不存在。漢初,晁錯因鑑於發兵守邊,一歲一更的辦法不切實際,於是建議募民實邊,所謂"選常居者,家室田作,且以備之";根據他的想法,這些人在邊地成家立業,編爲什伍。平日耕作,農隙習武,戰時即可起而應敵,爲國干城。這種寓兵於農的想法,不但支配晁錯,支配漢代軍隊的型態,也一直影響此後中國軍隊的構成。趙充國、曹操的屯田兵固不必說,唐代的府兵,明代的衛所,基本上仍然沿襲兵農合一的設計。

亦兵亦農的"民兵"既然效率

圖 7.10 漢代居延田卒名籍簡。

甚低，戰鬥力有限，為什麼傳統中國的當政者大多數仍採取這種兵制呢？因為它也有不少優點。一大優點是國家承平之時，可以將養兵之費降到最低點。如無戰爭，常備軍隊純然只是消耗。古代社會生產力有限，維持常備軍隊非常不易。當奧古斯都固定了軍隊官兵的薪餉和退休辦法以後，首要工作就是為支付這項龐大的開支，開徵新稅，設立一個特別的軍費財庫(aerarium militare)。此後羅馬皇帝一直為應付軍隊正規的用費和不正規的需索而頭痛不已。相對而言，漢代皇帝如武帝，只有在頻頻大規模遠征時，才感到較大財政上的壓力。另一個優點是平日勞動人口能較充分地投注在生產上，創造財富。羅馬人以征服者自居，不敢輕易放棄征服者在武力上的優勢，職業化軍隊專司戰鬥，固然維持了優勢，但不事生產，卻成為沉重的負擔。劉邦得天下，並不以征服者自居，即帝位後不久，"兵皆罷歸家"，化消耗為生產者。這是漢初經濟能逐漸復甦的一大原因。

　　"民兵"性質的軍隊也許還有一個令統治者心動的優點，就是它不像"職業軍人"那樣容易以武力干政。羅馬職業化軍隊有一切戰鬥力上的優點，卻也成為社會上最強固緊密的"利益團體"。他們對帝國政治的干預，稍涉羅馬史者皆知。羅馬史家塔奇土斯(Tacitus，c. A.D. 55-117)曾說：「羅馬世界是在士兵的手中。」這種情形不見於漢代。漢代400年，一直到東漢末，才出現董卓以地方軍隊干政的事。漢代早有人指出臨時調兵，有"兵將不素習"的問題。但對漢家天子而言，這正是一個好處。將軍較少擁兵自重以威脅帝室的機會。唐代杜佑和宋代錢文子都認為這是漢代兵制成功之處。漢代天子如果知道羅馬士兵可以"拍賣"皇位(參本書9.1:1)，就更要為自己的睿智，欣然一笑了。

7.4:3　羅馬帝國禁衛軍、地方軍團和一世紀前期的皇位繼承

一、導言

> 「羅馬世界是在他們(士兵)的手中……只有通過他們，皇帝才得稱號登位」
>
> ——塔奇土斯，《編年史》，I.31.5——

軍隊干政是人類歷史上常見的現象。為了維護內部的秩序和對抗外來的威脅，一個組織較為複雜的社會通常會組織某種形式的軍隊。羅馬從一個小小的城邦逐漸發展成為主宰地中海的大帝國，依賴的是一支人類歷史上少見的常備職業化軍隊。其效率之高，戰鬥力之強，使得羅馬的和平(pax Romana)最少維持了200年。但是羅馬帝國擁有這樣的軍隊，也付出了極大的代價。

經濟的負擔辜且不說，帝國政治的動盪不安，幾無不與軍隊有關。羅馬軍隊干政之烈，可以說是人類歷史上軍人干政最古典的例證之一。愚意以為，一個重要的原因是共和末期羅馬公民軍的私人化和職業化，使得軍隊凌駕元老院之上，成為羅馬社會中組織最堅強，內部關係最緊密的"利益團體"[133]。他們在軍頭的領導下，固然爭得地中海的霸權，也深深陷入共和末的動亂，成為政爭的工具。烏大維(Octavius)在動亂中，以武力掃平群雄，自然深知軍隊猶如兩面之刃，不能控制，則受其害。因此，他拿下江山之後，馴服這一隻怪獸就成為首要的大事。

---

[133] 關於軍隊的職業化，請參拙著〈羅馬帝國軍隊常備職業化的特色〉，《國立台灣大學歷史系學報》第15期(1990)，頁297-317。

不過，他失敗了。他一死(A.D.14)，禁衛軍(cohortes praetoriae)立即介入帝位的繼承。一世紀初，尼祿(Nero，A.D.54-68)以前的幾位羅馬皇帝全在禁衛軍的支持下登上帝位；尼祿以後，地方軍團(legiones)不甘寂寞，也加入了擁立和廢立皇帝的遊戲。一位近代著名的羅馬史家在全盤檢討羅馬皇帝和軍隊的關係之後，感慨地指出，羅馬帝國幾百年中，羅馬的皇帝沒有任何人能片刻免於對軍隊忠誠的憂慮，也沒有人能有一點點的安全感[134]。本文的目的即在檢討一世紀前期，禁衛軍和地方軍團干預皇位繼承的過程，並找出其中個人、群體與世變的因素。他山之石可以攻錯，應如何規範軍隊和國家的關係，則是在今天海峽兩岸的變局中，作者真正關心的。

二、共和傳統與王朝制的妥協──提比瑞斯的繼位

歷史家習慣以奧古斯都(Augustus，27B.C.-A.D.14)時期為界，劃分羅馬的歷史為"共和"和"帝國"兩大階段。這樣的分期不是沒有道理。因為當時的羅馬史家就已經感覺到共和的傳統在奧古斯都的時代發生了變化。對世變敏感的塔奇土斯(Tacitus，c.55-120)曾在他的《編年史》(*Annales*)一開始，精要地點出：

……龐培(Pompeius)和克拉蘇(Crassus)的權勢，轉瞬間即落入凱撒(Julius Caesar)之手。雷比達(Lepidus)和安東尼(Antonius)則向奧古斯都俯首稱臣。奧古斯都在眾人疲於內戰的情形下，以第一公民(princeps)之名，收攬大權於一身。……

---

[134] M. Grant, *The Army of the Caesars*, (N.Y.：Charles Scribner's Sons, 1974), p.39。

布魯塔斯和卡休斯(Cassius)的殞落，使共和的武力渙然消散。
當龐培在西西里被擊潰，雷比達失勢，安東尼身亡，而凱撒
的餘黨，除了奉凱撒之名，也陷於群龍無首。奧古斯都放棄
三人執政團(triumvir)的名銜，自封爲執政，而以保衛人民的保
民官的職權爲滿足。他先用獎賞贏取軍心，以廉價穀物博得
一般民心，並以安樂和平獲得所有人們的支持。然後，逐步
提升自己，將元老院、政府各職司以及法律的功能集於一
身。他這樣作，完全沒有人反對。因爲最勇敢的靈魂不是在
戰爭中殞落，就是被逐於法律保護之外。苟存的貴族則甘心
爲人之奴，以待陞官發財。這些人在内戰革命中發達起來，
他們寧取眼前的平安而不願再過以前那種危險的日子。帝國
各省也並非不樂意接受現況。因爲，他們不信任元老院和人
民的統治。元老院和人民的統治因強人的爭奪和官員的侵漁
貪暴而信用掃地。……

……帝國之内，一片昇平。官員的名號一如往昔。社會上有
出生於阿克廷(Actium)之役以後年輕的一代，也有更多在内戰
中出生較老的一代，可是曾目睹"共和"昔日面目的卻少之又
少！

……因爲國家已經脫胎換骨，昔日優美的道德已一絲不存。
平等已遭剝奪，所有的人一無疑慮，都仰望聽命於"第一公民"
一人。……(I.1-4)

塔奇土斯帶著無限對共和的懷念，感嘆只知仰承"第一公民"奧古
斯都鼻息的新一代，已經不知道什麼是共和昔日的面目。換言
之，對塔奇土斯而言，奧古斯都的確將羅馬人民帶入一個新的時
代。新時代的特徵是元老院和人民的權力與地位，已爲大權集於

一身的"第一公民"所篡奪。接著塔奇土斯敘述奧古斯都如何苦心孤詣，像王朝的統治者一樣，安排自己的繼承人(*Annales*，I.3)。

奧古斯都是否確實有心建立王朝？是一個爭辯性的問題。如果依據奧古斯都本人所努力宣揚的，以及當時許多人所相信的，奧古斯都的所作所為，是從戰亂中"恢復共和"(res publica restituta)，而不是建立東方式的王朝[135]。就羅馬統治權的轉移而言，恢復共和，由代表羅馬人民主權的元老院決定一切，或依王朝繼承的辦法，在一家一姓手中轉移，代表著極不相同的意義。奧古斯都安排繼承人，煞費苦心。他一方面努力保持共和傳統的形式，一方面又努力使大家明白誰是他囑意的人選，使大權不致落入他人之手。結果形成一種不完全合乎共和傳統，又不完全像王朝制的妥協性繼承制。由於繼承制本身的曖昧，從一開始，戍守羅馬的禁衛軍就有了介入的機會。軍隊的介入出乎奧古斯都意料之外。他萬萬沒有料到他安排的體制，從此為人類歷史留下"軍人干政"最著名的典型。

羅馬共和時代對城邦權力的轉移有一套和王朝繼承可以完全相反的觀念和制度。在基本觀念上，羅馬人相信：

(1)城邦的權力屬於城邦全體公民所有，羅馬人民(populus Romanum)毫無疑問是權力的主體和所有者；

(2)因此，羅馬主權不是私產，不可以由某一人私自決定如何轉移或繼承；

---

[135] 奧古斯都最重要的宣傳文件莫過於他親自所寫的《功業錄》，今有石刻傳本，譯文請參拙譯，〈奧古斯都的功業錄〉，《慶祝王任光教授七秩嵩壽中西歷史與文化研討會論文集》，文史哲出版社，1988，頁281-302；本書4.5:3。

(3)理論上，全體人民或人民的代表，從全體人民之中，選擇適合的人行使主權，實際上表現出來的就是共和時代的公民大會和元老院制；

(4)從而統治的合法性應是建立在全體被治者的同意上。

一、二世紀時的小蒲林尼(G. Plinius，A.D. 61/2-c.114)曾說過一句很精要的話，可以概括共和制的基本精神，他說：「統治全體的人應自全體中選出」[136]。這和我們所熟知的，古代兩河流域、埃及、波斯帝國和中國的王朝繼承制正好相反。雖然上述古文明的王朝繼承不完全相同，共同的特色卻是：(1)統治的權力和地位並非由被統治所授予，而是來自天或神，可視為私產；(2)它可在同一血緣或有假血緣關係的一家一姓或一群人之中，世代相傳；(3)繼承人統治的合法性是以這種血緣關係為基礎[137]。

羅馬人在傳統上不能接受這樣的王朝制。最明白的例子就是凱撒(Julius Caesar)因被懷疑陰謀稱王(rex)，建立王朝，而遭共和派的殺害[138]。這對身為凱撒養子的奧古斯都自然是一個活生生的教訓。奧古斯都一直努力避免涉嫌稱王，甚至避免共和所允許，

---

[136] *Panegyricus*, 7.6: "Imperaturus omnibus eligi debet ex omnibus" ("one who is to rule over all ought to be chosen from all")。

[137] 關於兩河流域和埃及的君王觀念，可參拙文〈古代兩河流域的君王和法律〉，《西洋古代史參考資料》(一)，聯經出版公司，1987，頁11-30；蒲慕州編譯，《尼羅河畔的文采——古埃及作品選》，官方紀錄部分及導言，遠流出版公司，1993，頁13-35；關於波斯王權的性質，最古典的評論見於Herodotus, *The Persian War*, ch. VII.104, 135-139；又可參A.T. Olmstead, *History of the Persian Empire*, Chicago, 1970。

[138] 參Cicero, *De Re Publica*, I.xxxiii.50, xxxiv.51; Suetonius, *Caesar*, lxxix.2-3; Dio, liii.17.2-3, lii.40.1。

大權集於一身的"笛克推多"(dictator)的頭銜和權力。在表面上,他盡力保持共和的傳統:他所有的職位和權力都來自羅馬公民和元老院的賦予,而自稱"第一公民"(princeps)[139]。在理論上,元老院可將賦予他的權力收回或給予任何其它的人。在這種情形下,如果奧古斯都有意維持這一層共和的面紗,他就不可能像其它的王朝,堂而皇之公開任命皇權的繼承者。

　　奧古斯都有女無子。為此他曾先後認養蓋烏斯(Gaius)、逸奇烏斯(Lucius)、阿格瑞帕(Agrippa)和提比瑞斯(Tiberius)為養子。其目的即在以他們為權力的接班人。可是在法律形式上,他們只能是奧古斯都私人財產的繼承人[140]。在維持共和形式和企圖建立王朝式的繼承的困局中,奧古斯都實際上只能視情況,一步步安排,而無法樹立長期合法的制度[141]。這種繼承"無法"的狀態,可以說是軍隊有機會介入皇位繼承最重要的原因之一。

---

[139] 請參F. Millar, *The Emperor in the Roman World(31BC—AD337)*, Cornell University Press, 1977;拙文〈從比較觀點談談秦漢與羅馬帝國的皇帝〉,《人文及社會學科教學通訊》1:4(1990),頁13-23。

[140] Suetonius, *Augustus*,lxiv.1, lxv.1, ci.2; *Tiberius*, xxiii; A.Watson, *The Law of Succession in the Later Roman Republic* (Oxford, 1971), p.33.關於奧古斯都養子的法律地位,可參S. Jameson, "Augustus and Agrippa Postumus" *Historia*, XXIV・2 (1975), pp.287-314。

[141] 就奧古斯都留下的所謂"第一公民制"(principate)來說,根本就不是整體有意的規劃,而是視現況一點一滴累積成形的。參R. Syme, *The Roman Revolution*, (Oxford, 1939, 1966), p.322; M. Hammond, *The Augustan Principate*, (N.Y., 1933, enlarged ed.,1968); E.T.Salmon, "The Evolution of Augustus' Principate", *Historia*, V (1956), pp.456-478; F.Millar and E.Segal eds., *Caesar Augustus: Seven Aspects*, (Oxford, 1984);一本較新的討論可參 K.A.. Raaflaub and H.Toher eds., *Between Republic and Empire:*

　　奧古斯都無子，只有一個女兒——裘利亞(Julia)。裘利亞就成為奧古斯都建立王朝繼承唯一可以利用的工具。西元前25年，他將裘利亞嫁給姊子馬奇逸斯(Marcellus)[142]。馬奇逸斯卻於23年短命而死。21年，他又將新寡的女兒嫁給阿格瑞帕。阿格瑞帕是助奧古斯都掃平群雄，最主要的大將[143]。阿格瑞帕的能力和戰功出眾，又身為奧古斯都的女婿，一度似乎像是奧古斯都囑意的繼承人。但是奧古斯都顯然更希望由流有裘利安家族血液的人承繼大位。裘利亞先後於20年、17年生下二子——蓋烏斯和逸奇烏斯。他們一出生，奧古斯都即收養他們為己子，並為他們加上凱撒(Caesar)之名[144]。按照奧古斯都的理想，這兩個幼子可在成熟有經驗的父親—阿格瑞帕的監護下成長，成年後再承繼皇位。但是阿格瑞帕卻在西元前12年過世。挫折之餘，奧古斯都不得不再挑選一個人擔任阿格瑞帕的角色。結果他看上了另一位將領，經驗、聲譽和阿格瑞帕不相上下的提比瑞斯。提比瑞斯不同於阿格瑞帕

Interpretations of Augustus and His Principate, University of California Press, 1990。

[142] Dio, liii.27.5。

[143] Dio, liv.6.3。西元前31年9月，烏大維在阿克廷(Actium)擊敗安東尼和克麗奧帕特拉海軍的決定性一戰，即由阿格瑞帕指揮。

[144] 對於奧古斯都放棄以阿格瑞帕為繼承人的真實原因，學者意見不一。可參F.B. Marsh, *The Reign of Tiberius*, (New York,1959),p.33; R.Syme, op. cit., pp.416,427; R.Seager, *Tiberius*, (Berkeley, 1972), pp.21-22; B.Levick, *Tiberius the Politician*, (London,1976), pp.29-30。可以確定的是阿格瑞帕出身低微，作為帝國權位的繼承人，得不到元老階級的支持。元老階級的批評可見於Tacitus, *Annales*, I.3-4。為此，奧古斯都還曾在元老院公開否認他有意立繼承人。參Dio, liii.31.1。奧古斯都收養兩外孫為己子，見Dio, liv.18.1; Suetonius, *Augustus*, lxiv.1; Tacitus, *Annales*, I.3。

之處在他出身於貴族的克勞底家族(Claudian family)，並且是奧古斯都的繼子[145]。提比瑞斯奉命與原妻離異，而與裘利亞結婚。他於是成為奧古斯都的第三位女婿，蓋烏斯、逸奇烏斯和阿格瑞帕遺腹子阿格瑞帕‧珀斯土穆斯(Agrippa Postumus)的繼父‧這時蓋烏斯和逸奇烏斯分別只有9歲和7歲，提比瑞斯似乎又有望成為第一公民的接班人。可是奧古斯都對提比瑞斯一直並無好感，以他為女婿是不得已的選擇。等蓋烏斯和逸奇烏斯漸漸長大，奧古斯都以他們為繼承人的用心就更見清楚。西元前8年，奧古斯都迫不及待即讓12歲的蓋烏斯開始貴族青年必經的軍事服務，並以蓋烏斯的名義賞賜軍隊，以增強軍隊對他的好感[146]。西元前6年，傷心的提比瑞斯黯黯然離開羅馬，退隱到遙遠的羅德島(Rhodes)[147]。

　　提比瑞斯離開羅馬，奧古斯都就更明白以種種方式使大家知道他以蓋烏斯為繼承人的意圖。西元前5年，蓋烏斯剛算成年，穿上成人的衣袍(toga virilis)，奧古斯都即破例要求元老院，預先任命他為西元元年的執政(consul)，並將"第一青年"(princeps iuventutis)的榮譽加在兄弟逸奇烏斯的身上，成為騎士階級的領袖[148]。為紀念這重要的一刻，奧古斯都大量打造新的錢幣。錢幣上兄弟二人都手持槍矛和盾牌，讓所有的人都知道奧古斯都已有足以悍衛邦國的成年子嗣。奧古斯都在私人信件中，也不諱言以他們繼承皇位的心

---

[145] Velleius, II.xciv; Suetonius, *Tiberius*, vi, ix。

[146] Dio, lv.6. 1-4。

[147] Suetonius, *Tiberius*, X. 1-2; Dio,lv.9.7; Tacitus, *Annales*, I.4; Velleius, II. ic. 2。

[148] *Res Gestae Dive Augusti*, 14.1-2; Tacitus, *Annales*, I.3; Dio, lv.9.9-10。

意[149]。這時，奧古斯都拒絕提比瑞斯返回羅馬的請求。他完全沒有想到，不久之後，他還是被迫召回提比瑞斯，將皇位交到提比

圖 7.11 奧古斯都銀幣，一面爲其像，另一面爲手持矛盾的蓋烏斯和逸奇烏斯，銘文說明他們是指定的執政和第一青年。

瑞斯的手中。因爲，出乎意料，蓋烏斯和逸奇烏斯竟然在西元2年、4年相繼病死。

　　蓋烏斯和逸奇烏斯的死對65歲的奧古斯都打擊甚大。奧古斯都在極不情願的情形下，以提比瑞斯爲養子。但是爲使有一絲裘利安家族血液的人有機會繼承大位，奧古斯都強迫提比瑞斯收裘利亞和阿格瑞帕所生女兒的丈夫——格曼尼庫斯(Germanicus)爲養子[150]。

　　奧古斯都一連串收養養子的行動，旨在確保皇權能繼續操控在自己的家族之內。他在位的最後幾年，爲鞏固繼承人的地位，全力以赴。從西元10年開始，奧古斯都打造一連串的錢幣，一面

---

[149] Aulus Gellius, *Noctes Atticarum*, XV.vii.3。

[150] 在這前後，奧古斯都還曾收養他最後一個孫子阿格瑞帕・珀斯土穆斯爲養子。但此子個性極爲暴烈，不久遭放逐而死。

是自己的像，另一面是提比瑞斯[151]；12年，他允許提比瑞斯接受凱旋式的榮譽，並和自己分享資深執政的權力(proconsular imperium)；13年，他讓提比瑞斯再度擁有保民官之權(tribunicia potestas)[152]。這些行動使得提比瑞斯已經形同帝國的共治者。但是奧古斯都礙於共和的形式，始終無法真正像歷史上其它的王朝，公開合法地任命提比瑞斯爲羅馬帝國的"太子"。

西元14年8月19日，奧古斯都逝世。提比瑞斯幾乎立刻變成帝國"事實上"(de facto)唯一的主人。但是他在"法律上"(de jure)地位的確立，卻要到一個月之後。由於隨侍在奧古斯都近側的禁衛軍早已深知奧古斯都的佈置，他們立刻向提比瑞斯表示效忠。提比瑞斯在禁衛軍的支持下，宣佈奧古斯都的死訊，並召集元老院集會[153]。

有趣的是，提比瑞斯對接受"第一公民"的地位曾經十分猶豫。後經元老院一再催促，他才勉強接受[154]。古代文獻多半認爲這是

---

[151] C.H.V. Sutherland, *Roman Coins*, (New York), 1974, p.146。

[152] 資深執政和保民官之權是羅馬皇帝最重要的兩項權力。資深執政像各省省督，有權掌管各省內一切的行政、司法、財政和軍事。奧古斯都又不同於一般的省督，他還有一種較高的權力(imperium maius)，使他的資深執政之權不限於一省之內，而及於全帝國。保民官有權召集元老院和公民大會並提出議案，也有權否決任何其它官員的決定。提比瑞斯有此二職權，事實上幾等於與奧古斯都共治帝國。有關羅馬的皇權，參前引拙文(1990)，頁17-19；拙譯，〈韋斯巴息安"皇帝"的權力〉，《西洋古代史集刊》第1期，(1989)，頁181-184；又參本書4.5:5。提比瑞斯第一次任保民官在西元前6年；但在同一年，他消極地自公共生活中退隱到羅德島去，並未真正執行職權。

[153] Dio, lvii.2.1; Tacitus, *Annales*, I.7。

[154] 古代文獻一致記載提比瑞斯如何猶豫於登位，參Velleius, II.cxxiv.2; Tacitus, *Annales*, I.8, 11, 12; Suetonius, *Tiberius*, xxiv.1-2, xxv.1; Dio, lvii. 2.1-7, 3.1-2。

提比瑞斯故作姿態，現代學者也認爲他是故爲"鬧劇"[155]。不過，有一點可以肯定，即如塔奇土斯所指出的，提比瑞斯並不想自己被看成是因與奧古斯都的認養關係而得大位，仍然希望自己是因"眾人的公舉"(a re publica)而榮膺"第一公民"[156]。這恐怕也是奧古斯都的心願。他們都不希望留下一個印象，認爲他們的地位是出於私相授受和依賴軍隊的支持。他們寧願自己的合法性是建立在合乎傳統的元老院和羅人民的同意上。儘管此後幾百年裡，元老院的同意愈來愈流於形式，軍隊的支持愈來愈成關鍵，可是一直到帝國滅亡，任何皇帝建立合法地位都不能沒有元老院的同意。這也使得羅馬帝國在共和傳統的影響下，始終不曾眞正完全成爲東方式的王朝。

在提比瑞斯即位的同時，駐守在伊利孔省(Illyricum，約當今南斯拉夫)和日耳曼地區的軍團(legiones)發生了叛變。他們長久以來即對邊地生活的艱苦，和羅馬禁衛軍之間待遇的不平，感到不滿[157]。因此當禁衛軍立即向提比瑞斯效忠，這些北邊的軍團卻有意以叛變爲要脅，換取較好的待遇。伊利孔的3個軍團一起行動，殺死長官，派出使者到羅馬，提出要求[158]。更危險的是，這時萊因河下游日耳曼省的4個軍團因類似的理由，也發生了叛亂。他們認爲他們和禁衛軍一樣，有權力挑選皇帝。聳恿他們的總指揮，

---

[155] F.B. Marsh, *The Reign of Tiberius*, p.45; R.Syme, *Tacitus*, (Oxford, 1958), p.410。

[156] Tacitus, *Annales*, I.7。

[157] 關於禁衛軍和軍團的性質和待遇，參前引拙文(1990)，頁302-306；又可參：R.W. Davies, *Service in the Roman Army*, (New York, 1989), ch.II, pp.33-70。

[158] Tacitus, *Annales*, I.19; Dio,lvii.4.3。

也是提比瑞斯養子的格曼尼庫斯出馬繼位。不過,格曼尼庫斯斷然拒絕了他們的要求,並迅速平定了叛亂。

奧古斯都深深知道軍隊的危險性。他一直努力防止軍隊有任何機會危及他所恢復的共和。爲此,他將軍隊緊緊置於自己的掌握下。只要是有駐軍的省份,即由奧古斯都直接任命省督,由他直接監管。此外,他又大量削減因內戰過度膨脹的軍團數目,從60餘削爲28,並將所有的軍團佈防在義大利之外的邊區。羅馬本身不能完全沒有軍隊。但爲防他們造成威脅,奧古斯都將三分之二的禁衛軍置於羅馬城外[159]。儘管如此,這些曾主宰共和晚期政局的軍人,不能忘懷他們曾經擁有的力量。萊因河軍團叛變時,即宣稱「羅馬的世界是在他們的手中,是他們的勝利增添了羅馬的光榮,只有通過他們,皇帝才得稱號登位」[160]。他們的話預示了帝國此後不可避免的命運。

---

[159] R. Syme, "Some Notes on the Legions under Augustus", *Journal of Roman Studies*,XXIII(1933), pp.14-33; H.M.D.Parker, *The Roman Legions*, pp.72ff; Lawrence Keppie, *The Making of the Roman Army*, (N.J.:Totowa, 1984), pp.145-171。除了禁衛軍,在奧古斯都身邊還有一小支以日耳曼騎兵約300人組成的"貼身護衛",叫巴塔維(Batavi)。他們因非羅馬人,人數極少,除護衛主人,甚少介入政治,也較不爲人知。新近研究可參M.P. Speidel, *Riding for Caesar: The Roman Emperor's Horse Guard*, (London, 1994)。

[160] Tacitus, *Annales*, I.31: "Sua in manu sitam rem Romanam, suis victoriis augeri rem publicam, in sum cognomentum adscisci imperatores"。

三、禁衛軍與卡里古拉的繼位

軍團遠在邊區，禁衛軍近在羅馬。禁衛軍自然得地利之便，干涉羅馬的政治。提比瑞斯在位時期的若干事件，更使得禁衛軍有可趁之機。其中關鍵性的因素有三：(1)提比瑞斯對繼承人的問題始終猶豫不決；(2)將禁衛軍自城外悉數調入城內；(3)提比瑞斯過度信賴禁衛軍的統領；晚年退處羅馬之外，使禁衛軍統領有弄權的機會。最後在禁衛軍的支持下，一位原本無望繼位的卡里古拉(Caligula)，竟然成為帝國第三位皇帝。

奧古斯都因為沒有兒子，為繼承費盡心血。提比瑞斯卻有一子，名德盧蘇斯(Drusus)。提比瑞斯原本效法奧古斯都，也授予他資深執政和保民官之權。但是德盧蘇斯偏偏於西元23年暴卒。當時有謠言，說他是遭禁衛軍統領色加逸斯(Lucius Aelius Sejanus)所毒殺。真像今天已不易查考[161]。不過，大約從這個時候開始，色加逸斯的確有了愈來愈大左右政局的力量。

提比瑞斯這時已經是一位64歲，身心俱疲的老人，他一直在尋找一位可以分擔重任的人。自德盧蘇斯死後，他就將色加逸斯當作"分勞的夥伴"(socius laborum)[162]，信任有加。自西元26年，他更離開羅馬，獨自優遊於今那不勒斯附近的卡布瑞島(Capreae)，而將政事交給色加逸斯。

---

[161] 一位近代卡里古拉皇帝傳的作者仍相信德蘇盧斯是遭色加逸斯毒殺，參 A. Ferrill, *Caligula:Emperor of Rome*, (London,1991), p.59；另參M.Grant, op.cit., p.130。

[162] Tacitus, *Annales*, IV.2.4; cf.Dio, lviii.4.3。

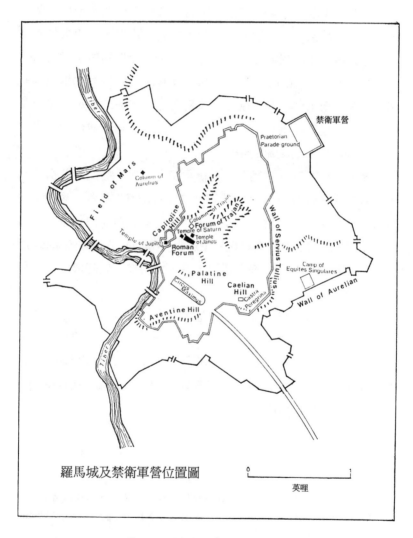

羅馬城及禁衛軍營位置圖

圖 7.12 羅馬城及禁衛營位置圖。

　　色迦逸斯出身低微，不過屬於騎士階級(equites)。依照羅馬的傳統，他是不可能擔任任何高級的職位，更不要說出任皇帝[163]。這是提比瑞斯放心將權力交給他的一大原因。但是提比瑞斯允許他將原駐防在羅馬城外的禁衛軍調進城內，卻助長了色迦逸斯奪取帝位的野心[164]。塔奇土斯對此曾有十分深刻的觀察：

　　　禁衛軍統領在此之前本無足輕重。自色迦逸斯將禁衛軍集中於同一營地，地位大爲增強。他的命令可以立刻同時傳達致各營；他們的人數和力量不但增添了他們的自信，也增加了眾人對他們的畏懼。色迦逸斯集中禁衛軍的藉口是：禁衛軍各營散佈各處，軍紀易於渙散，集中則易於應付危機。此外，將禁衛各營集中於同一營地，使遠離城市的誘惑，可以改善紀律。自營地築成，他一步步巴結，贏取軍心。他和士兵交談時，能夠叫出他們的名字。並且由他任命各營的營長和百人連長[165]。

　　這時的禁衛軍有9個營(cohortes)，共約4,500人。色迦逸斯將羅馬唯一一支最強勁的部隊掌握在手中，又控制了遠在卡布瑞島皇帝和元老院之間的通信。西元31年，提比瑞斯更破例任他同爲執

---

[163] 羅馬最高級的公職如執政、省督、軍團司令例由元老階級的人出任；騎士階級只能擔任次一級的公職。禁衛軍統領例由騎士階級的人出任，這是羅馬騎士所能出任地位最高的職位。以出身較低的人領禁衛軍，目的即在防止他們以軍隊奪取政權。

[164] 參Tacitus, *Annales*, IV.1; Suetonius, *Tiberius*, LXV.1; Dio,lvii.22.4b。關於色伽逸斯的野心，有關討論請參R. Seager, *Tiberius*, pp.180-181; M. Grant, *The Army of the Caesar*, p.138; H.H.Scullard, *From the Gracchi to Nero*, pp.285-287; R. Syme, *Tacitus*, p.406。

[165] Tacitus, *Annales*,IV.2: M. Grant, op.cit., p.131。

政(consul)。由於提比瑞斯不在羅馬,色迦逯斯事實上幾乎控制了一切。就在提比瑞斯考慮促成色迦逯斯和德盧蘇斯遺孀之間的婚姻,使色迦逯斯成為皇家的一員,他忽然失去了對色迦逯斯的信任,任命另一名叫馬可羅(Macro)的人為禁衛軍統領,並將色迦逯斯捕殺[166]。

色迦逯斯死後,提比瑞斯極為消極。他沒有再將權力交給任何他考慮提升為繼承人的人。這時有可能為繼承人的有兩位:一位是提比瑞斯18歲的孫子——格米盧斯(Gemellus);另一位則是25歲格曼尼庫斯的幼子——卡里古拉(Caligula)。提比瑞斯一直無法決定安排何人為是。他在預先寫好的遺囑裡,是以二人為平等的遺產繼承人;如果其中任何一人死亡,另一人為唯一繼承人[167]。在這種情形下,卡里古拉最後能繼提比瑞斯登上大位,決定性的關鍵轉而落在禁衛軍的手中。

卡里古拉自幼隨父格曼尼庫斯生長在日耳曼的軍中。前文提到格曼尼庫斯甚得軍心,卡里古拉因此也深得軍人的好感。因為他自幼在軍中即穿著的像一名普通的士兵,士兵給他取了一個渾

---

[166] 這是一個至今不明的疑案。對這一事件的猜測甚多,請參Suetonius, *Tiberius*, LXV; Dio, lviii.8-10; R.Syme, *Tacitus*, pp.405-406; A.Boddington, "Sejanus, Whose Conspiracy?", *American Journal of Philology*, LXXXIV (1963), pp.1-16; H.W.Bird, "Aelius Sejanus and His Political Significance", *Latomus*, XXVIII.1(1969), pp.61-98; J.P.V.D. Balsdon, "The Principate of Tiberius and Gaius", *Aufstieg und Niedergang der römischen Welt(ANRW)*, II.2(Berlin, 1975), pp.86-94; G.Downey, "Tiberiana" *ANRW*, II.2, pp.95-130, esp. 112-114。

[167] Suetonius, *Tiberius*, LXXVI。

號——"卡里古拉"。此名源自"軍靴"(caliga)[168]。他19歲時，提比瑞斯曾召他到卡布瑞島，隨侍在提比瑞斯的左右。可是提比瑞斯並沒有任何偏愛他的跡象或舉動。當他到卡布瑞時，正當成年；提比瑞斯並沒有像奧古斯都對待可能的繼承人一樣，爲他舉行特別隆重的成年禮或大行賞賜[169]。在提比瑞斯晚年爲他和格米盧斯打造的錢幣上，兩人同時出現，並未顯出卡里古拉在提比瑞斯心目中的優勢[170]。

由於提比瑞斯一直到臨死，對繼承人沒有明確的決定，近在京師的禁衛軍統領因而有機會成爲整個情勢的主導。提比瑞斯臨死，禁衛軍統領馬可羅決定支持卡里古拉繼位。爲此他派出使者到各地方軍團，尋求軍團支持，共同擁立[171]。當時有謠言，據說馬可羅爲了確保卡里古拉能夠登位，甚至將病榻上的提比瑞斯縊殺[172]。然後由馬可羅和禁衛軍護送卡里古拉自卡布瑞回到羅馬。回到羅馬後，即由元老院通過授卡里古拉以提比瑞斯所曾擁有的一切職權，並於西元37年成爲帝國的第三位"第一公民"。同時，元老院以提比瑞斯心志不全爲藉口，否定了他以格米盧斯和卡里古拉爲共同遺產繼承人遺囑的有效性，使卡里古拉成爲唯一的繼承人。卡里古拉從元老院得到承認以後，仿照奧古斯都和提比瑞斯的先例，以同樣數目的金錢賞賜給禁衛軍和軍團的士兵：禁衛軍每人

[168] Suetonius, *Caligula*, IX; Dio, lvii.5.6; A.Ferrill, *Caligula:Emperor of Rome*, pp.33-54。

[169] Suetonius, *Caligula*, X.1; Dio, lix.2.2。

[170] B.Levick, *Tiberius the Politician*, p.210。

[171] Tacitus, *Annales*, VI.50.5。

[172] Tacitus, *Annales*,VI.50.6-9; Suetonius, *Tiberius*, lxxiii.2; *Caligula*,xii.2。

1,000銅幣(sesterces)，軍團官兵每人300。此外，爲了紀念禁衛軍的擁立，卡里古拉在位期間曾打造了一連串在錢面上描寫他對禁衛軍訓話的錢幣[173]。這些銅幣沒有依照慣例，打上"據元老院決議"的縮寫字母(S[enatus] C[onsulto])，不禁令人懷疑卡里古拉似乎有意突顯他和禁衛軍的關係以及軍隊的角色，而忽略元老院。

　　總之，卡里古拉的繼位，可以說是羅馬帝國皇位繼承第一次完全受到禁衛軍的左右。禁衛軍能夠扮演這樣的角色，基本上是因爲提比瑞斯沒有留下明確的繼承人。這是羅馬帝國在皇權轉移制度上的一個根本弱點。此外，先前的提比瑞斯在繼位前，已經掌握大部分的實權；卡里古拉則在繼位後，才由元老院授予一切奧古斯都和提比瑞斯享有的權力。這意味著一個一無政治經驗和地位的人，只要能得到軍隊的支持，照樣可以登上大位。卡里

圖 7.13 卡里古拉對禁衛軍訓話之銅幣。

古拉的繼位，還意味著從此先由軍隊擁立，再由元老院追認的皇權轉移模式，已逐漸形成。接著的克勞底烏斯即循這一模式成爲帝國的新主人。

---

[173] 錢面上描寫他站在禁衛軍的前面，向他們訓話，其下有銘文"ADLOCVT(io) COH(ortium)"，見H. Mattingly, *Coins of the Roman Empire in the British Museum*(以下簡稱*BMC*), I, no.33; E.A.Sydenham, *Historical References on Coins of the Roman Empire*, (1917, San Diego, rep.1968), p.41: M.Grant, *op.cit.*,p.143。

四、禁衛軍與克勞底烏斯的繼位

　　卡里古拉是一個精神狀態不平衡和十分殘酷的人[174]。繼位不久，即大失人心，謀刺事件層出不窮。甚至原支持他的禁衛軍都曾陰謀將他除去。西元41年，他終爲衛士所殺。他的死立刻使羅馬陷入混亂，因爲謀刺者對應擁立何人繼位並沒有計劃。而當時的元老院雖然也集會，商討推舉繼承的人選，經過冗長的辯論，卻無法產生一致的結論。於是禁衛軍再度成爲帝國主人的選擇者。

　　當元老院仍在爭吵，禁衛軍已經決定擁立一個大家絕沒有想到的人－克勞底烏斯。克勞底烏斯當時已50歲，是卡里古拉的叔父。他因爲天生殘疾，跛腳、口吃，頭會不自主不停地搖幌，因此家人一致認爲他不適合擔任公職；元老院在討論時根本將他排除在考慮之外[175]。可是他是受到軍隊歡迎的格曼尼庫斯的兄弟，因此也分享到若干軍隊對他的好感。更重要的是，他是當時裘利安·克勞底家族僅存的男性成年成員。禁衛軍基於本身利益的考量，爲了維持本身在裘利安家族皇帝時代已經擁有的特權，他們寧可支持一個同一家族的成員，繼承帝位。

---

[174] 卡里古拉是羅馬眾多荒淫無道的皇帝之一，其詳見 Suetonius 和 Dio Cassius 對卡里古拉的描述。較新的專門研究見 A. Barrett, *Caligula:The Corruption of Power*, (Lodon: 1989)；A. Ferrill, *Caligula: Emperor of Rome*, (London: 1991), ch.6。前一作者相信卡里古拉並不像羅馬作者描述的那樣精神不正常，後一作者則仍主張卡里古拉的確如 Suetonius 所說，是一隻恐怖的"大怪物"(monstrum)，見 Suetonius, *Gaius Caligula*, XXII。

[175] Suetonius, *Claudius*, II.1, III.2, IV, V。關於克勞底烏斯較新的研究請參 B. Levick, *Claudius*,(New Haven and London,1990)。

根據蘇東尼烏斯的記述，克勞底烏斯在卡里古拉在位時曾兩度出任執政。自卡里古拉被殺，極度害怕的克勞底烏斯躲藏在住處陽台的帷幕之後。後來被禁衛軍士兵發現，自帷幕後拖出，用小轎抬到禁衛軍的營地。在營地內，克勞底烏斯應許賞賜禁衛軍每人15,000銅幣，禁衛軍因此決計向他效忠，擁他為帝。蘇東尼烏斯在克勞底烏斯的傳記裡，以

圖 7.14 克勞底烏斯被接受入禁衛軍營，銘文為IMPER(ator) RECEPT(us)。

極不肖的口氣評論道：「他是第一位以賄賂換取軍隊忠心的凱撒」(XI.4)。

禁衛軍宣誓效忠的行動可以說直接向元老院應有的權力挑戰。元老院自奧古斯都以後雖然權力日消，可是毫無疑問仍舊是人民主權的代表和象徵。蘇東尼烏斯記述道，當時元老院仍有不少人認為這是他們自擇新主，恢復共和自由的機會[176]。可是他們不但無法說服克勞底烏斯自禁衛軍營地中出來，甚至被迫投票同意賦予他一切皇帝的權力[177]。在整個皇權轉移的過程中，元老院再度淪為禁衛軍的橡皮圖章。而克勞底烏斯也可以說是第一位羅馬皇帝，毫不避諱公開宣揚自禁衛軍手中得到他的權力。他即位後，曾打造兩套錢

---

[176] 自奧古斯都以後，帝國的頭60年中仍有不少人企圖恢復共和，但是都因得不到軍隊的支持而失敗。參Tacitus, *Annales*,I.33; Suetonius, *Caligula*, LX; *Claudius*,XIII.2; Dio, LX.15.1-5。

[177] Dio, LX.1.4。

幣：一套以他進入禁衛軍營地爲圖案，另一套則描寫禁衛軍向他宣誓效忠[178]。此後每當登基紀念日，他都在禁衛軍營地舉行武士表演，以示慶祝。

五、禁衛軍與尼祿的繼位

克勞底烏斯有一親生子——布瑞坦尼庫斯(Britannicus)。可是他的母親卻和情人因謀刺克勞底烏斯，於西元48年事敗被殺[179]。同年，克勞底烏斯與自己的侄女阿格瑞皮娜(Agrippina，卡里古拉的妹妹)結婚。阿格瑞皮娜是一位已兩度結婚的寡婦。她和第一任丈夫育有一子，也就是後來的尼祿(Nero，生於西元37年)[180]。從48年和克勞底烏斯結婚以後到54年克勞底烏斯死，阿格瑞皮娜安排尼祿一步步奪取帝國的大位。整個奪位的過程可以清楚反映一世紀初，在奧古斯都設計的"第一公民"體制下，繼承人如何產生，而禁衛軍又如何扮演決定性的角色。

收養養子爲繼承人是奧古斯都在共和形式下，不得不採取的暗示性手法。但是此例一開，就變成一種大家都心知肚明，預備轉移權位的模式。阿格瑞皮娜功於心計，她第一步工作就是說服克勞底烏斯收尼祿爲養子。克勞底烏斯雖有一子，但因其母的陰謀，對己

---

[178] *BMC*,I.nos.5, 8。

[179] Tacitus, *Annales*, XI.26-37。

[180] Tacitus, *Annales*, XII.1-2; Suetonius, *Claudius*, XXVII.1-2。關於尼祿較新的研究參M.T. Griffin, *Nero: the End of a Dynasty*, (London:1984)。有關尼祿的母親有一本老的名著可看：G. Ferrero, *The Women of the Caesars*, (N.Y.and London,1925), ch.VI。

子已失去了信任。西元50年，克勞底烏斯終於以尼祿為養子[181]。第2年，尼祿不過13歲，就行成年禮，獲得"第一青年"的頭銜。克勞底烏斯以尼祿的名義，頒賜人民及軍隊，助他贏得軍民的好感。這些作法都亦步亦趨師法奧古斯都。

　　情況不同於奧古斯都的是克勞底烏斯有親生子。親生子和養子四周各有同情者，不可避免形成了鬥爭的黨派[182]。自從提比瑞斯時代禁衛軍統領色迦盧斯陰謀奪位，以後的禁衛軍即分由兩位統領率領，以防不測。這時禁衛軍的兩位統領，在阿格瑞皮娜看來都是親布瑞坦尼庫斯的。因此，她又千方百計說服克勞底斯將他們撤換，再將禁衛軍的指揮集於一人之手，換上一位親尼祿的卜魯斯(Sextus Afranius Burrus)。禁衛軍中凡同情布瑞坦尼庫斯的營、連長也一律撤換成親尼祿的一黨[183]。

　　為了進一步鞏固尼祿的地位，西元53年阿格瑞皮娜促成尼祿和克勞底烏斯的女兒奧克塔維亞(Octavia)成婚。至此，阿格瑞皮娜可以說已經採取了一切可以確保尼祿繼位的手段。但是，克勞底烏斯並未真正放棄以親生子布瑞坦尼庫斯繼位的念頭。以尼祿為養子是迫於阿格瑞皮娜。到他晚年，據說他對收養尼祿一事已感後悔。因此，在預先立好的遺囑中，他並沒有以尼祿為唯一繼承人，而以尼祿和布瑞坦尼庫斯並列。因為布瑞坦尼庫斯的存在，羅馬禁衛軍和元老貴族之中仍暗中有同情布瑞坦尼庫斯的。克勞底烏斯的態度和布瑞坦尼庫斯的同情者都使阿格瑞皮娜不能完全放心。最後，這位母親決定先發制人，於西元54年，將克勞底烏斯謀殺。尼祿在禁衛

---

[181] Tacitus, *Annales*. XII.26.1。

[182] Tacitus, *Annales*. XII.26.41-42。

[183] *Ibid*。

軍統領卜魯斯的帶領下進入禁衛軍營地。雖然仍有若干禁衛軍士兵同情布瑞坦尼庫斯，但因乏人領導，也就接受了尼祿所應許的賞賜，群呼尼祿為皇帝。塔奇土斯在記述了以上的過程後，接著說：「元老院的決議跟隨著兵士們的呼聲」[184]。不過聊聊數字，卻一針見血地點出了羅馬皇位繼承的關鍵現象。

從以上尼祿和先前幾位皇帝的故事，可以很清楚看見奧古斯都體制下繼承制的弱點和禁衛軍關鍵性的角色。為了維持共和的傳統形式，自奧古斯都以來的皇帝都不敢公然正式任命權位的繼承人，也不敢通過任何法令保障可能的繼承人選。他們的遺囑只能指定私人財物的繼承人，即使遺囑只指定一位，明確暗示了權位繼承的人選，卻缺乏必然的約束力。奧古斯都明確以提比瑞斯為繼承人，並不能阻止萊因河的軍團圖謀擁立其他的人。有時指定一位以上的繼承人，反而對政治上權位的轉移造成了困擾。因為這無異提醒大家在權位繼承上可別有選擇。提比瑞斯和克勞底烏斯的遺囑都曾使卡里古拉和尼祿十分尷尬。這迫使卡里古拉要求元老院宣佈提比瑞斯的遺囑無效；尼祿則乾脆對克勞底烏斯的遺囑秘而不宣[185]。總之，從一世紀初的皇位繼承可以證明，僅僅靠"暗示"繼承人，不足以解決問題。關鍵變成在獲得軍隊的支持。西元二、三世紀間的史家笛歐(Dio Cassius，c.155-230)在記述完尼祿的繼位，曾十分譏諷地說：「沒有什麼比武力更有發言權。任何人只要擁有武力上的優勢，不論所言所行，看起來總像是比較合乎正義」[186]。

---

[184] Tacitus, *Annales*, XII.69: "sententiam militum secuta patrum consulta"。

[185] Tacitus, *Annales*, XII.69; Dio, LXI.1.2。

[186] Dio, LXI.1.1-2。

　　從奧古斯都到尼祿死，有95年的時間(27B.C.-A.D.68)羅馬帝國是在裘利安──克勞底家族成員的統治之下。我們不禁要問：既然共和的傳統不容許王朝式的權位繼承，爲何軍隊卻支持這樣的方式？這是一個頗爲複雜的問題，不易簡單回答。從共和中晚期以來，元老階級始終是羅馬社會中居於主導地位的群體，也是最主要的既得利益集團。奧古斯都以後，元老院的力量日消，對共和傳統緬懷最甚的就是這群曾享有特權的元老。但是自共和末爭霸的軍閥各自召募軍隊開始，軍隊的組成主要是原本不符合財產要求，較貧困的公民[187]。他們對供其衣食之將領的忠心，遠甚於對所謂的“共和傳統”。長久以來，他們眞正關心的是本身的利益。誰能照顧、保障他們的福祉和既得利益，誰就能贏得他們的支持。西元前44年，凱撒被共和派刺殺後，烏大維以凱撒養子的身份，能夠迅速號召凱撒舊部，進行與共和派的鬥爭就是明證[188]。奧古斯都以後，不斷有人企圖恢復共和，重建元老院的權力，但是得不到軍隊的支持，也歸於無成[189]。就軍隊的觀點而言，裘利安──克勞底家族的成員登上大位，顯然比其他不相干的競爭者更能保障他們既得的勢力和權益。這是尼祿以前幾位皇帝能夠在同一家族中延續的關鍵。如果尼祿能有子嗣，軍隊很可能會支持這個家族繼續統治羅馬。可是尼祿無嗣，中央禁衛軍的特權引起地

---

[187]　共和末軍隊的轉變可參R.E. Smith, *Service in the Post-Marian Roman Army*,(Manchester,1958); L.Keppie, *The Making of the Roman Army: from Republic to Empire*, chs.2-4。

[188]　烏大維利用凱撒的舊部起家的經過可參兩本經典作品：L.R. Taylor, *Party Politics in the Age of Caesar*, (Berkeley and Los Angeles, 1961); R. Syme, *The Roman Revolution*。

[189]　可參註176。

方軍團的極度不滿，使得羅馬的皇位繼承在尼祿死後，進入了一個全新的局面。

六、地方軍團的興起──韋斯巴息阿魯斯的繼位

無巧不成書，尼祿不但沒有親生子，在世之時也不曾收養養子。因此引發的各種陰謀可以說和尼祿在位期間相始終。在羅

圖 7.15 高爾巴銅幣，一面爲其像，另一面桂葉環中有宣揚自己拯救羅馬人民及元老院(SPQR OB CIV SER)之字樣。

馬，禁衛軍捲入奪位的陰謀；在行省，各地的軍團也躍躍欲試，圖謀自立皇帝。西元68年尼祿被刺，68至69年間，中央和地方一度先後出現4位各有軍隊支持的皇帝。最後由東方軍團支持的韋斯巴息阿魯斯掃平群雄，恢復統一的局面。這場變局最重要的意義是地方軍團從此取代禁衛軍的地位，成爲皇位繼承鬥爭中的主角。地方軍團的興起又象徵著地中海世界的支配，漸漸由羅馬轉移到了地方各省。最後不但有行省出身的人成爲羅馬皇帝，羅馬世界也漸漸因重心的削弱而告分裂。

　　西元62年，禁衛軍統領阿弗瑞紐斯死後，尼祿又小心地將禁衛軍交由兩位統領指揮，互為牽制。可是這兩位統領卻各逞陰謀；其中一位甚至計謀殺害尼祿，立尼祿的老師哲學家塞尼卡(Seneca)為帝。不論塞尼卡是否真曾參與陰謀，事敗之後，塞尼卡被迫自殺[190]。當羅馬陷入一件又一件的陰謀鬥爭，駐在各省的軍團因為不滿於尼祿對軍事的疏忽，連續暴發叛變。西元68年，高盧省的總督溫帝克斯(Julius Vindex)首先起兵反叛尼祿；接著西班牙地區的高爾巴(Galba)也在軍團支持下，宣稱自己只願意接受元老院和羅馬人民的節制[191]。過去羅馬皇權一直在禁衛軍的控制之下。只要裘利安——克勞底家族的成員繼續登位，賞賜時，軍團也能分到一杯羹，禁衛軍的選擇往往能得到軍團的默認。可是一旦裘利安——克勞底家族乏人繼承，各地軍團也就從效忠的義務中解脫。他們將自己的支持當作籌碼，換取野心家的獎賞。高爾巴就對支持他的士兵說：「我屬於大家，大家也屬於我」[192]；他的話赤裸裸地說出當時軍人以利相結，唯利是從的真象。不久，盧西坦尼亞省(Lusitania)的總督歐索(Otho)加入高爾巴的叛亂。

　　對尼祿真正造成嚴重打擊的是禁衛軍的統領竟然暗中與高爾巴聯絡。高爾巴透過禁衛軍統領，以前所未有的每人7,500笛納銀幣應許禁衛軍的士兵，換取他們背叛尼祿。這一應許果然如蒲魯塔克(Plutarch，c.46-c.120A.D.)所說：「立刻使尼祿致命」[193]。當

---

[190] Tacitus, *Annales*, XV.48-73; Dio, LXII.24。

[191] Suetonius, *Galba*, X.1。

[192] Suetonius, *Galba,* XX.1: "Ego vester sum et vos mei"；另參Tacitus, *Historiae*, II.77。

[193] Plutarch, *Galba*, II.2-3。

高爾巴的軍團開近羅馬，尼祿發現禁衛軍拒絕隨他逃亡，只得自殺。接著高爾巴又用重賞換取日耳曼地區軍團的支持[194]。

可是就在元老院通過授高爾巴一切皇帝之權，高爾巴誤以為自己地位已穩，無意履行允諾的獎賞。他的反悔激怒了所有的軍隊。日耳曼的軍團立刻遣使向禁衛軍建議，另擇可支持的人選[195]。禁衛軍統領陰謀除去高爾巴，事洩

圖 7.16 魏德留斯銀幣，兩手相握，象徵軍隊與其合作，強調軍隊的忠心(FIDES EXERCITVVM)。

失敗。歐索乘機厚賄禁衛軍，禁衛軍終殺高爾巴，改以歐索為帝。大約就在同時，日耳曼的軍團也轉向擁他們的統帥魏德留斯(Vitellius)稱帝[196]。

當羅馬的禁衛軍、高盧和日耳曼的軍團紛紛擁立皇帝時，東方巴勒斯坦地區的軍團也不甘寂寞，於西元69年，擁立他們的統帥韋斯巴息阿魯斯(Vespasianus)稱帝。他們當時正在消滅猶太人的叛變。可是消息傳來，東方軍團認為他們和禁衛軍、高盧或日耳曼的軍團一樣有擁立皇帝的權力[197]。

---

[194] Suetonius, *Galba*, XVI.1。

[195] Suetonius, *Galba*, XVI.1-2; Dio, LXIV.3; Plutarch, *Galba*, XVIII.2; Tacitus, *Historiae*, I.5。

[196] Tacitus, *Historiae*, I.27, 57。

[197] Suetonius, *Vespasian*, VI.2；另參Josephus, *The Jewish War*, IV.x.3。

　　我們暫時略過韋斯巴息阿魯斯如何消滅其他的對手，成爲帝
國唯一的皇帝。在各地軍團紛紛擁立皇帝的過程裡，有一個值得
我們注意的現象，即各地的軍團十分在意所舉的人選是否有子
嗣，能夠保證皇權在同一家族內轉移。經過裘利安——克勞底朝
幾十年的時間，軍隊已經成爲王朝式繼承的積極擁護者。當高爾
巴遭到沒有子嗣的批評，他立刻在禁衛軍營認養一子[198]。魏德留
斯不忘在軍營中展示他僅6歲的兒子[199]。韋斯巴息阿魯斯受到軍團
青睞的原因之一是他有兩個成年的兒子。這些軍人並不希望不停
的內鬥，他們盼望自己的權益因帝位的順利轉移，獲得較長期的
保障。東方軍團在考慮支持韋斯巴息阿魯斯時，即認爲他有兩個
兒子，"使得繼承能夠順利，和平才能夠獲得最佳的保證"[200]。

　　在軍隊主宰一切的現實情況下，共和的傳統雖然沒有喪失作
用，元老院的認可仍然是皇帝地位合法性建立必要的條件，可是
軍隊對王朝式繼承的傾向終於迫使羅馬一步步遠離傳統，走向王
朝。韋斯巴息阿魯斯掃平群雄，照例經由元老院取得合法的授權
[201]。然而他畢竟不顧傳統和元老院的憤怒，公然在錢幣上宣揚他
的長子提突斯(Titus)爲"指定繼承的皇帝"(designatus imperator)[202]。
西元79年，韋斯巴息阿魯斯病逝，提突斯順利繼位。提突斯已經
是帝國的第10位皇帝，卻也是第一位以親生子身份繼承皇位的。

---

[198] Suetonius, *Galba*,XVII; Tacitus, *Historiae*, II.80。

[199] Dio, LXIV.1.2a。

[200] Josephus, *The Jewish War*, IV.x.3；另參Tacitus, *Historiae*, II.77。

[201] 元老院授與韋斯巴息阿魯斯權力的法律殘本仍存，參拙譯〈韋斯巴息安
皇帝的權力〉，《西洋史集刊》第一期，1989，頁181-184或本書
4.5:5。

[202] *BMC*,II, no.752。

幸而提突斯無子，否則其子和其弟多米提阿魯斯(Domitianus)之間又難免陷入繼承的紛爭[203]。西元81年，提突斯死，多米提阿魯斯接掌大位直到96年。從69至96年，因為韋斯巴息阿魯斯和兩子相繼為帝，羅馬的皇權轉移才獲得了短暫不到30年的和平。

七、結論

世變每生於無意之中。難以引人注意的小事或看似不相干的意外，點滴累積，相互牽連，不知不覺中卻使歷史出現了變貌。羅馬人以保守務實著名，他們不輕言改變傳統(mos maiorum)，卻知如何使傳統與現實妥協，與時俱進。羅馬從一個小小的城邦，經過幾百年化為統一地中海的大帝國。整個帝國體制可以說沒有預先的藍圖，也沒有一位偉大的設計師，而就在傳統與現實不斷的妥協下，逐步累積成形[204]。

---

[203] 因為自韋斯巴息阿魯斯稱帝以後，他對兩子一直平等對待。西元69年，他為兩人加上凱撒的名號，並在元老院公開宣稱他們兩人都是他的繼承人。所不同的是提突斯年歲較長，曾伴隨父親經歷平猶太人的戰役，父親在位時已七度與父共同出任執政。可是提突斯繼位後，已28歲的多米提阿魯斯一直不甘屈居第二位。他認為自己應與兄分享一切權位。在此情況下，如果提突斯有子為嗣，情勢必更加緊張。提突斯在位僅2年即死，兄弟的衝突才未全面爆發。

[204] 關於羅馬人的保守心態和政治傳統，可參：F.E. Adcock, *Roman Political Ideas and Practice*, Ann Arbor, 1959; R.H. Barrow, *The Romans*, Penguin Books, 1949,1976; M.L.Clarke, *The Roman Mind*, N.Y.,1968。關於"第一公民制"，可參：M. Hammond, *The Augustan Principate: in theory and practice during the Julio-Claudian period*, N.Y., 1933, enlarged ed., 1968; F.Millar and E.Segal eds., *Caesar Augustus: Seven Aspects*, Oxford, 1984; P.A.Brunt, *Roman Imperial Themes*, Oxford, 1990。

奧古斯都和其他的羅馬人一樣，是這個傳統下的產物。他遭逢共和末期的亂局，以恢復共和爲己任，而這正是共和末群雄人人所標榜的。遭共和派殺害的凱撒，罪名是陰謀稱"王"(rex)，背叛傳統。事實上，當安東尼故意在公開場合將王冠獻給他，他小心翼翼地拒絕了[205]。烏大維展開和安東尼最後的決戰，口號就是維護共和，消滅和埃及女王結婚，以女王子爲繼承人而可能出賣共和的安東尼[206]。近代學者常懷疑奧古斯都恢復共和的心意，這是受到塔奇土斯、沙路斯提烏斯(G. Sallustius)等古典史家觀點的影響[207]。塔奇土斯出身元老階級，對元老在共和時代擁有的一切緬懷不已；沙路斯提烏斯曾親身參與共和末的鬥爭，支持民黨(populares)，因此對共和末或奧古斯都時代的現狀多所批評[208]。反過來說，近世學者也找不出明確證據，證明奧古斯都確實有意違背傳統，創造或設計一個王朝式的帝國。以他所留下，今天學者稱之爲"第一公民制"(principate)的體制來看，我們只能確定它是共和傳統和現實需要妥協下的產物。既爲妥協，即不可能完全同於過去。要求奧古斯都完全恢復過去的一切，才足以證明他的心意，實際上是一種苛責。

本文無意全面檢討第一公民制。只想就一世紀初的皇權轉移，指出奧古斯都安排繼承人並不是出於有意的設計。他是在恰

---

[205] Suetonius, *The Deified Julius*, LXXIX.2。

[206] Suetonius, *The Deified Augustus*, XVII.1-2。

[207] 參前註204所引各書。

[208] R. Syme, *Tacitus*, Oxford, 1958; *Ten Studies in Tacitus*, Oxford, 1970; E.Gabba, "The Historians and Augustus" in F.Millar and E.Segal eds., *Caesar Augustus*, pp.61-88。

巧有女無子，女婿及外孫連續死亡的情形下，一步步牽就現實，作不得已的安排。他雖然有意暗示囑意的人選，卻無意公然樹立王朝。就因為他不敢公然與傳統絕裂，才造成權位轉移處在十分曖昧的狀態。他雖然有意控制軍隊，將軍隊干政的危險降到最低，但是軍隊在共和中晚期長久擴張中，塑造出來的常備職業化特性，卻不是他能在一日之間所扭轉。為了與現狀妥協，他不能將禁衛軍與軍團回復到共和早期有事出征，無事歸田的公民軍狀態。於是軍隊竟成了沒有其它團體可以抗衡，最堅強的利益集團。為了集團的利益，在皇權轉移無明確合法的制度可依循的情形下，軍隊介入皇位繼承也就甚難避免。

　　本文曾略述裘利安——克勞底家族的提比瑞斯、卡里古拉、克勞底烏斯、尼祿四位皇帝的繼位經過，企圖指出禁衛軍是在什麼樣的狀態下介入，甚至成為皇權轉移的關鍵。尼祿之後，地方軍團也加入了擁立皇帝的遊戲，韋斯巴息阿魯斯成為第一個非在羅馬產生的皇帝。由於出身較低的軍人並不像元老貴族那樣留念共和，他們基本上更在乎自身現實的利益，相信從代代相承的皇帝手中較能得到賣命的報償，使他們傾向於擁護王朝式的繼承。這一利益集團的力量終使羅馬帝國一步步遠離共和的傳統，走向王朝。

　　最後須要作一點補充的是，如果和秦漢以後的中國皇帝相對照，羅馬帝國的統治者承繼共和以來的傳統，在形象上始終必須是一位英武勇敢的戰士。在羅馬人的觀念裡，一個好的統治者必須具備有勇敢(virtus)、仁慈(clementia)、公正(justitia)和虔敬(pietas)的德性[209]。勇敢則能贏得戰爭，保護人民；仁慈和公正則知憐憫，謀民之

---

[209] 請參拙文，〈從蘇東尼烏斯十二凱撒傳看奧古斯都的形象〉，《第三屆史學史國際研討會論文集》，1991，頁209-234或本書4.5:4。

福,維護正義;虔敬則在敬祀眾神,蒙神福佑。四者之中,又以勇敢爲第一義。這就是羅馬皇帝總喜歡在自己的名號中加上"日耳曼的征服者"(Germanicus)、"非洲的征服者"(Africanus)或"不可被征服的"(Invictus)等徽號的原因。而羅馬的皇帝始終須要領軍出征,以軍事將領的身份和軍隊維持極密切的關係。因而皇權的轉移直接影響到軍隊的利益,也就格外受到軍隊的關注[210]。這些情形和秦漢以後的中國大不相同。相較之下,秦漢皇帝最不被鼓勵的角色就是成爲"勇敢的征服者"。秦皇、漢武以干戈爲事,勞民傷財,在秦漢兩代一直不受歡迎。而秦漢的皇帝除了開國的高祖、光武和或曾親征馬邑的武帝,其餘都沒有親自領兵作戰的例子。而秦漢的軍隊主要是有事徵召的"民兵",不構成長期的利益集團,因此在東漢末以前,也看不見羅馬那樣以軍隊干涉皇權繼承的現象。這些問題須要專文詳論,這裡就不再多說。總之,從共和到帝國,羅馬皇帝未能轉變軍人的形象和身份,必須維持和軍隊密切的關係,也是軍隊介入皇位繼承的重要因素[211]。

---

[210] 可參M. Grant, *op.cit.*; J.B.Campbell, *The Emperor and the Roman Army: 31BC-AD235*, Oxford, 1984。

[211] 拙文,〈從比較觀點談談秦漢和羅馬帝國的皇帝〉,《人文及社會科學通訊》1卷4期,1990,頁13-23;或本書4.5:7;曾簡略提到羅馬帝國皇帝、秦漢皇帝和軍隊不同的關係,其詳則見未發表拙稿*Rome and China: The Role of the Armies in the Imperial Succession: A Comparative Study* (1980, Ph.D. Dissertation, University of Hawaii)。

第五節　法律的性質

7.5:1 西塞羅對法律性質的看法

羅馬法是羅馬人對後世最重要的貢獻之一。羅馬人如何看待法律？這是一個饒富意義的問題。羅馬人原有"十二表法"(參本書2.3:1)的傳統，與希臘接觸以後，又受到柏拉圖、亞理斯多德以及斯多噶派對法律看法的影響。較早有系統討論法律問題的是共和末期的名法律家西塞羅。希臘自然法(ius naturale)的觀念在他手裡有進一步的發展，並深深影響到羅馬後期法學家烏耳皮阿魯斯(Domitius Ulpianus，?-A.D.228)等人以及此後西方的法律思想。西塞羅認為在一般源於民族習俗的法律之上，還有一種更高，更根本的法律。這種法律乃植根於自然的最高理性，放諸四海而皆準。一般的法律應不違背自然的法律，正義才得建立。他認為羅馬的傳統法律最好，因為它合乎自然。

西塞羅對柏拉圖甚為崇拜，模仿他寫"論理想國"(*De Re Publica*)與"論法律"(*De Legibus*)，但所論不盡相同。他一方面受柏拉圖和斯多噶派思想的影響，一方面參酌羅馬本身的傳統。他真正關切的重點不在抽象理論的思維，而是理論如何落實在羅馬現實的體制上。他和希臘文化之間的關係，反映出羅馬人接受希臘文化的一種典型。

譯自：Cicero, *De Legibus* (Loeb Classical Library), I.v.15-xv.42。

阿提喀斯(Atticus，以下簡稱"阿")：如果你問：對你有何期望？我想有一件順理成章的事，就是你已經寫了一篇關於"論理想國"

的大文，應該再寫一篇談理想國的法律。因為我知道，你所敬愛的柏拉圖(Plato)曾這樣作，而他是你最崇拜和愛慕的人。

馬喀斯(Marcus，對話中西塞羅的化名。以下簡稱"馬")：那麼，你是否也希望像柏拉圖一樣，與克利尼阿斯(Clinias)、斯巴達的梅格勒斯(Megillus)於夏日行在克里特島(Crete)，克諾索斯(Cnossus)絲柏木的林蔭小徑上，時或漫步，時或休憩，討論國家的制度和理想的法律？柏拉圖的描寫在你腦中徘徊[212]。因此，你希望我們同樣漫步於白楊成排，綠意成蔭的河畔，談一些同樣的話題，不過所談的要比法庭實務更廣泛的東西呢？

阿：這正是我想聽的。

馬：昆土斯(Quintus，以下簡稱"昆")，你以為如何？

昆：沒有別的話題比這更合我的胃口了。

馬：你們很聰明，因為兩位知道沒有其它的討論比這個更能顯示"自然"對人的恩賜，什麼是人心靈享有最美好的財富，什麼又是人自出生，在世上奮力以赴的目標，什麼東西使人群結合在一起，而它們之間又有什麼自然群體的關係。只有澄清這些以後，我們才能發現法律和正義的源頭。

阿：那麼，你不像大多數人一樣認為法律學是源自執政的命令，或是像一般人通常以為是源自十二表法，而認為是出乎哲學最深邃的內在[213]？

馬：你說的不錯，龐蓬紐斯(Pompunius，阿提喀斯之名)。我們現在要談的，不是學習如何依法保護自己，或回答主顧有關法律

---

[212] 此處所說的人物都是柏拉圖"論法律"對話錄裡的人物。斯篇之作即模仿柏拉圖而成。

[213] 當時其他的人對法律和正義的看法，可參Cicero, *De Re Publica*, III.iv-xv iii。

的問題。這些問題也許重要。事實上，它們是相當重要，因為過去有很多名人專精於此，而現在的人更以最高的權威和技術致力於此。但是，此刻我們所要探尋的是"與放諸四海而皆準的正義和法律相關的一切"(tota causa universi iuris ac legum)。如此，我們所謂的民法只不過其中窄小的一部分而已。我們必須先對正義的性質有所解釋，而這又必得從人性中去探索。我們也要考量治國應根據什麼樣的法律。然後，我們談談那些已經制訂和成文的法令條例。在這些法令條例裡，羅馬人民所說的民法將不乏一席之地。

　　昆：兄弟啊！(Quintus是Cicero的兄弟)你應該深入地溯本求源，找出我們承襲之所自。那些不循此途教授民法的人，所授多為訴訟門路，而很少正義之道。

　　馬：這就不對了，昆特斯。因為現在指引訴訟的與其說是法律的知識，不如說是對法律的無知。這一點我們稍後再談。讓我們先研究一下正義的起源。據博學之士的看法，正義是源於法律。如果依據他們給法律下的定義，他們似乎是對的。他們認為"法律是植根於自然的最高理性"(lex est ratio summa insita in natura)。而理性指引一切應該，並禁止一切不應該的事。當這個理性在人心中穩固建立並充分發展，就成為法律。因此，他們相信法律就是智慧，它自然的功能即在導善禁惡。他們又以為法律的這種性質在希臘文中是出自"各得其份"之義，而在我們的(拉丁)語文中，我認為是源出"選擇"一義[214]。因為希臘人認為法律一字意涵公平，我們遂以為法律意味選擇。其實公平與選擇二義皆為法律所當有。如果我所說的大體上是正確的；那麼，正義的起源就可

---

[214]　拉丁文lex法律一字源自lego(選擇)；據西塞羅的看法，希臘文 ηομos 一字源自 υεμω(分配)。

以在法律中找到。因爲法律是一種自然的力量，是智者的心靈和理性，也是衡量正義與非正義的標準。由於我們整個討論牽涉到一般大眾的理解方式。我們有時不得不說的通俗些，將形諸文字，不論爲了何種目的，出於命令或禁令形式的法令規定都稱之爲法律。這是一般人對法律的定義。不過，如果我們要決定什麼才是正義，請容我們從最高意義的法律說起。這種法律源起於任何成文法規或任何國家出現以前。

昆：的確，這更適合我們已經開始的交談的性質。

馬：那麼，我們接著是不是應該找尋正義本身的源頭呢？因爲一旦找到了這個源頭，我們無疑將有一個可以考驗我們正在尋求的東西的標準。

昆：我想我們的確必要如此。

阿：我也不能不同意你老兄的意見。

馬：我將長話短說……我們稱之爲人的這種動物具有先見之明、機智、複雜、敏銳而又豐富的記憶，充滿理性和明辨之力。這些都是人的創造主，至高之神特別的恩賜。因爲在各式各樣的生物中，唯有人擁有理性和思想，其他的生物都沒有。我以爲不僅在人世間，即使在天地之間，還有什麼比理性更神聖可貴的呢？當理性充分成長，臻於完美，就可以稱之爲智慧。因爲沒有東西比理性更好，它又同時存在於人神之中，人與神第一件共同所有的就是理性。那些共有理性的也自然共有"正確的理性"(recta ratio)因爲正確的理性就是法律，我們必得承認人與神也必有共同的法律。再進一步說，凡共有法律的必共有正義，凡分享這一切的即可視爲同群體的一分子。如果他們遵從相同的權威和命令，這就更對了。事實上他們的確上遵天制、天心與神的大能。因此，我們必得將包括神人二界的整個宇宙視爲一體。

(接著馬喀斯談到人神關係，人獨俱的天賦，從略)

阿：不死的神呀！追尋正義的起源到如此遙遠的地方……我不反對你花一整天的功夫來談這個問題，因爲你所說的雖然只是其他話題的楔子，這個楔子比主題的本身還重要。

馬：我們現在所觸及的幾點當然很重要，不過在哲學家所談的所有問題中，沒有比對我們爲正義而生這一點有全然的認識更有價值；而正義並非基於人的意見，而是基於自然。如果你一旦對人與人之間的群體關係有清楚的概念，就會豁然明白這個事實。因爲沒有一件事會和另一件事完全相同；同樣地，沒有一個人會完全和另一個一樣……不論我們如何爲人下一定義，有一個定義卻可適用於全體人類，這足以証明人在類別上並無不同。如果人有類別上的不同，即不可能有全體適用的定義。誠然，單單是理性就使人超乎禽獸之上；理性使我們有能力推論，証明是非，討論、解決問題並達成結論。儘管人以理性所學習的各有不同，人的確都有理性，都有學習的能力。因爲我們的感官對同樣的東西都會有相同的感受；而那些刺激感官的，對所有的人都會造成相同的刺激。我所說這些最基本的智能，在我們和人類所有的心靈上都留下相同的印記。語言是心靈的解說者，語言的用字容有不用，表達的心境、情緒卻是一致的。事實上，人類不論種族爲何，只要循循善誘，無不能作到美德。人類的相似很清楚表現在善惡傾向上。所有的人都喜歡快樂……人心對困苦、喜悅、慾念和恐懼的牽掛也都相同……所有這一切都証明全人類是一致的。從而，一個必然的結論是，使人日臻善境的就是對正確生活原則的認識和瞭解……如果你們對我所說的有問題，我將先談談你們的問題。

阿：如果我可以代表我們兩人發言，我要說我們沒有問題。

馬：那麼，我接著要說的是，自然既然這樣造就我們，使我們共有正義感並通達於所有的人。我希望有一點大家瞭解，在我所有的討論裡，我所說的自然(是指自然天生賦予我們的一切)[215]。可是我們的壞習慣造成的腐敗墮落是這樣的大，自然在我們心中所點燃的火花為腐敗墮落所熄滅。相反地，罪惡卻不斷滋長。如果人的判斷和自然一致……那麼，所有的人都會遵行正義。因為所有從自然獲得理性天賦的也都得到正確的理性，因而他們也都有法律的天賦。所謂法律的天賦也就是正確理性體現於命令與禁令之中。如果他們都接受法律，也就都接受了正義。現在所有的人都曾受有理性，因此也都接受有正義……以上所說，的確只是我們將要討論的楔子。談這些的目的是讓我們更容易明白"正義是源於自然"(ex natura ortum esse ius)。…在所有的看法中，最愚蠢的就是相信所見於習俗的或國家法律所規定的就合於正義。如果這是對的，難道那些僭主所立的法也合乎正義？如果有名的三十僭主[216]曾有意在雅典立一套法，或者如果所有雅典的人都喜歡僭主的立法，這些法就夠格稱之為正義的嗎？在我看來，如果羅馬的一位臨時執政[217]提議，使一位笛克推多[218]可以不經審訊即可任意

---

215 括號中一句原文佚失，根據版本學者意見所補。
216 伯羅奔尼撒戰爭以後，西元前404年由斯巴達支持，在雅典出現的寡頭統治者。
217 臨時執政(interrex)是前一任執政死亡或解職，新任者尚未產生前的暫代者。

處死無罪的公民，這種法律不能被認為是正義的。因為正義只有一個，它約束人類所有的社會。正義只基於一個法律，這個法律即體現於命令與禁令中的正確理性。這個法律在世上不論是否曾形諸文字，任何人不知此法，即無正義可言。

7.5:2　羅馬法律的性質和組成

譯自：*The Institutes of Gaius*, bk.1, 1-7. trans. by F.de Zulueta, Oxford, 1946。

　　1.每一個受法律和習慣約束的人群，所遵守的一部分是他們自己特有的法律，一部分是所有人類共有的法律。一個人群特地為自己製訂的法律，稱為城邦法(ius civile)。它們是那個城邦(civitas)特有的法律。而那些依據自然理性(naturalis ratio)，為所有人類所遵循的法律，稱之為萬國法(或世界法)(ius gentium)，人類一體遵行。因此，羅馬人民所遵行的一部分是他們自己特有的法律，一部分是人類共遵的法律。兩者之區別我們將在合適的地方逐一細述。

　　2.羅馬人民的法律包括：公民大會通過的法律(leges)、平民大會的決議(plebiscites)、元老院的決議(senatusconsulta)、皇帝的御法(constitutiones principum)、有權頒法者所頒佈的諭令(edicta)，以及法學家的答議(responsa prudentium)。

　　3.法律(lex)就是人民(populus)所命令和制訂的(iubet atque constituit)。平民大會的決議就是平民(plebs)所命令和制訂的。"人

218　依據羅馬共時期的傳統，當羅馬面臨危機時，由元老院將兩位執政的權力集中於一人之手。這位執政稱之為笛克推多(dictator)。依規定，笛克推多的任期不得超過6個月。此處西塞羅所說的笛克推多是蘇拉(sulla)。

民"和"平民"的區別在人民指所有的公民，包括貴人(patricii)，而平民指貴人以外所有的公民。因此，貴人過去一度認為他們不必受平民決議的約束。因為這些決議沒有他們的授權。但是後來通過的何騰夏法(lex Hortensia)[219]，使得平民的決議對所有的人民(populus)都構成約束。從此，平民決議和法律相等。

4.元老院的決議就是元老院所命令和制訂的。雖然曾有人質疑，它們卻具有和法律一樣的效力。

5.皇帝的制法就是凡是皇帝以御判(decretum)、諭令(edicta)、或書信(epistula)所裁決的規定。因為皇帝的權力(imperium)是依法律而來[220]，因此沒有人懷疑他的制法和法律有相等的效力。

6.羅馬人民的公職官員(magistratus)擁有頒法的權力(ius edicendi)。很多法律都包括在分掌羅馬和涉外的兩位司法官(praetores urbani et peregrini)、擁有相同司法權的行省總督、(羅馬)市政官(curule aediles)、和市政官有相同權力，由羅馬人民任命的行省財政官(quaestor)所頒佈的命令中。因為在皇帝任命總督的行省沒有財政官[221]，因此這些省份也就沒有相當市政官所頒的命令。

7.法學者的答議是指那些獲得授權訂法的人的意見(opiniones)和決定(sententiae)。如果他們的決定是一致的，他們的決定即具法

---

[219]　參本書第3章第1節。

[220]　參本書第4章第5節。

[221]　自奧古斯都開始，有些省份由元老院(代表羅馬人民)任命總督；有些由皇帝直接任命。他們的名稱和權利，以及所屬官員略有不同。其詳可參 G.H. Stevenson, *Roman Provincial Adminstration till the Age of the Antonines*, 2nd ed., Oxford, 1949.

律的效力。如果不一致，(其他)司法官有權自由選擇他們所願採取的決定。這是由前皇帝哈德良在批答(rescripta)中所宣佈的。

第六節　法律的分類

7.6:1　羅馬身份法的分類

譯自：*The Institutes of Gaius*, bk.1, 8-127(摘譯)。

8.我們所遵行的一切法律不是與"人"(persona)，與"物"(res)，就是與"行為"(actiones)有關。讓我們先說與人有關的身份法。

9.身份法的基本區分在所有的人不是自由的人(liberi)，就是奴隸(serui)。

10.其次，自由人又分"自由出身"(ingenui)或'被釋放'(libertini)兩類。

11.自由出身是指生來即自由者；被釋放是指依法被釋放的奴隸。

12.再其次，被釋放者又分為三類：羅馬公民，或是擁有拉丁權者[222]，或屬於完全無權者(dediticii)。以下將分述三類，先自完全無權者開始。

13.依據艾・深提亞法(lex Aelia Sentia)，凡是因受罰而遭主人囚禁或施黥記的奴隸，或因犯錯而遭刑訊，罪行成立的奴隸，或

---

[222] 是指擁有與拉丁殖民地人民相同的權利和地位。他們和羅馬公民不同之處是他們在羅馬法之下，無權自行立下有效的遺囑，也無權成為他人遺囑的受益人，地位較羅馬公民為低。但是他們允許和羅馬公民結婚，和羅馬公民交易，其利益受羅馬法之保障。他們也可因永久居住在羅馬而成為羅馬公民，通常非羅馬公民或釋放的奴隸先取得拉丁權(ius Latii)，再視情況成為真正的公民。

那些被送到競技場與人或獸相搏鬥，或被送到搏鬥學校或監獄去的奴隸，他們有朝一日被他們原來或其他的主人釋放，將成為一個與"外籍無權者"(peregrini dediticii)[223]地位相同的自由人。

14.所謂外籍無權者是那些曾以武力反抗羅馬人民，遭擊敗而投降者。

15.凡上述這類不名譽的奴隸，不論以何種形式或在什麼年紀被釋放，而且即使完全屬於其主人，也不得變成羅公民或拉丁人，而永遠屬於無權者一類。

16.另一方面，凡不是這樣不名譽的奴隸，如經釋放，有時可成為羅馬公民，有時可成拉丁人。

48.其次談到身份法中的另一種分類，即有些人自有"獨立法權"(sui iuris)，而另一些人則依附在他人法權之下(alieni iuris)。

49.這些依附在他人法權之下的，有些是在他人"權力"(potestas)之下，有些是在他人的"權掌"(manus)之下，又有些是在他人的"約束"(mancipium)之下。

50.奴隸即在其主人的(權力)之下。這一權力是一種萬國法，因為在所有的邦國中都一樣，主人對其奴隸有生殺之權……。

109.當男和女都可能在他人的"權力"之下，卻只有女人會在他人的"權掌"之下。

110.從前，女人因三種情形會在他人的權掌之下：同居(usus)、婚約儀式(confarreatio)[224]、象徵性買賣(coemptio)。

---

223 peregrini dediticii 原是指無條件向羅馬投降的人、民族或國家，他們完全沒有任何權利(cives nullius certae civitatis)，聽憑羅馬人處置。這些不名譽的奴隸，雖經釋放，不得成為公民，而僅處於和外籍無權者一樣的法律地位。

111.一個女人如果和其丈夫同居一年而不間斷，(這就猶如因佔有某財產一年而獲得所有權)，即進入夫家，在丈夫的權掌之下，地位如夫家的女兒……。

112.因宗教儀式者，是在一種對邱比特‧法瑞留斯神(Jupiter Farreus)的祭典中，使用一種分食的餅，經此儀式結婚而進入他人權掌之下者，稱作confarreatio……。

113.因象徵性買賣者，是以一種象徵性的買賣儀式，在不少於5個羅馬成年公民的作證下，並在有手持天平者在場的情形下，一個女人被賣入他丈夫的權掌之下。

116.我們還要解釋何謂在他人約束之下。

117.所有在父親"權力"之下的兒童，不論男女，都可以被他們的父親置於像奴隸一樣的約束之下……。

127.在父權之下的人，當其父死亡之後，開始擁有自己獨立的法權。但是有一點必須分清：當父死，其子和女自然成爲獨立法人；唯如係祖父死亡，孫子孫女不必然成爲獨立法人，除非他們在祖父死後，未進入父權之下。

7.6:2　羅馬物法的分類

譯自：*The Institutes of Gaius*, bk.2, 1-14a。

1.我們在前卷討論身份法，現在談談物法。凡一物若非屬於"私人所有"(nostro patrimonio)，就是在"私人所有之外"(extra nostrum patrimonium)。

2.物基本區分為兩大類：它們或"屬神所掌"(divini iuris)，或"屬人所掌"(humani iuris)。

3.屬神所掌之物即"神物"(res sacrae)或"宗教之物"(res religiosae)。

4.神物是奉獻給"天上諸神"(diis superis)之物；宗教之物是奉獻給"人世的神靈"(diis manibus)者。

5.只有經羅馬人民授權奉獻之物才是神物，例如經由公民大會或元老院決議者。

6.另一方面，一物可因個人行動而具宗教性(religiosum)，例如一個人為死者舉行葬禮，埋在自己的土地上。

9.凡屬神所掌之物即不可能屬任何人所掌……。

10.凡屬人所掌，不是私有即公有。

11.公有即不屬任何個人，而是集體的財產。私有即歸個人所有。

12.再者，物又分有形(corporales)與無形(incorporales)兩類。

13.有形者是指可觸摸的，例如：土地、奴隸、衣服、金、銀，以及無數此類之物。

14.無形者是指不可觸摸的，例如僅存在於法律之中的繼承權、使用權、各種契約義務……。

14a.物又可進一步分為"動產"(mancipi)和"不動產"(nec mancipi)。

7.6:3　羅馬法中的行為法

譯自：*The Institutes of Gaius*, bk.3, 1-8。

1.還有行為法要一談。有關行為可分多少類(genera)的問題，較好的答案似乎是兩類：一是與物有關(in rem)，一是與人有關(in personam)。

2.一個與人有關的行為是指因我們的行為，使某人與我們發生契約性(ex contractu)或犯罪性(ex delicto)的義務[225]；也就是說，因我們的行為，我們可以要求"某人必須讓渡、做或回應"某些事情。

3.一個與物有關的行為是指，經此行為，我們可以宣稱某些有形之物歸我們所有，或我們有權主張某些權利，例如使用權、步行或行車之路權、水道權、建築權、觀察權……。

5.與物有關的行為即所謂"權利辯護行為"(actiones uindicationes)[226]；與人有關的行為即所謂"求償行為"(condictiones)，宣稱某人有責任讓渡或做某事。

6.在某些情況，我們訴訟僅僅為使我們得到我們的權利；在另一些情況下，則望得到懲罰；又有些情況是獲得二者。

7.我們訴訟有僅為我們的權利的，如契約中的行為。

8.我們訴訟有僅為懲罰的，如盜賊和侵犯的行為；有些人認為強盜行為亦屬此類，因為我們對我們的財產既有權作權利辯護，也有權求償。

7.6:4　法律的性質和分類

譯自：Justinian, *Digest*, I. i, iii-iv，**轉見** *RC*, II. p.534-53 (1990版，頁500-503)。

---

[225] 所謂犯罪性之義務，是指因做錯某事，如偷竊、強盜、傷害而產生受罰以償付的義務。

[226] 所謂權利辯護，是指因為對某物有所有權，因此當發生爭議時，即有權為自己的所有權辯護，以反對他人對某物的權利主張。

　　當一個人有意用心於法律，首先必須知道"法律"(ius)一詞從何而來。現在一般以為法律源自"正義"(iustitia)。事實上，如奇耳蘇士(Celsus)所清楚定義的，法律是良善與公正的藝術(ars boni et aequi)。這種藝術，我們當然可稱之為是祭司的藝術。我們珍愛正義，以良善與公正的知識為業，釐清公正與非公正，區分所允與所禁。從而盼望誘人向善，不僅是因懼怕懲罰，更因善報的激勵和喜愛(如果我所言不錯)真正而非虛偽的哲學。

　　法律由公法和私法兩類構成。公法是有關羅馬國家制度的法律；私法是關係個人權益的法律。因為有些事，從國家立場觀之，是有利的，有些則牽涉私人。公法與宗教儀典、祭司、公職官員有關；私法則據自然法、萬國法或城邦法而構成。自然法是指所有的動物得之於自然者，此法非針對人類而然，而為一切飛禽、走獸、游魚所共有。根據自然法，而有男女的結合，我們稱之為婚姻，以及生養子女。我們發現，事實上，所有的動物，甚至野獸，都知此法。萬國法是指人類各民族所遵行的法律。很顯然，萬國法不如自然法，因為後者共通於一切的生物，而前者僅適用於人類彼此之間[227]——例如，敬拜神祇，順從父母和國家[228]，或抗拒暴力與傷害。基於萬國法，一個人為自衛所採取的任何行動都被認為是合法的。因為自然在人與人之間建立親緣關係，所以暗算他人是有罪的[229]。

　　釋奴(manumission)也是萬國法的一部。釋奴是從手中(manus)釋放，也就是給予自由。一旦為人奴隸，即受控制於他人手下；一旦

---

[227] 以上見Ulpian, *Institutes*, I。查士丁尼法典收錄有許多法學家著作中對法律的看法。本節所見法學家都屬於一世紀末至三世紀中葉人。

[228] Pomponius, *Manual*。

[229] Florentinus, *Institutes*, I。

被釋，即從控制中解放。釋奴源出國家法。因為根據自然法，萬物皆生而自由；無所謂奴隸，也就無所謂釋奴。可是自從奴隸制在萬國法之下出現，隨之而有釋奴之善行。因此，當我們依自然而名為人類時，在萬國法下，人卻分為三等：自由人，與自由人相對的奴隸，以及解放奴—那些不再具奴隸身份的人。(Ulpian, *Institutes, I*)

在同樣的萬國法之下，戰爭開始，各民族分別彼此，王國創立，所有權劃分，界石置定畛域，建築聳立，商業關係、買賣、租賃與義務建立，其餘少數的例外則隨城邦法而產生。(Hermogenianus, *Epitomes of Law*, I)

城邦法(ius civile)所指的法律並不全然與自然法或萬國法分離，也不全然附屬於二者；因此，當我們對自然法有所增減，即成一種特定的城邦法。現在，我們的城邦法成文，或不成文，如同希臘人所說：「法律有成文和不成文者」。(Ulpian, *Institutes*, I)

城邦法是指基於法規、平民大會的決議(plebiscites)、元老院的命令、皇帝的法令和精通法律者的權威而成立的法律。法官法(lex praetoriae)是法官依公眾之利益用以澄清、補充或修訂的城邦法。這種法因法官擔任之"公職"(honor)而命名，因此又名"公職法"(ius honorarium)。(Papinian, *Definitions*, II)

正義是指對給予每一個人在法律上應有的，一種持續不餒的意願。法律的原則是正直生活、不傷害他人，給予每一人當有的一切。法理之學(jurisprudentia)也就是一種對神聖與凡俗之事的知識，一種關於公正與不公正的科學……。(Ulpian, *Rules*, I)

演說家笛莫塞尼斯(Demosthenes 384？-322B.C.)為法律所下的定義是：「法律是人人因種種原因所應遵守者。尤其因為每一種法皆為神所創造，賦與的恩賜，是慎謀之士的決定，是矯正有意和無意過失的工具,是使所有城邦居民得以生活順遂的城邦公約。」斯多噶派最高智慧的哲學家克瑞西普斯(Chrysippus)在其《論法律》一書之首,寫道:「法律是神聖與凡俗一切的主宰。它應是一切善惡的指標、主宰與南針,因而也是公正與不公正,以及天生而為政治的動物的準則,它規定何者應行,何者在禁止之列。」(Marcianus, *Institutes*, I)

法令(statute)的本質是:令行、禁止、允可、懲違。(Modestinus, *Rules, I*)

法律非針對某特定之個人而立,而係為普遍適用而設。(Ulpian, *On Sabinus*, III)

元老院無疑可製訂法律。(Ulpian, *On the Edict*, XVI)

沒有任何法規或元老院的命令,在擬訂時能照顧到所有的情況;如能涵攝大部分所曾發生的情況,即已足夠。……法規或元老院的命令不可能包含每一細節,可是當司法之官處理某一案件,發現法令含義明確適用時,可類比而決之。……(Julianus, *Degest*, LIX、XC、XV)

理解法令,不是指咬文嚼字,而是掌握法令的效力與範疇(scire leges non hoc est verba earum tenere, sed vim ac potestatem)。對法令之解釋應相當彈性,以保持法令的用意。當法令的措詞有曖昧之處,應採用免於錯誤,尤其是合於立法用意的解釋……(Celsus, *Digest* XXVI、XXIX、XXXIII)

皇帝不受法律的約束(princeps legibus solutus est)。皇后必須受法令約束。不過,在位的皇帝有權給予皇后,和自己相同的特權[230]。

---

[230] Ulpian, *On the Julian-Papian Law*, XIII羅馬帝國自二世紀以後,日趨專制化,皇帝擁有絕對之權力。三世紀初,法學名家Ulpian遂建立"皇帝超越法律之上"(princeps supra leges)(Justinian, *Digest*, I. iii.31)的原則。

　　如果案件沒有成文的法令可以依循，則應依據已經建立的習慣和慣例。如果亦無習慣或慣例可循，則以最相近和有必然關聯的為依據；如果連此亦不可得，則以羅馬城所遵之法為準。以長期的慣例而不以法令為依據並非不合理，這是所謂習慣法。因為法令本身對我們形成約束，不外乎由於它們在我們的判斷中被接受，因此凡大家同意，即使未形諸文字者，亦同樣具有約束性。人們經由投票或以事實和行動表達意願，又有何不同？因此，有一點很對，也被接受的是，法令不但可因立法者投票而廢除，也可因大家默認，不再使用而作廢。(Julianus, *Digest*, LXXXIV)

　　凡皇帝所決定者即具有法律的效力(Quod principi placuit，legis habet vigorem)……因而，凡皇帝所寫，附有簽名，或對審理案件所作的判決，或作法律範圍以外的宣佈，或以詔令所作的指示，無疑都相等於法律。很顯然，其中有一些只是針對個別情況，並且並不構成前例，因為皇帝不論因功賞賜某人，或處罰某人，或對某人施以前未有的援助，都僅適用於此一個人而已。(Ulpian, *Institutes*, I)

　　後令較前令更具效力。(Modestinus, *Excuses*, II)

第七節　法律的原則

7.7:1　羅馬法的一般原則

譯自： Justinian, *Digest*, L.XVii；**轉見** *RC*, II(1990版，頁503-505)。

　　凡起初即錯誤者，不能因時間而變成正當。(Paulus, *On Sabinus*, VIII)

婚姻的成立，不在同居，而在同意。(Ulpian, *On Sabinus*, XXXVI)

一個有徵用權力的人不會沒有免除的權力。(Ulpian, *On Sabinus*, LI)

凡不允許被告者，原告亦不得被允許。(Ulpian, *On the Edict*, XXVI)

忠告凡非不誠實者，即不負法律上必然的責任；但如係有意欺詐，則須依欺詐治辦。(Ulpian, *On the Edict*, XXX)

沒有人可以讓渡他人，比自己可擁有更多的法律上的權力。(Ulpain, *On the Edict*, XLVI)

凡案件疑而難斷者，應寧可作較具彈性之解釋。(Gaius, *On the Urban Edict*, Concerning Legacies, III)

凡事皆須公正，法律尤須公正。(Paulus, *Questions* XV)

如果一個抄寫者在謄寫契約時犯了錯誤，絕不能因而減少債務人和保證人的責任。(Scaevola, *Responses* V)

無人得被迫從其居處遷出。(Paulus, *On the Edict*, I)

自由是不可被替代的財產。(Paulus, *On the Edict*, II)

凡暧昧難斷的案件，習慣上從何者較可能或何者較通常去考慮。(Paulus, *On the Edict*, IX)

與"同意"相抵觸者，……莫過於以強力和恐嚇，脅迫他人贊同和道德違背之事。(Ulpian, *On the Edict*, XI)

最可愛之事，莫過自由。(Gaius, *On the Provincial Edict*, V)

過去犯罪的輕重不因其後果(ex post facto)而加重。(Paulus, *On the Edict*, XXVII)

無人可被迫爲與其意願相違的案子辯護。(Ulpian, *On the Edict*, LXX)

法官的行動，如不與其職務相稱，則屬無效。(Paulus, *On Plautius*, II)

雖然法律的形式不容絲毫改變，但爲公正，有顯然之需要時，可變通以謀救濟。(Marcellus, *Digest*, III)

凡約束去行不可能之事，此約束即屬無效。(Celsus, *Digest*, VIII)

凡司法調查不可能不引起損害時，應採造成不公正最小之途徑。(Javolenus, *Epistles*, VII)

依據自然法，這是正確的，即：人不應藉傷害或損害他人以增加自己的財富。(Pomponius, *From Various Texts*, IX)

一件已宣告之判決即被當作眞實的事實而接受。(Ulpian, *On the Julian-Papian* Law, I)

一個過去從未擁有的人，不可被視爲即停止擁有。(Paulus, *On the Julian-Papian Law*, II)

無人可因心中所思而受罰。(Justinian, *Digest*, XLVIII. xix.18, Ulpian, *On the Edict*, III)

因法令之解釋，處罰應減輕，而非加重。(Justinian, *Digest*, XLVIII. xix.42)

7.7:2　法律的精神與文字──西塞羅的觀點

譯自：Cicero, *In Defense of Caecina*, xviii.51-53；**轉見**RC, II(1990 版，頁507)。

不論我們自己的語言(有人認爲有缺陷)，或是任何其他民族的語言，有那一個可以有足夠的字，將每一件事都以定義和特別的詞彙區別清楚，或者事情清楚，文字卻是多餘不必要的？……如果我們不顧寫下文字的人原來的計劃、目的和心意，只注意表面文字而犧牲原意，我們的法律、元老院的決議、官員的命令、一切的條約和協議、一切的遺囑(再提一次和本案有關的)、一切和法律、承諾或正式契約或協議相關的規則，豈不都歸於失效？因為，如果我們彼此玩弄文字遊戲，我們每天使用的最熟悉的語言將會失去一致的意義。如果我們允許家奴僅服從我們命令的表面文字，而不必理會其用意，則我們必會喪失在家中的權威。我說這些例子，是要提出我的論點……以支持我的呼籲：法律不是僅賴文字，文字須以人的目的和意向為依歸。我的這個意見是有大演講家逯‧克拉蘇(Lucius Crassus)的支持的……如果這一點不消說，即很清楚，我們甚至應完全不用文字；可是因為無法如此，文字才發明了。文字是用來闡明用意，而不是隱藏用意。

7.7:3　法律的精神與文字

譯自：Justinian, *Digest*, xvi, 6, 219；**轉見**RC, II(1990版，頁508)。

所謂"依據法令"應作依據法令的精神以及法令的文字解。凡是契約，大家同意應考慮的毋寧是立約雙方的意向而不是文字。

7.7:4　習慣和法令的關係

譯自：Justinian, *Code*, VIII, lii.2。

康士坦丁皇帝致普羅庫盧士(Proculus)[231]：習慣與長期慣例的權威性不可忽視，但其權威性本身不應超越理性或法令之上。

---

[231] 此令在西元319年。

7.7:5　刑法的原則——不連坐

譯自：Justinian, *Digest*, XLVIII.xix.26; L.xviii, 164；**轉見** *RC*, II(1990版，頁509-510)。

　　父親的罪行或受到的懲罰不能成為其子之污點。因為每一個個人皆因其個人的行為而被對待。無人能成為他人罪行的繼承者。這是封神的皇帝兄弟在對錫拉城(Hierapolis)的批答中所說。

　　凡因偷竊、損害、用武搶劫或傷害罪行而有刑罰上的法律行動，並不連及犯罪者之繼承人。

7.7:6　有關證據的原則

譯自：*Acts of the Apostles*, 25:16; Justinian, *Digest* XXII, v.；**轉見** *RC*, II(1990版，頁512-513)。

　　無論什麼人，當被告還沒有和原告對質，未得機會申訴所告他的事，就先定他的罪，這不是羅馬人的習慣。

　　證人的可靠性必須小心地衡量。因此，在調查證人時，注意力首先必須放在他們所屬的階級：是議員(decurio)或平民(plebs)，其生平是清白可敬的或曾有犯罪的污點而可疵議；是富有的或貧窮的，是否因而為謀利而曾行不軌；是否與訴訟的一方有仇而作不利的證詞，是否與一方有情誼而作有利的證詞。如果一個人的證詞，從它的出身(因為他是清白無瑕的)以及他的動機(因為他非出於謀利、好惡仇友)觀之皆無可疑，則可以接受。封神的哈德良皇帝在給西利西里總督魏・瓦路士(Vivius Varus)的批答中說：一個職在審判的人最好能知道證人可相信的程度。其詔原文如下：

「你最好能知道證人可信的程度，證人是什麼樣的人？屬於什麼階級？名聲如何？他們之中，誰顯然說了實話？你審問時，他們是以事先預想好的故事回答，或者在沒有準備的情形下，說出聽起來像真象的答案。」……

關於暴力的裴利安法規定，下列人等不得作為指控被告的證人而提出證詞：一位從被告或被告父親手中獲得自由的人，未成年者，或任何曾受審定罪，又未曾完全恢復名譽的人，監禁中或獄中的犯人，受雇鬥獸者，妓女或已從良者，或任何曾為金錢作證或隱瞞證詞而被定罪處刑的人。……

封神的哈德良皇帝曾在一批答中規定：不得從遠處急急傳召證人，尤不可為了作證，要求士兵離開他的單位和職務……。

當沒有其他的途徑可以得知真象，奴隸的證言可以採信。

父親非其子之有力證人，反之亦然。

大家都了解，自己不能作自己的有力證人。

如果證人的證詞有相牴牾之處，雖是少數的證詞亦可採信……因為我們應注意的不是證人的多寡，而是證人忠實可信的程度以及證詞中有多少真實的成份。

本章參考書：

一、軍隊

Richard Alston, *Soldier and Society in Roman Egypt: A Social History*, Routledge, 1995

Eric Birley, *The Roman Army: Papers, 1929-1986*, Amsterdam: J.C. Gieben, 1988.

M. C. Bishop and J. C. N.Coulston, *Roman Military Equipment from the Punic Wars to the Fall of Rome*, London, 1993.

J. B. Campbell, *The Emperor and the Roman Army,31BC-AD235*, Clarendon Press, Oxford , 1984.

G. Cheesman, *The Auxilia of the Roman Imperial Army*, Oxford, 1914.

Roy Davies, *Service in the Roman Army*, Columbia University Press, 1989

M. Dawson ed., *Roman Military Equipment: The Accoutrements of War*, BAR International Series no.336, 1987.

C. Van Driel-Murray ed., *Roman Military Equipment: the Source of Evidence*, BAR International Series, no.476, 1989.

Robert F. Evans, *Soldiers of Rome: praetorians and legionaries*, Cabin John: Seven Locks Press, 1986.

R. O. Fink, *Roman Military Records on Papyrus*, Cleveland, 1971.

James F. Gilliam, *Roman Army Papers*, Amsterdam:J.C.Gieben, 1986.

M. Grant, *The Army of the Caesars*, Charles Scribner's Sons, 1974.

P. A. Holder, *Studies in the Auxilia of the Roman Army from Augustus to Trajan*, Oxford, 1980.

B. Isaac, *The Limits of Empire: the Roman Army in the East*, Oxford, 1990.

L. Keppie, *The Making of the Roman Army--from Republic to Empire*, Barnes & Noble Books, 1984.

Y. Le Bohec, *The Imperial Roman Army,* Paris, 1989; trans. London, 1994.

E. N. Luttwak, *The Grand Strategy of the Roman Empire*, Baltimore, 1976.

R. MacMullen, *Soldier and Civilian in the Later Roman Empire*, Harvard University Press, 1963.

H. M. D. Parker, *The Roman Legions*, Cambridge, reprint with corrections, 1958.

D. B. Saddington, *The Development of the Roman Auxiliary Forces from Caesar to Vespasian 49BC to AD 79*, Harare, 1982.

R. E. Smith, *Service in the Post-Marian Roman Army*, Manchester, 1958.

P. Southern and K. R. Dixon, *The Late Roman Army*, B.T.Batsford and Yale University Press, 1996

M. Speidel, *Roman Army Studies, vol.I*, Amsterdam:J. C. Gieben, 1984; *vol.II*, Stuttgart: Mavors, Franz Steiner Verlag, 1992.

M. Speidel, *Riding for Caesar*, London: B.T.Batsford, 1994.

G. R. Watson, *The Roman Soldier*, London, 1969.

G. Webster, *The Roman Imperial Army*, London, 1979, 3rd ed, 1985.

邢義田，〈羅馬帝國軍隊常備職業化的特色〉，《台灣大學歷史系學報》，第15期，1990，頁297-317。

邢義田，〈漢代中國與羅馬帝國軍隊的特色〉，《歷史月刊》，第8期，1988，頁56-63。

二、法律

Sir E. Barker, *Greek Political Theory*, London:Mathuens & Co., 1919, 1977.

A. Berger, *An Encyclopedic Dictionary of Roman Law*, Philadelphia, 1953.

J. A. Crook, *Law and Life of Rome*, London, 1967.

D. Daube, *Roman Law: Linguistic, Social and Philosophical Aspects*, Edinburgh, 1969.

J. C. Davies, "The Originality of Cicero's Philosophical Works", *Latomus*, 30:1(1971), pp.105-119.

T. B. DeGraff, "Plato in Cicero", *Classical Philosophy*, 35(1940), pp.143-154.

C. J. Friedrich, *The Philosophy of Law in Historical Perspective*, Chicago: The University of Chicago Press, 1958, 1969.

P. Garnsey, *Social Status and Legal Privilege in the Roman Empire*, Oxford, 1970.

Ann E.Hanson ed., *On Government and Law in Roman Egypt: Collected Papers of Naphtali Lewis*, Scholars Press, 1995

W. W. Haw, "Cicero's Ideal in His *De Republica*", *Journal of Roman Studies*, 20(1930), pp.24-42.

A. M. Honoré, *Emperors and Lawyers,* Oxford, 1981.

H. F. Jolowicz, *A Historical Introduction to the Study of Roman Law*, Cambridge, 1972.

A. H. M. Jones, *Studies in Roman Government and Law,* Oxford, 1960.

C. V. Keyes, "Original Elements in Cicero's Ideal Constitution" *American Journal of Philology*, 18(1921), pp.309-323.

W. Kunkel, *An Introduction to Roman Legal and Constitutional History*, Oxford, 1973.

B. Nicholas, *An Introduction to Roman Law*, Oxford, 1962.

O.F.Robison, *The Criminal Law of Ancient Rome*, Johns Hopkins University Press, 1996

R. P. Saller, *Personal Patronage under the Early Empire*, Cambridge, 1982.

A. N. Sherwin-White, *The Roman Citizenship*, Oxford, 1973.

A. Watson, *Law of Obligations in the Later Roman Republic*, Oxford, 1965.

A. Watson, *The Law of Property in the Later Roman Republic* , Oxford,

1968.

A. Watson, *The Law of the Ancient Romans*, Southern Methodist University Press, 1970.

A. Watson, *Roman Private Law around 200 BC*, Edinburgh University Press, 1971.

A. Watson, *Law Making in the Later Roman Republic*, Oxford, 1974.

A. Watson, *Rome of the XII Tables,* Princeton Universiyt Press, 1975.

A. Watson, *The Making of the Civil Law,* Harvard Universiyt Press, 1981.

A. Watson, *The Evolution of Law,* Johns Hopkins University Press, 1985.

A. Watson, *Roman Slave Law*, Johns Hopkins University Press, 1987.

M. Wheeler, "Cicero's Political Ideal" *Greece and Rome*, 21:62(1952), pp.49-56.

D. M. MacDowell, *The Law in Classical Athens*, Cornell University Press, 1978.

P. Vingradoff, *Roman Law in Medieval Europe*, 3rd ed., Oxford, 1961.

陳朝璧，《羅馬法原理》，台灣商務印書館，1965，1971。

鄭玉波，《羅馬法要義》，三民書局，1958。

龍斯榮，《羅馬法要論》，吉林大學出版社，1991。

周枏，《羅馬法提要》，法律出版社，1988。

周枏，《羅馬法原理》二冊，商務印書館，1994。

曲可伸，《羅馬法原理》，南開大學出版社，1988。

格羅密克著，《羅馬法史》，中國政法大學出版社，1994。

8

宗教與文學

　　羅馬人的日常生活，幾無日不籠罩在宗教信仰的各種儀式之下。帝國時代以後，各地和各民族的宗教因帝國的和平(pax Romana)，經濟的繁榮，交通的暢達，以及羅馬人對信仰的寬容，得在地中海世界迅速流播發展。基督教的最後勝利當然是羅馬宗教史上最重要的一章。有關早期基督教的活動，已有中文《新約》譯本；有關帝國的基督教化，主要的資料已見王任光師的《西洋中古史資料選譯》。因此本章只選譯基督教以外的資料，以免重覆。

第一節　城邦宗教

　　羅馬人的傳統宗教保有很多初民巫術、禁忌和精靈崇拜的成份。因與其他地區和民族接觸，他們也吸收了許多外來的神祇和觀念，構成一個內容複雜，以多神信仰，重視儀式和預知吉凶為特色的城邦宗教體系。在城邦之中有不同的祭司團體負責掌管一切與城邦崇拜(state-cult)有關的祭壇、神廟、祭祀、儀式與神聖法

(ius divinum)。所有的祭司組織大概都淵源於國王時代。據羅馬人傳統的說法，羅馬的第二位國王魯馬(Numa)是這一套體系的建立者。以下李維的記載就是代表。

8.1:1　魯馬制訂城邦祭典

譯自： Livy, *History of Rome*, I.xix.4-xx.7，**轉見** *RC*, I. pp.66-67(1990 版，頁71-72)。

　　魯馬想到，如果一向對敵保持警懼並嚴守紀律的人，一旦從外患的憂慮中鬆懈下來，可能會陷入懶惰放縱。防止無知無文的人墮落，最有效的辦法就是灌輸他們對天神的敬畏。為了打動人心，魯馬不能不製造一個神奇的故事，宣揚他曾夜遇女神伊格瑞亞(Egeria)。根據她的指示，他建立起合乎神意的儀式，並任命敬拜諸神的祭司。

　　首先，他根據月亮的運行，分一年為12個月。但是因為每個月並不都是30天，和太陽的運行一年有11天的差別，他就設置閏月，使每20年的總天數能和20個太陽年的天數相合。因為希望有時能暫無公共事務，他也規定了何日處理公務，何日則否。

　　接著他轉而注意祭司的任命。雖然他自己就擔任不少祭司的工作，尤其是現在歸邱比特祭司(flamen Dialis)所司理的。可是他認為，像羅馬這樣一個時刻準備戰鬥的國家，將可能有更多像羅姆盧斯(Romulus)而和自己情況不同的國王。他不希望，國王因常率軍作戰，而疏忽了祭祀的工作。因此任命一名邱比特祭司(flamen)，任職終身，並給他出眾耀眼的服飾以及(象牙)寶座。此外，他又任命了兩位祭司(flamens)，一位負責戰神馬耳斯(Mars)，

一位負責另一戰神葵瑞魯斯(Quirinus)的祭祀。他任命處女祭司團
為灶神(Vesta)服務。這個祭司團淵源於阿耳巴(Alba)，因此與建邦
者的傳統並無不合。因為她們將終身擔任祭司，保守貞潔和其他
神聖莊嚴的戒律，魯馬規定從公庫給她們一定的津貼。另又挑選
12名擔任戰神的沙利祭司(Salii)。當他們唱著讚美詩，跳著莊嚴的
三拍舞步，在城中遊行時，他要他們穿上紋繡的衣袍，著銅製胸
甲並持著戰神名為安奇尼亞(ancilia)的神盾。接著他選派元老馬可
士(Marcus)之子——魯馬‧冒奇烏斯(Numa Maucius)為祭司長
(pontifex)，負責典藏所有形諸文字，有關祭祀儀式的詳盡規定。
這些文件規定在何時、何地，應用什麼祭物獻祭，以及費用的來
源。至於所有其他的公私祭祀儀式，都交由祭司長掌理。這樣一
來，如果公民有疑難，不致不知向何人詢問和求解，也不致因對
傳統祭禮的疏忽和對新神的接納，造成宗教律法的混亂。祭司長
除了要督導和諸神有關的儀禮，還要教導人們如何行喪禮，如何
安慰死者的靈魂，如何從閃電等可見的異象中知道趨吉避凶。

8.1:2　卡比投山神廟的重建

卡比投山上的邱比特神廟是城邦宗教的中心。西元69年毀於
大火。第2年，韋斯巴息阿魯斯加以重建。西元80年又毀於火，多
米提阿魯斯再加重建，直到西元455年才又被毀。以下一段譯文記
述韋斯巴息阿魯斯如何重建神廟。

譯自： Tacitus, *Histories*, IV.liii，轉見*RC*, II，頁515-516。

韋斯巴息阿魯斯將卡比投神廟重建的工作交給逸‧韋斯提魯

斯(Lucius Vestinus)。他是一位騎士階級的人，可是其聲譽和影響
力卻可與元老級的人物相匹敵。逸‧韋斯提魯斯召集來的卜人，
首先指示將舊廟的殘骸搬移到沼澤去，新廟必須建在舊址之上。
卜人宣稱：「眾神將不願見到舊廟的格局有任何改變」。6月21
日，萬里無雲。整片奉獻給神廟的區域，用魚和鮮花圍繞起來。
有吉利名字的士兵帶著吉利的樹枝進入聖區。接著，灶神處女和
雙親健在的童男童女，用從泉和河中取來的水洒在樹枝上。然
後，羅馬的市政官何‧蒲銳斯庫斯(Helvidius Priscus)依照祭司蒲‧
艾利阿魯斯(Plautius Aelianus)的指示，首先用豬、羊、牛三牲為
祭，潔淨了整個區域。又將三牲的臟腑置於草踐的祭壇上，向邱
比特、裘諾、米樂哇三神，以及保護帝國的諸神祈禱。祈求諸神
因人的虔敬，施以助力，使重建神廟的工作順利。他接著去觸摸
那些圍在基石四周，用繩串起來的魚。這時，其他的官員、祭
司、元老、騎士和許多的民眾都歡欣興奮地合力推動巨石。大家
從四周各處，將奉獻的金、銀以及其它未曾熔煉過的金屬，拋到
基地上。因為卜人已先宣佈，凡曾使用過的石料或金屬將會褻瀆
這神聖的工作。宗教上唯一允許的一項改變是神廟的高度。新的
神廟高度增加。這是大家覺得舊廟在雄偉上有所不足。

8.1:3　皇帝崇拜

在帝國東方各地，長久以來就有將統治者當神崇拜的傳統。
奧古斯都以降，許多城鎮出現崇拜奧古斯都的神廟和祭司組織
(seviri Augustalis)。這種風氣逐漸由東西傳。在提伯瑞斯時代，有
西班牙地方的城市派遣使者，要求准許為提伯瑞斯及其母立廟，

但為提伯瑞斯所拒。不過,此後皇帝崇拜在帝國各地及軍中都很普遍,是凝聚帝國向心力的重要象徵性活動。

譯自: Tacitus, *Annals*, 4.37-38,**轉見**Jo-Ann Shelton, *As the Romans Did*,頁390。

這時[1],外西班牙省[2]遣使到羅馬元老院,請求允許依亞洲省之例[3],為提伯瑞斯及其母建立神廟。凱撒[4]是一位極不願任何特殊榮崇的人。此外,他認為應給那些散佈流言,說他已變得不知禮數的人一個答覆。因此,他發表了以下的談話:「諸位元老,我知道諸位之中,有許多人發現我似乎前後不一

圖 8.1 邱比特(中)、裘諾(左)、米樂哇(右)三神青銅像,1978年 7月28日譯者攝於 Mainz, Römisch-Germanische Zentralmuseum。

致。因為先前不久,我並沒有拒絕亞洲省同樣的請求。我想對我先前的默許,以及對今後的作法作些澄清。因為封神的奧古斯都不曾拒絕帕格蒙市(Pergamum)[5]為自己以及為羅馬城立廟[6],因此,

---

[1] 西元25年。

[2] 羅馬時代伊比利半島分為內外西班牙兩省。

[3] 亞洲省約當今土耳其。

[4] 羅馬皇帝稱為凱撒,此指提伯瑞斯。

[5] 在亞洲省。

奉奧古斯都言行爲法的我，乃奉其例而
行事。而我這樣作，更因爲他們對我的
敬拜是和對元老院的尊崇有關。儘管我
可以勉強接受一次這樣的榮崇，但要所
有的行省人民將我當神一樣崇拜，是十
分不當和無禮的。如果一味奉承阿諛，
那麼對奧古斯都的敬意也將消褪，失去
意義。因此，諸位元老，我請求諸位作
爲我的見證，希望後世記得：「我是一
個凡人，行凡人之事，我以位極凡世爲
滿足。那些相信我上不愧於祖先，下愼
於民利，臨危不亂，爲公利勇於任事的
人，將會懷念我……因此，容我祈求盟

圖 8.2 著祭司服的奧古斯都

邦和公民，尤其是上蒼諸神，賜我智慧，使我今生，自始至終能
免於憂慮，能充分理解人世與神聖的律則；我也祈求盟邦和公
民，當我過世之日，對我心懷感念，願意以我的作爲和名譽爲
榮」。從此以後，不論公開或私下，提伯瑞斯始終拒絕對他的崇
拜活動。

8.1:4　對羅馬和奧古斯都祭司的獻碑

　　在帝國各地城鎮之中，幾乎都有敬拜奧古斯都的祭司組織，
甚至有以羅馬和奧古斯都神靈爲敬拜對象的神廟[6]，定期舉行崇拜

6　各城皆有神，羅馬城神爲Roma，此指爲羅馬城神立廟。

儀式和娛樂活動。以下的碑石是在西班牙中部一城鎮康普盧同(Complutum，今Alcalá de Henares)發現。原石曾經著錄，今已佚失。從獻碑內容可知，這類獻碑須經城鎮議會的同意。碑石時代屬三世紀初。

譯自：Robert C. Knapp ed, *Latin Inscriptions from Central Spain*, University of California Press, 1992, no. 120, pp. 113-114；亦見 *CIL*, II. no.3033。

圖 8.3　安卡拉的羅馬與奧古斯都
神廟

蓋‧欣塞盧斯(Gaius Nonius Sincerus)獲城鎮議會之授權，為父親——屬癸瑞納部(Quirina)[7]的格‧克瑞斯慎斯(Cnaeus Nonius Crescens)樹立此碑。他曾任鎮上公職，並為羅馬和奧古斯都祭司團之祭司(flamen Romae et Augusti)。

第二節　許願與還願

許願與還願是羅馬傳統宗教生活中十分重要的一部分。除了私人許願，羅馬的公職官員也常因城邦的福祉，按照大祭司規定

---

[7] 羅馬公民皆屬一定的區部(tribus)，西元二世紀時西班牙中部的城鎮公民皆屬此部。

的儀式，向神許願，以期換取神的護佑。許願的對象可以是羅馬本身的神祇，甚至也可以是敵人的神祇。向敵人神祇許願的一種形式是當羅馬與某城邦作戰，包圍其城市，籲請該城的保護神放棄對該城的保護。羅馬人向該神應許的條件，通常是如果該城因此為羅馬人攻克，羅馬人將保護該神進入羅馬的神殿，續享血食。這種許願形式叫應許 (evocatio)。另一種形式則是詛咒 (devotio)，意謂將遭羅馬包圍的城市奉獻給死神，以期其毀滅。以下兩段譯文，第一段是有關包圍迦太基，另一段則是羅馬執政於西元前191年與敘利亞王安提克斯第三(Antiochus III. 223-187B.C.)作戰前向邱比特所作的許願。如所許之願得到實現，則應還願。許多神廟和碑或其他的活動即因還願而建或舉行。請另參本書第3章第2節。

8.2:1　攻敵許願

譯自：Macrobius, *Saturnalia*, III. ix，轉見 *RC*, I., pp.145-146(1990
　　　版，頁152-153)。

　　現在大家都知道，大凡城市都在某某神的保護之下。但是很多人都不知道，羅馬人有一種秘密的習俗，就是當他們包圍一個敵人的城市時，如果他們已有信心可以攻克，就舉行一種儀式召喚該城的保護神。他們相信如果不如此，這個城將無法攻克，或者即使攻克，使該城的保護神成為俘虜，也是一件褻瀆神聖的事。這就是為什麼羅馬人要將保護羅馬城的神以及羅馬城的拉丁名稱當作秘密……但是我們要注意，不要像有些人誤以為，召喚城市守護神的公式是和將該城"奉獻"出去的公式是一樣的。我在沙‧塞倫魯斯(Sammonicus Serenus)所著"秘笈"(Secret Matters)一書第5卷找到這兩種公式。沙‧塞倫勒斯說他是根據某一叫弗留斯(Furius)所作極古老的記載而來。

　　以下是當一城市已遭包圍工事團團圍住，召喚該城神祇所用的公式：

> 喔！保護迦太基城與人民的神啊！不論您是神或女神；喔！
> 您，最偉大的神，將此城與人民置於您的保護之下。我如此
> 祈禱懇求，祈求您的恩惠，請您絕棄迦太基的人民和城市，
> 請您遺棄那塊土地，那裡的神廟、聖地和城市，請您離開他
> 們，但帶給那城和人民懼怕、驚恐和疏忽。絕棄他們，請來
> 羅馬與我和我的人民在一起。我們的土地、神廟、聖地和城
> 市對您更合適、更相融。我們如此知道，如此了解，您對
> 我，對羅馬人民、對我的戰士都是吉祥的徵兆。假如您成全
> 我的祈求，我發願將為您修建神廟並舉行賽會。

……一旦如此將(敵人的)神祇召出以後，就依照下列的方法將他們的城市和人民"奉獻"出去。這個"奉獻"的公式只有笛克推多和率軍的將軍得以行之。其辭如下：

> 喔！地獄之父笛斯(Dis pater)，陰間之神維歐維斯(Veiovis)，
> 死神曼尼斯(Manes)！或不論您的名稱為何，我要說，請您在
> 迦太基的城市和軍隊之間充滿害怕、恐懼和逃亡。無論誰武
> 裝並以武器對抗我們的軍團和隊伍，請您阻止他們。請您剝
> 奪這些軍隊，這些敵人，這些人們的城市、土地以及一切住
> 在這土地、區域和城市中人們的陽光。我要說，這些敵人的
> 軍隊、城市和土地都歸您所有。正如我們將敵人奉上時所約
> 定的條件，這些人和生命都奉獻給您。我奉獻他們，作為

我、我的榮譽、我的職位、羅馬人民、我們軍團和隊伍的替
身；如此，我、我的榮譽、我的威權、和參加此次戰鬥我們
的軍團與隊伍得因您而無恙。假如您能成全我的所知和所
見，如此去作，不論誰曾如此發願，在那裡發願，都將以三
隻黑羊還願。喔！地母與邱比特，請為我的見証。

8.2:2　向邱比特許願

譯自：Livy, *History of Rome*, XXXVI. ii.1-5；**轉見**_RC_, I(1990版，頁
　　155)。

　　到這時，那一行省應分配給那一位執政一直未能決定。因
此，元老院最後決議，由執政抽籤。結果阿奇留斯(Acilius)到希
臘，孔里留斯(Cornelius)留在義大利。抽籤之後，元老院又通過一
決議，因為羅馬人民已決定將與安提克斯王及其所部一戰，執政
必須宣佈一段為勝利而祈禱的期間，阿奇留斯且應向邱比特許
願，(如得勝利)則舉行向邱比特還願的大賽會，並向諸神祭宴獻
禮。在大祭司李奇留斯(Publius Licinius)的監督下，執政許願如
下：「如果羅馬人民指示要對安提克斯進行的戰爭，能得到令羅
馬元老和人民滿意的結果，羅馬人民將以您——邱比特之名，連
續舉行10天的大賽會，並為所有的祭宴獻上禮物。獻禮的份量將
由元老院決定。不論羅馬的官員在何時何地，如何舉辦賽會，願
這些賽會能如願進行，禮物能如願獻上。」接著，兩位執政宣佈
祈禱期為連續的兩天。

第三節　軍隊裡的宗教活動

　　羅馬軍隊裡有極多與信仰有關的儀式活動，甚至有軍隊特別崇拜的神祇。1931至32年，在幼發拉底河畔的杜拉‧優羅普斯(Duro-Europus)出土一份三世紀(225-227年)當地守軍的祭祀曆。此曆雖殘，但仍可以看出駐軍一年之中，大致有那些節慶和祭祀活動。軍隊的祭祀活動還請參本書第1章第1節附錄(雯都蘭達木牘)一文所譯資料。

圖 8.4 羅馬傳統祭典以牛、羊、豬為祭品。

8.3:1　三世紀軍隊的祭祀曆

譯自：*Dura Papyrus*, no.54；轉見*RC*, II(1990版，頁529-530)。

　　1月1日：……

　　1月3日：為保佑吾主塞維‧亞歷山大(Marcus Aurelius Severus Alexander，222-235年在位)以及羅馬人民與帝國永垂不朽，行還願獻祭。為至高至善之邱比特，獻上一公牛……為戰神(Father

Mars)，獻上一公牛；勝利戰神(Mars Victor)，獻上一公牛；爲勝利之神(Victor)，獻上一公牛……

　　1月7日：舉行光榮退伍和授予特權儀式。發放士兵一季薪餉[8]。爲至高至善之邱比特，獻上一公牛；爲裘諾(Juno)獻上一母牛；爲米樂哇(Minerva)獻上一母牛；爲安全之神，獻上一母牛；爲戰神(Father Mars)，獻上一公牛……

　　1月11日(？)：皇帝岳父逯‧塞烏斯(Lucius Seius)生日……

　　1月24日：封神的哈德良冥誕。爲先皇獻上一公牛。

　　1月28日：封神的塞維盧斯(Severus，193-211年在位)戰勝阿拉伯人，阿笛阿賓人和安息人紀念日；封神的圖拉眞登極紀念日。爲紀念安息勝利，獻上一公牛；爲封神的圖拉眞，獻上一公牛。

　　2月4日：封神的安東尼魯斯(按即卡拉卡拉，198-217年在位)登極紀念日……爲封神的安東尼魯斯獻上一公牛。

　　3月1日：勝利戰神(Father Mars Victor)生日紀念儀式。爲戰神獻上一公牛……

　　3月6日：封神的馬可‧奧利留(Marcus Aurelius Antoninus，161-180年在位)和封神的維盧斯(Lucius Verus，161-169年在位)登極紀念日。爲封神的奧利留獻上一公牛；爲封神的維盧斯獻上公牛……

　　3月13日：今上塞維‧亞歷山大被擁立爲帝。爲邱比特獻上一公牛；爲裘諾獻上一母牛……爲戰神獻上一公牛。今日也是今上塞維‧亞歷山大第一次被士兵歡呼爲“勝利的將軍”(imperator)。公衆祈禱(？)。

---

　　[8] 關於士兵退伍的權利和薪餉發放，請參本書第6章第1節。

3月14日：今上塞維·亞歷山大榮獲奧古斯都、國父、大祭司之號。公眾祈禱……

3月19日：米樂哇節(Quinquatria)[9]。公眾祈禱至23日……

4月21日：永恒羅馬城之生日。為永恒羅馬城獻上一母牛。

4月26日：封神的馬可·奧利留冥誕。為封神的馬可·奧利留獻上一公牛。

5月7日：為封神的裘·媚沙(Julia Maesa)[10]冥誕。為封神的裘·媚沙行公眾祈禱。

5月10日：為軍旗行榮冠禮[11]。公眾祈禱……

5月24日：日耳曼征服者凱撒(Germanicus Caesar)[12]冥誕。行追思公眾祈禱……

6月9日：灶神節(Vestalia)。為灶神(Mother Vesta)行公眾祈禱……

6月26日：吾主塞維·亞歷山大被任命為凱撒，加成年衣袍[13]，為吾主之精靈(genius)[14]獻上一公牛……

---

[9] 米樂哇的節日，原本為戰神Mars的節日。

[10] 裘·媚沙是皇帝塞維·亞歷山大的祖母。

[11] 在軍旗禮中，軍隊各單位的軍旗都要集中在軍營祭壇之前，為軍旗加上玫瑰花冠為裝飾。

[12] 提伯瑞斯皇帝之侄兒，後為養子，死於西元19年。

[13] 此時凱撒為次於奧古斯都的封號。羅馬人於16或17歲時行成年禮，穿上成年人穿的衣袍(toga uirilis)。

[14] genius為羅馬人特有的一種觀念。他們相信每一個人，每一個家，每一個團體(如軍隊的各單位)或地方，甚至諸神都有其genius。這是一種內在生命的力量，在這種力量的指引之上，才能活動，姑譯為精靈。

7月12日：封神的凱撒(Julius Caesar)冥誕。為封神的凱撒獻上一公牛。

7月23日：海神節(Neptunalia)。公眾祈禱，獻祭。

8月1日：封神的克勞底烏斯和封神的裴提納克斯(Pertinax，193年在位)[15]冥誕。為封神的克勞底烏斯獻上一公牛；為封神的裴提納克斯獻上一公牛……

9月……封神的弗斯提娜(Faustina)[16]冥誕。為封神的弗斯提娜行公眾祈禱。

9月23日：封神的奧古斯都冥誕。為封神的奧古斯都獻上一公牛……

12月17日：(農神節)[17]，公眾祈禱至23日……(以下殘闕)

8.3:2 軍團士兵的還願碑

向神許願，例須還願。在帝國各地留下極多各式各樣，向不同神祇還願的碑刻。還願者或為個人，或為某種團體。以下一碑發現在西班牙中部杜拉同(Duratón)。時代屬二世紀末，三世紀初。內容是一位軍團士兵因洗浴，治好某種疾病，因而向當地掌洗浴的幸運女神獻碑還願。

譯自：R.C. Knapp ed., *Latin Inscriptions from Central Spain*, no.291, pp.269-271；亦見*CIL*, II. no. 2763。

---

[15] 他於193年1月1日由禁衛軍擁立登位，3月28日即被殺。

[16] 安東尼魯斯(Antoninus Pius)和馬可·奧利留兩位皇帝的皇后都名為弗斯提娜，此處不知確指何人。

[17] 請參本書第2章第2節。

此碑奉獻給掌浴幸運女神(Fortuna Balnearis)。奉獻者——華·
布哥(Valerius Bucco)，為忠誠之第二輔翼軍團(legio II adiutrix pia
fidelis)[18]，艾·塞孔杜斯(Aemilius Secundus)百人連上之士兵……
(以下殘闕)[19]。

第四節　東方宗教的流行

　　基督教是帝國時代流行的東方宗教之一。由於羅馬人對宗教
的寬容，地中海的和平，交通的便利和經濟的發達，原本許多地
區性的信仰有了流傳各地的機會。基督教獨霸之前，原本最流
行，勢力最盛的有埃及的艾西斯(Isis)崇拜，小亞細亞的地母
(Magna Mater)崇拜和米特拉(Mithras)崇拜，敘利亞的太陽神崇拜
等。三世紀時，東方宗教甚至有取代羅馬原有信仰之勢。例如太
陽神成為帝國宗教的一部分，在羅馬建神廟，成立祭司團，12月
25日由帝國政府慶祝太陽神的生日。但是最後勝利的卻是基督
教。

　　阿蒲列烏斯(Lucius Apuleius)大約於西元二世紀初，出生在北
非一個富有的希臘家庭。他曾赴迦太基和雅典受教育。早年過著
荒唐放縱的生活，對宗教、哲學、魔術有濃厚的興趣。後來受洗
接受艾西斯的宗教信仰，才改變了生活，以旅行演講終生。其著
作有數種傳世，以帶有自傳性質的《變形記》(*Metamorphoses*)或
名《金驢記》(*The Golden Ass*)一書最著名。此書組合若干希臘故

---

[18] 此軍團成立於西元70年，韋斯巴息阿魯斯皇帝時代"忠誠"、"輔翼"皆為
軍團的別名徽號，"第二"為編號。

[19] 殘闕部分，依立碑慣例，應有"為所許之願還願而建"的文字。

事，敘述一位放縱的靑年，因誤用油膏變成一匹驢子。這匹驢子
是色慾與罪惡的化身，遭遇種種下流之事，最後因艾西斯的拯
救，得重新化爲人。

阿蒲列烏斯與寫《沈思錄》的皇帝
馬可・奧利留(Marcus Aurelius)屬於同一
時代。從他們的作品可以看出西元二世
紀以後，羅馬人的心靈如何趨於要求精
神上的滿足。這種滿足不再基於自我的
努力與超越，而是依賴外在超自然力量
的拯救。阿蒲列烏斯接受了埃及艾西斯
的信仰，即爲一例。艾西斯是基督敎興
起前，在羅馬最爲流行的信仰之一。他
寫的雖是奇情小說，卻極能反映羅馬人
在二世紀時的心靈。以下譯文即摘自
《金驢記》末章，描寫主人翁接受艾西
斯，受洗入敎的一段。關於埃及宗敎如
何流行於羅馬，另參"羅馬的農民曆"一
節。《金驢記》已有中譯本，劉黎亭
譯，上海譯文出版社，1988。

圖 8.5 象徵豐收和再生的地母
　　　神，1978年8月30日，
　　　譯者攝於 Vatican
　　　Museum。

菲里克斯(Minucius Felix)是二世紀下半葉的一位基督敎作家和
律師。其作在反駁對抗不利基督敎的言論。對當時流行的其它信
仰有不少可貴的描述。

8.4:1　埃及艾西斯崇拜的入教過程

譯自：Apuleius, *The Golden Ass*, BK XI. Loeb本。

　　5.於是，神的靈影，散發著醉人馥郁的阿拉伯香氣，以神聖莊嚴的聲調向我吐露她的話語：「看啊！逸休斯(Lucius)，我來了。你的淚水和祈禱令我感動。我來拯救你。我是萬事的母親，萬物的主宰，世界的種子，神威的領袖，陰間一切之后，天界一切之尊者。眾神與眾女之中，唯我以此形象顯現。由於我的旨意，天空的星辰，海上的和風，陰間悲涼的寂靜都因而如此被決定。全世界各地以各種方式，不同的習慣，許多相異的名稱敬拜我。皮西納斯(Pessinus)的裴瑞基人(Phrygians)最早稱我爲眾神之母；土生土長的雅典人稱我爲塞・米樂哇(Cecropian Minerva)；海中的賽普魯斯人(Cyprians)稱我爲帕・維納斯(Paphian Venus)；擅射的克里特人稱我爲笛・笛阿娜(Dictynnian Diana)；有三種語言的西西里人稱我爲地府的普羅舍頻(Proserpine)；艾勞西安人(Eleusians)則以我爲他們古代的女神塞瑞斯(Ceres)；還有些人稱我爲裘諾(Juno)、貝羅拉(Bellona)、希卡特(Hecate)、蘭魯西亞(Rhamnusia)。真正以真名艾西斯(Isis)女后稱呼我的，以兩種伊索匹亞人爲主。一種居住東方，因晨光而獲啓迪；一種即埃及人。他們對各種古代的信仰最爲擅長，而以合宜的儀典敬拜我。看啊！我來了，憐憫你的遭遇和苦難。看啊！我出現，對你施以援手。你不要再哭泣，不要再悲傷。將你的哀痛一掃而去。因爲，看啊！因我的力量，神采奕奕的日子又來到……。

　　6.……你在世上的日子將蒙祝福，由於我的指引和保護，你在世上的日子將榮耀。當註定的一生終了，你將赴陰間。在阿奇隆

(Acheron)幽黯的地府，你將見到我在地下的空中，燦爛閃耀，一如你現在所見到的我。你將見到我在冥川斯笛克斯(Styx)的深流中掌理一切，而你，一位在伊利希樂園(Elysian Fields)的住民，必將以我爲恩人，加以敬拜。如果我發現你順從我的旨意，爲我的宗教而誠心敬奉。由於你不變的忠節，你知道，只有依賴我恩賜，你命中註定的壽數得以延長。

22.當我聽見至尊女神種種諭令，我欣喜若狂。天未明即起

圖 8.6 羅馬的萬神廟外觀，阿格瑞帕所建，哈德良改建。

身，往見大祭司。運氣不錯，看見他走出他的居處。我上前行禮，心中念著：「我將鼓足勇氣，要求入教受洗。」以爲這事是現在該作的了。可是他一看見我，即對我說道：「喔，逸休斯，我現在知道的很清楚，你是最快樂和蒙祝福的。神聖的女神以她的大慈大悲接納了你，你爲何還呆呆地站著，有所躊躇呢？依據這位擁有眾多名稱女神的諭令，當你因我進入這最秘密的宗教，你要好好地記得你祈盼已久的這一天啊！」於是，這位老者與我攜手，有禮地引我來到神廟的大門。待大門敞開，他行莊嚴的祝禱。清晨的獻祭完畢以後，他從廟中的密室拿出一些不知什麼文字書寫的書籍。書上有部分畫著獸形的圖畫，是用來簡略說明書中每一句的意義。有一部分是文字，每字的首尾圈旋如輪，字字

相連有如葡萄樹的卷鬚。這種文字極為奇異，一般人不可能認得。他解釋這些給我聽，因為這是我入教必須用上和準備的。

　　23.這些準備妥當，我力促我的一些同伴自由去購置一切需要的物品，但我自己也去買了一部分。當老者發現時刻已到，他帶領到鄰近的浴堂，在各種宗教的繁文縟節之下，祈求眾神的寬宥。他依禮清洗我，潔淨我的身軀。接著，當一天已過去三分之二，他又將我帶回廟中，獻在女神的腳下，要我作一些不可說的秘密儀式，並在其餘眾人之前要求我齋戒10日，不得進食或喝酒。這些事，我極為節制地照辦了。當必須行獻祭禮的日子來臨，太陽西沈，進入夜晚，眾多的祭司從各地到達。他們依照古老的儀式，送我許多禮物。然後，所有未擔任聖職的俗人必須離開。祭司給我穿上新的亞麻衣袍，攜著我的手，引我進入廟堂最隱密的聖地。

　　心切的讀者，你必然會問：在那兒說些什麼？作些什麼？說實在的，如果可以告訴你，我就說了。如果這方便讓你們聽到，你們早就聽說了。但是你們的耳朵和我的舌頭，都會因粗魯的好奇而招來苦痛。然而，我將不會折磨你們的心太久。你們的疑惑多少是有些宗教熱忱的。因此，聽著吧！請相信我。你們將會了解，我幾乎進入地獄，來到普羅舍頻的大門。在精神恍惚之中，不知經過了幾世幾劫，而後回到原處。在午夜，我居然看見陽光燦爛，見到天神，也見到地祇。我獻身於諸神之前，向他們敬拜行禮。注意啊！我告訴你們的，你們已經聽到了，但是你們千萬不可洩露出去。我只說這些的原因是，這些說出來不致冒犯世俗的眾人。……

　　26.……不久以後，我在女神的告誡下，收拾行裝，乘船往羅馬。航程因係順風而行，一路平穩快捷。抵奧古斯都港口以後，續乘車於12月12日黃昏到達神聖的羅馬城。在此，我最大的心願是對我的主宰女神艾西斯祈禱。艾西斯在羅馬，因其神廟所在之地，而被稱甘本西斯(Campensis)，不斷受到羅馬人民的敬拜。而我，一個對其教並非無知卻陌生的人，成了她的僕人與敬拜者。

8.4:2　帝國各地的宗教崇拜

譯自：Minucius Felix, *Octavius* vi. xxiii. 1-4；轉見*RC*, II，1990版，頁542。

　　在廣大帝國的各省和各城鎮，我們看見各民族都有自己的神和敬神的儀式。艾勞西安人(Eleusinians)的穀神(Ceres)，裴瑞基人(Phrygians)的母神，伊皮達人(Epidaurians)的艾斯庫拉皮斯神(Aesculapius)，卡耳達人(Chaldaeans)的巴耳神(Baal)，敘利亞人的阿斯塔德神(Astarte)，陶瑞人(Taurians)的笛安娜神(Diana)，高盧人的麥丘里神(Mercury)，而羅馬人則無所不信。羅馬人的勢力和權威籠罩著全世界，甚至將帝國的疆界擴及日月所臨，大海所限之外。當羅馬人在戰場上表現著令神畏懼的勇氣，藉著隆重的獻祭、處女和諸多祭司的莊嚴和名號，強固他們的城邦……在攻佔的敵塞中，在勝利初臨的一刻，羅馬人即向被征服的神祇行禮敬拜(按：參前許願還願一節)。他們在各地討諸神的歡心，並接納諸神為自己的信仰。他們甚至為不知名的神祇，死人的靈魂建立祭壇。如此，他們也採納了各民族的崇拜儀式……。

　　關於這些神祕宗教的崇拜儀式……穀神在毒蛇纏繞，燃亮的火炬下，沿著在受她引誘而心神恍惚的普羅斯皮納神(Proserpina)[20]的

---

[20]　羅馬人所說的普羅斯皮納神，有人認為即希臘陰間之神Hades的妻子Persephone，但也有人認為她是一種地方性神祇，主掌種子的發芽和大地的重生。因所掌與Persephone類似，而與後者相混。

小徑上，以憂傷，艱困的腳步前行。這是艾勞西安人的神祕儀式……至於塞比利神(Cybele)和丁笛馬神(Dindyma)的儀式則羞於啓齒。由於無法引誘和滿足情夫丁笛馬的慾望(她因哺育眾神，變得蒼老瘋平)[21]，塞比利神將其丈夫去勢。這樣她將丁笛馬變成神，但也成了閹神。爲了對此表示崇敬，負責塞比利神崇拜的格里祭司(galli)也要自我閹割。這樣作法簡直不是聖神的儀式，而是殘酷的虐待。

8.4:3　對塞比利神的崇拜

大約自西元前三世紀末，塞比利神傳入羅馬以後，一直到基督教成爲國教爲止，其崇拜流行於帝國各地達600年之久，是最具勢力的東方宗教之一。羅馬一直是此一崇拜的中心。雖然共和末，一度禁止公民成爲此教祭司，或參加其儀式，但到克勞底烏斯皇帝時開禁，塞比利神甚至成爲官方宗教的一部分。其儀式的一部分，崇信者在新殺的公牛血中浸洗，後來成爲米特拉教(Mithraism)的儀式。以下所譯是伊璧鳩魯派哲學家逵可瑞休斯(Lucretius)在〈萬物本質論〉長詩中對塞比利信仰的描述。

譯自： Lucretius, *On the Nature of Things*, II.600-628, Loeb本；**轉見** *RC*, II，1990版，頁547-8；**譯文曾參照**R. Latham**譯本**，Peguin Books, 1951、1964。

祂——塞比利，遠古富於智慧的希臘詩人曾加歌頌，歌頌祂(的聖像如何自祂的聖殿)，被放在一輛由一對雄獅牽引的戰車上出

---

[21] 據說她是宙斯的母親，酒神的養母，甚至也是陰間之神Hades，海神Poseidon，宙斯之妻Hera的母親。

巡……塞比利的頭上戴著有城牆為飾的榮冠[22]，因為祂曾為護佑城池，善盡神力。可是現在當祂被放在莊嚴的神台上出巡時，祂的冠冕是以聖母像為裝飾。在古代不同民族的傳統裡，祂被稱為伊黛安聖母(Idaean Mother)，由裴瑞基人擔任祂的護從。因為人們相信小麥最初來自裴瑞基人的國度，再傳到世界各地。祂的祭司由閹人出任。希望因此表明：任何人褻瀆了聖母，為其父母所不恥，即不夠資格有子嗣，去沐浴神的靈光。緊繃的大鼓在空手下如雷作響，高亢的鐃鈸聲、低沉粗獷的號角嗚嗚，交織出一片恐怖；尖銳的笛聲以裴瑞基的調子，激奮著人們的精神；祂的前方放置著駭人的武器，這可使那些心存不軌，不夠虔誠的凡人對祂充滿敬畏。因此，每當祂進入一些大城，默默帶給人們無言的福佑，人們總是在祂出巡的沿途灑出銀元、銅錢，慷慨捐獻。玫瑰花也如雪下，佈滿塞比利聖母和護從者的身上。

8.4:4　對敘利亞魚神阿塔格提斯的崇拜

在帝國各地，源自敘利亞的宗教崇拜雖不及埃及和小亞細亞諸神的受歡迎，但是他們的崇拜隨著商人、士兵和奴隸也廣佈地中海世界。阿蒲列烏斯曾在《金驢記》描述敘利亞魚神阿塔格提斯(Atargatis)遊行時的瘋狂和激情。這是東方宗教儀式共有的特色。其中描寫鞭打自己，進入失神狀態，口吐預言，頗像台灣的童乩。

---

[22] 這是羅馬人犒賞軍功的一種榮冠。凡攻城或護城有功的冠冕上有城牆的圖案為飾。參本書附圖5.1。

譯自：Apuleius, *The Golden Ass*, VIII. xxvii-xxviii；**轉見**RC, II，
　　1990版，頁546-7。

　　他們穿上五顏六色，古怪不倫的衣服，臉上塗著污七八糟的
色彩，眼眶也描上油膏；有些人頭戴頭巾，身穿番紅花染色的亞
麻和絲織的袍子；有些穿著塗有橫七豎八像小矛似的紫條紋白
袍，腰間繫著帶子，腳上穿著黃色的鞋子……他們胳膊赤裸，手
上握著巨大的刀劍和利斧，隨著笛聲，尖叫狂舞。我們行經若干
貧人的茅草屋後，來到一處有錢人的莊園。一進莊園，他們就狂
亂地嚎叫，著魔般地東突西竄。他們會久久垂著頭，猛然扭轉脖
子，將散開的頭髮繞圈甩來甩去。有時，他們又用嘴咬自己身上
的肉。末了，他們一個個竟用帶著的雙鋒刀劍，砍自己的手臂。
其中一個失神瘋狂狀態較深的，從心的深處急速地抽動，像是神
靈附體，身不由己……然後他開始呼嚕呼嚕發出預言，編造假
話，責備自己，聲稱自己曾犯下違逆神聖教規的過失，因此須要
親手懲罰自己。最後，他拿起一條皮鞭(地痞無賴常帶在身邊的那
種)……鞭打起自己……地上滿是這無賴刀砍和鞭打造成的污
血……終於，他們倦了，或者覺得蹂躪自己夠了，停止這血腥的
把戲。他們的大袍子開始接受觀眾慷慨擲來的銅錢和銀幣，此
外，他們也得到酒、奶酪、一些食物和冬麥。

8.4:5　一個基督徒眼中的異教

譯自：Tertullian, *Apology* vi.7-10，Loeb本；**轉見**RC, II1990版，頁543。

　　接著看看你們所奉諸神的本身。你們這些最謹慎守法的人，

已經將先人小心翼翼爲你們立下的法律廢掉了。執政在元老院的同意下，不但曾將巴庫斯酒神(Bacchus)和祂的神話驅逐出羅馬，更趕出整個義大利[23]。他們禁止塞拉皮斯(Serapis)、艾西斯(Isis)、哈波克拉提斯(Harpocrates)——也就是埃及何魯斯神(Horus)，塞拉皮斯和艾西斯的兒子——以及狗頭神在羅馬卡比投山上受敬拜，換言之，將祂們趕出萬神殿。你們知道，皮索(Piso)和葛比留斯(Gabinius)任執政時[24]，他們都不是基督徒，爲了防止愚蠢邪惡的迷信，事實上曾將祂們的神廟剷除。而你們卻恢復了這些迷信，並奉若至高的神明。宗教的莊嚴何在？對先人的尊重何在？在服飾、生活習慣、擺設、心靈感覺，對了，還有言談舉止上，你們都使先人蒙羞！你們口口聲聲讚美傳統，但是每一天都在爲新花樣費心思。一切在在證明，你們一面放棄先人的好榜樣，一面做著不應做的事；你們沒有保有應該保有的東西。事實上，就老祖宗的傳統，你們最在乎保守的東西來說，你們詆毀基督徒是法律的破壞者，最大的憑藉就在這個傳統。我的意思是指對諸神敬拜的熱情。雖然你們將祂的神殿重建給了羅馬化了的塞拉皮斯，雖然你們爲義大利化的巴庫斯熱情祭獻，可是我要鄭重地指出，你們其實輕忽且敗壞了傳統，也公然違背了你們祖先的威權。

---

[23] 西元前186年當希臘臘酒神的信仰和儀式在羅馬下層受到歡迎，元老院爲恐引起動亂，曾下令禁止這種秘密狂熱的信仰活動，參Livy, *History of Rome*, XXXIX. viii-xix。

[24] 西元前58年。

第五節　禁忌、詛咒和占卜

8.5:1　禁忌舉隅

在羅馬人的生活中除了家中私人性，或城鎮及其他公共性質的宗教儀式和活動，還有無數和信仰相關的觀念和行為。他們相信人世間許多現象是由一些神秘的力量所控制，但人可藉用某些儀式性行為，或咒語，或某些具有神力的物品，趨吉避凶。以下僅以蒲林尼在其《自然史》一書中提到的若干為例，說明當時流行的一些禁忌。

譯自：Pliny, *Natural History*, 28.5.23-29; 28.11.45, 46；**轉見*ARD*，**
　　　頁424-425。

28.5.23-29每當我們一提到過世的人，我們為什麼總要加上一句：「願他們安息？」[25]為什麼我們相信奇數比偶數對世事有較大左右的力量？……為什麼有人打噴嚏，我們總要說「祝你健康」……大家也都相信，即使不在現場，靠傳音入密，也可以聽見他人對自己的談論……當參加宴會的客人離席時，打掃地板，或客人進飲料時，挪動桌子或餐盤，被認為極為不祥……如果在一個月的第17或29日理髮，可以避免禿頭和頭痛。我們的一位公民領袖——馬・諾尼阿魯斯(Marcus Servilius Nonianus)[26]，不久前因擔心眼睛發炎，照習慣在脖子上用麻繩繫一張草紙。草紙上用

---

[25] 照拉丁原文直譯，作"讓我們不要打擾對他們的懷念"。
[26] 為西元35年的執政，死於59年。

希臘文寫"p"、"a"兩字[27]。曾3次任執政的穆奇阿魯斯(Mucianus)也用同樣的方法。不過他是將一隻活蒼蠅包在一塊白麻布中。他們都說因爲如此,而沒有得眼炎。

28.11.45-6據說,如果一個人將手放在背後,用口咬下一片曾遭雷劈的某種木頭,而且如果將這木片敷在牙痛的人的牙齒上,將可止痛⋯⋯有些人將從十字架上[28]拿下的一片指甲包在毛布中,然後將毛布繫在患四日熱[29]的脖子上。他們或者拿一條釘十字架所有的繩索,當病患痊癒,他們將繩索在一陽光不及的洞穴中埋掉。

8.5:2　詛咒

羅馬人相信可以利用特殊的文字,符號或語言來趨吉避凶。對痛恨的敵人可用咒語和書有姓名的鉛板致其死命。他們將受詛咒者的名字寫在一塊板上(通常爲鉛板),將詛咒的對象獻給地下神靈,然後再用一長釘釘在名字上。有時也將受咒者形貌粗略畫在板上,釘上一些釘子。以下所譯是一塊在義大利中部明圖納(Minturna)發現,用拉丁文寫的獻給地下諸神的詛咒詞。所寫拚寫錯誤甚多,書者可能是受教育不多,較低層的人物。

譯自: *CIL*, X. no.8249;轉見*ARD*,頁426。

---

[27]　指p(rho),a(alpha)兩字母。

[28]　十字架指行刑用的刑具。死刑犯釘在十字架上而死。這不禁使我想起魯迅小說中用死囚的血沾饅頭,吃了治癆病的故事。

[29]　quatan fever,指間隔4日發熱一次的瘧疾。

地下諸神，如果你有任何權柄，我將卡瑞休斯(Carisius)的提奇尼(Ticene)獻上，交給你。願提奇尼做任何事，都不順遂。地下諸神，我獻上她的四肢，她的容貌，她的身體，她的頭，她的頭髮，她的影子，她的頭腦，她的前額，她的眉毛，她的嘴，她的鼻子，她的下額，她的臉頰，她的脣，她的言語，她的呼吸，她的脖子，她的肝，她的肩頭，她的心，她的肺，她的腸，她的胃，她的手臂，她的手指，她的手，她的小腹，她的內臟，她的大腿，她的膝頭，她的小腿，她的腳根，她的腳底，她的腳指頭。地下諸神，倘使我看見她精神消散[30]，我起誓今後情願每年為你獻祭。

8.5:3　邪占禁令

帝國各地存在著各式各樣占卜、占星、魔術、巫術性的活動。有些會引起人們的不安，甚至騷動。為此，地方政府有時會加干涉或禁止。西元199年，埃及總督即曾下令禁止一些占卜預言的活動。從禁令裡我們可以知道這類活動的普遍和勢力的強大。

譯自： *Yale Papyrus* inv.299(=SB, 12, 144)；**轉見RC, II，1990版，**
　　頁536。

許多遭邪術技倆欺騙的人向我抱怨。我同情他們的遭遇，為使眾人不再受害，實有必要明白地下令：要所有的人和危險的預言隔絕。因此，任何人不得假藉神的指引，宣揚預言，以圖畫或文字傳播神的信息，或藉偶像出巡、默劇(？)之類，假稱天神將降

---

[30] 指使生命存在的素質，素質消散，人即死亡。

臨，或有異像將出現。任何人也不得從事這類卜問或回答的活動。任何人如有違此令，保證必受極刑。

各區(nome)長官應將此令，以清楚可讀的文字，書寫在白板上，公佈週知。每區及每一村落都應有一份此令的抄本。一旦發現有人違令，應將之拘栲，送來我處，由我處決。如果各區有違令情事，未被發覺，而讓我知道了，各區長官將受與違令者相同的處罰。因為敢於違令者，不過是個人；如果長官不盡一切力量防止他們，未防止一事之本身即構成對眾人的違害。

8.5:4　命運占卜

譯自：Apuleius, *The Golden Ass*, II.11-12；**譯文參照**William Adlington **譯本。**

……夜色漸深，潘非耳(Pamphile)說道：「明天我們將遇上大雨。」丈夫問她從何而知。她說從油燈看出徵兆。米羅(Milo)大笑說道：「在我們家這盞油燈裡，餵養了一位塞比耳(Sibyl)預言家嘍！她好像從一個觀望台上，能夠觀察天象，甚至太陽」。

我心裡覺得好笑，對米羅說道：「老實說，這是我第一次領教占卜，見到其靈驗。不覺其有何神奇。雖然油燈由人所製，火光微弱，不過不要忘記，它是天上那輪巨光的女兒。因此，藉著巨光先知的神力，燈火不但預知蒼天之將為，並向凡間發出預告。我在科林斯知道一位從敘利亞來的人。他的預言造成全城轟動不安。只要給錢，他就為人卜命。他為人卜算何日為吉期，可以成婚，良緣永締；何日宜建屋，基礎永固；又何日從事營生，何日宜陸路，何日宜水路遠行。以我的旅行來說，我向他求問前程。他預告我將遇許多奇異之事。有時我會博得不小聲譽，有時會是一段重要的經歷，不可思議的故事，甚至足以寫成許多卷的一本書」。

8.5:5 鄉間歛財的術士

譯自： Apuleius, *The Golden Ass*, IX, 8；**參照**William Adlington**譯本及劉黎亭中譯。**

我們在村中小留數日，不但享受全村村民的招待，更靠著占卜，預言吉凶，歛聚錢財。狀似良善的祭司變換新招，欺人歛財。他們杜撰了一套模稜兩可的答籤，用來回答所有前來求問的人。這個答籤是：

黃牛套軛把地耕，五穀來年慶豐登

他們用這個答籤對付那些心思單純的村夫愚婦。如果有人卜問婚姻，他們會解說籤義正合，套軛正如同和一位好姑娘結為一體，五穀豐登意為兒女眾多；如果有人問買田或置產，那麼籤文說的正是牛和軛，預示土地大豐收。如果有人想預知航行是否順風，且能獲利，那麼他們會說牛是最馴良的動物，有牛備妥同行，則無往不利，而籤中的土地就是滾滾財運。如果是問尋仇捉賊，則籤文已預言成功勝利，因為仇敵必就範，如黃牛套軛，而從賊人的贓物也必獲利如豐登之穀。就憑這樣狡猾的技倆，他們詐取了大筆的錢財。

第六節　文學

奧古斯都時代是羅馬文學的黃金時代。奧古斯都的左右手之一麥奇納士(Maecenas)幫奧古斯都豢養了一批文人,大力讚頌奧古斯都時代的偉大。這批文人以魏吉耳(Publius Vergilius Marco,70-19B.C.)、何芮提烏斯(Quintus Horatius Flaccus,65-8B.C.)、普羅裴耳提烏斯(Propertius,c.50-5B.C.)等最著名。這時代還有一位較注意個人情感,不一味歌功頌德,遭奧古斯都放逐的歐維德(Publius Ovidius Naso,43B.C.-A.D.17)。

奧古斯都以後,文學進入所謂的銀色時代,至約130年左右。這個時期以塞尼卡(Lucius Annaeus Seneca, 4B.C.?-A.D.65)、盧肯(Marcus Annaeus Lucanus,A.D. 39-65)、佩特龍尼烏斯(Gaius Petronius Arbiter,死於A.D.66)、裘文納里斯(Decimus Junius Juvenalis,A.D. 60?-140?)等人之作爲代表;二世紀中至六世紀隨著世局的動亂,文學式微,阿蒲列烏斯(Lucius Apuleius,生於125年左右)、聖‧奧古斯丁可爲代表。以上人物的作品有些已見本書第1卷(何芮提烏斯)及本卷它節(塞尼卡、阿蒲列烏斯),以下僅選譯魏吉耳、歐維德和佩特龍尼烏斯作品的片段,略備一格。

8.6:1　魏吉耳的史詩──《艾涅得》

魏吉耳出生於義大利北部的農村,是最負盛名的詩人。他受希臘和希臘化時代田園詩的影響,以拉丁文寫作牧歌,歌頌田園的生活。詩中的農村雖有他對義大利農村的親自體驗,主要目的卻在表現一位

詩人心中農村的永恒之美。《*Eclogues*》、《*Georgics*》是他的兩本
田園詩集。

　　不過，他最重要的作品是他12卷的史詩──《艾涅得》(*Aeneid*)。
這一部英雄史詩模仿自希臘的荷馬。它描述希臘人攻下特洛城以
後，一位特洛的英雄艾涅得，因命中註定將遭各種困苦和飄泊，
最後來到義大利。在女巫西比耳
(Sibyl)的指引下，遊歷地獄。在
地獄中，艾涅得遇見已死的父
親，預言羅馬未來的偉大，以及
其子孫Julus將建立偉大的裘利安
家族。艾涅得自地獄歸來，在羅
馬建邦，並和鄰邦爭戰。此後和
一拉丁女子結婚，為羅馬奠下強
大的基礎。全詩描寫以戰爭和英
雄的英勇為主。最後發現戰爭的
光榮皆建立在死亡和痛苦之上，
而征服自己遠比征服他人為難。
因此，詩人由衷感謝奧古斯都能
結束戰亂，為世人帶來和平。以
下所譯為艾涅得開始的一小段。

圖 8.7 魏吉耳和繆司神的鑲嵌畫，魏吉
　　　耳在讀他的艾涅得。

一開始魏吉耳即模仿荷馬，將艾涅得的流浪飄泊歸因於天神裘諾
的嫉恨。

譯自：　*Aeneid*, bk.I，**中譯參照**John Dryden(N.Y.:1937), C.Day Lewis
　　　　(N.Y.:1952)**兩種譯本。**

我要歌頌那些金戈勇士，鐵馬英雄

命運逼迫著他們

高傲的裘諾嫉恨著他們

從此流浪飄泊

別了故鄉—特洛，在水一方

英雄啊！嚐嚐

海上的波淘，陸上的風霜

還有沙場上的血影刀光

苦難艱熬，無盡無休

然而，勝利終來到

登上拉丁，重建家邦

蒙塵的諸神，再享榮耀

英雄的後裔，淵遠流長

從此，阿耳班的族人

繁榮滋長

羅馬的榮光，悠久無疆

啊！繆司

你可知這一切的因由？

你可知裘諾因何嫉恨？

為何她要如此折磨

英勇虔敬的豪傑？

祂的憤怒，何時可歇？

台伯河濱，遠離河口

一座老城，傲然聳立

泰耳的移民

駢手興建，可是——
擅長戰爭
殖財興利的迦太基
才是裘諾的最愛
祂的阿荀斯、薩穆斯
皆非其匹
迦太基有著——

圖 8.8 龐貝壁畫中的白鴿

祂的戰車，祂的盔甲
長久以來，如果命運應許
這裡將是世界的首府
可是裘諾聽說
上天長久的流言：
一個未來的民族
流有特洛的血液
正在茁壯形成

他們無比英勇
終有一天
摧毀迦太基
成爲世界的主人
心生恐懼的袞諾
想起祂曾興起
特洛和希臘的戰爭
內心深處，還有種種
憤怒的理由：
帕里斯的不公，輕藐祂的美貌
特洛人先祖—甘寧德
曾受比無的眷寵
伊萊克特拉享有的光榮
這一切在祂空虛的心
燃燒起復仇的火種
於是祂迫使
劫後餘生的特洛人
年復一年，飄泊海上
駭浪驚淘，艱苦備嚐
受命運之擺佈
不得接近想望的——
拉丁姆，可是
經此鍛鍊，羅馬民族
終於成長
……

圖 8.9 嫉妒的袞諾

8.6:2 歐威德的《變形記》

　　歐威德出生在羅馬東方90哩一個叫蘇耳磨(Sulmo)的地方。受過良好的教育,其父原希望他出任公職,像貴族青年一樣展開政治上的事業,可是他卻是一個十足的個人主義者,喜歡詩文,過

著放蕩不羈的生活。曾寫過一部淫穢的《愛的藝術》(*Ars Amatoria*)。西元8年,遭奧古斯都放逐到黑海之濱的湯迷斯(Tomis),9年後死於此。他還寫過一部描寫羅馬各種節慶的長詩《節慶譜》(*Fasti*),只完成一半,是了解羅馬早期傳奇的好資料。另一長詩《變形記》(*Metamorphoses*)是一部阿拉伯天方夜譚式的故事集。15卷之中,蒐羅上百個神話、傳說和掌故,從神造天地開始,直到凱撒封神。以下所譯為天地創造的一

圖 8.10 龐貝出土的維納斯雕像

段,另一段是借自希臘神話,述說戴德勒斯(Daedalus)打造雙翅,與兒子飛近太陽失墜的故事。

譯自: Metamorphoses, line 1-30; 184-271,**參照** Rolfe Humphries (Bloomington and London,1955,1971)**譯本**。

(天地創造)

世事幻化,萬物流轉

海天未闢，大地無形
容我傾訴，以詩以歌
此皆神意，自古及今

自然太虛，宇宙洪荒
臻臻莽莽，謂之混沌
八方悄黯，日月無光
聚散變易，原質不親
寒暑相爭，燥濕相克
軟硬輕重，爭衡互勝

我神哀憐，不忍紛擾
剖天判地，水土以分
順帝之旨，萬物得安
上下四方，各尋其根
宇宙再造，混沌永訣
有物有則，百世如恒
……

(戴德勒斯和伊卡魯斯Icarus的故事)

思鄉夢切，歲月悠悠
戴德勒斯放逐在可恨的克里特
大海四繞，孤島中懸
戴德勒斯發言道：
「米諾斯困我以水土
我卻不怕沒生路
天空不由祂經管

我就有路可逃出」
為破天律施巧思
愛子──
伊卡魯斯但旁觀
羽毛大小合成束
依序編列如排簫
再施蜜蠟和條枝
編織交折成雙翅
那知這是亡魂羽
可憐啊！無知的孩兒
仰起青春的面頰
任由輕柔的鵝毛飄落
伸手調弄橙黃的蜜蠟
就像在忙於活計的爹
身旁耍玩的孩子
一雙羽翼終完工
戴德勒斯配翼上青雲
自天倚身，對兒發言道：
「伊兒，遨遊宜在中間道
過低，海水將沾汝羽翼
過高，羽翼溶化因驕陽
另有一事不可忘
萬勿觀星辨西東
緊緊跟隨親爹我」
言畢為兒著雙翼

愛兒心驚淚滿頰

親吻其頰話暫別

那知一吻成永訣？

伊兒振翼心怯怯

正如雛鳥初試羽

緊緊跟隨親爹我！

戴德勒斯邊飛邊發言

回首只見伊兒飛如風

哈哈！

自製的雙翅奪天工

俯首瞥見漁人望

魚竿點水激漣漪

牧人倚杖正歇息

老農扶犁猛抬頭

驚疑羽人莫非神？

兩人飛過薩磨斯——

裘諾的神聖之島

笛羅斯和帕羅斯居其左

利賓色斯近在其右

還有一多產蜂蜜的卡林尼島

伊卡魯斯太驚奇

見到美景離了爹

忘情高飛趨天極

驕陽漸近氣益熾

膠蠟不耐因火化

可憐伊兒失羽翼

懸空振臂難著力

阿爹阿爹救救命

餘呼未盡身落海

藍波從此更名伊卡憐

戴德勒斯痛失子

呼喚兒啊兒啊伊何在？

但見殘羽隨波轉

似咒聰明反自誤

修墳葬罷可憐兒

以兒命名傷心地

⋯⋯

8.6:3　佩特龍尼烏斯的〈特瑞馬丘的晚餐〉

　　我們對佩特龍尼烏斯的生平幾乎一無所知。現在多數的學者相信他應是塔奇土斯《編年史》中提到的，尼祿時代那位名叫 Gaius Petronius Arbiter 的執政。他喜好有品味的享樂，頗投尼祿之好。但因他接近尼祿，引起禁衛軍統領的嫉妒，遭誣陷而自殺。他不像當時其他的人，他對英雄故事一無興趣，反而喜歡蒐集怪異的傳奇流言，寫成諷刺性的喜劇小說。目前其作只有《登徒子流浪記》(*Satyricon*)的殘本傳世。殘本包含片段片段的故事，以描寫兩個好色之徒帶著一個童僕，在義大利南部各希臘城鎮的風流遭遇為主。特瑞馬丘的晚餐是其中的一段。這一段生動地反映出尼祿時代義大利小市民的生活。

譯自：_Satyricon_, V.，譯文曾參照Harry T. Peck 和 William Arrow-
　　smith兩種譯本。

　　整好裝，我們開始閑逛。一眼瞥見一位秃頭的老人，穿著紅
兮兮的衣服，在一群留有長髮的奴隸間，正玩著球。引起我們注
意的不是這些奴隸，而是這位老紳士。他腳上套著拖鞋，正要發
一顆綠色的球。可是球一落地，他拒絕再拾起。從身旁一個奴隸
的袋子裡，拿一個新球交給球伴。當我正看著這奢華的玩法，孟
尼老走過來，說道：「邀你去晚餐的正是這位老紳士。球戲可是
晚餐的前奏呢。」

　　不久，我們來到公共浴堂。先泡了一會兒熱水，又改用涼
水。特瑞馬丘小心地洒過香水，不用毛巾，而用一種極輕柔羊毛
製的罩袍弄乾身子；旁邊三個侍者喝著法樂奴酒[31]，不少酒從他們
不停說話的嘴中流溢出來。特瑞馬丘發話說，這都由他招待。接
著，他穿上一件猩紅色的長袍，坐上一台轎子。轎前有四個裝點
華貴的聽差。前面還有一輛輪椅，中間坐著他心愛的奴隸。這奴
隸是個一臉遲鈍的老傢伙，看起來比他的主人還更平庸。轎子將
特瑞馬丘抬回家。一路上吹笛子的樂師在旁刺耳地吹奏著，好像
跟主人說著什麼知心話兒。我們充滿羨慕地跟在後面，阿格孟農
和我們一起到了特瑞馬丘住處的大門前。大門一邊我們看見一塊
告示：

　　任何奴隸，如果未經主人允許而離開，將遭鞭打一百下。

---

[31]　這是產在義大利坎班尼亞法樂奴(Falernus)地方的名酒，在龐貝的街頭
　　廣告中也可見之，參5.5:3。

門口有一位看門的，穿著綠色的衣服，腰上繫著櫻桃色的帶子。他正將一些豆子扔進一個銀盤子裡。門關上吊著一個金製的籠子，我們進門時，籠中的鵲鳥不斷說著：「你好嗎？」這一切都讓我驚呆了。不知不覺倒退，幾乎跌斷了腿。在我們進門的左側，離看門者住的地方不遠處的牆上，畫著一隻用鍊條拴著的大狗，狗的上方用大寫字寫著：

注意有狗！

朋友們都笑話我，但我很快即恢復清醒，將牆上的一切都看在眼裡。牆上畫著一幅奴隸拍賣圖。接著一幅是主人特瑞馬丘，留著長髮，手中握著一枝權杖，進入由米樂哇守護的羅馬城。另一幅則畫著主人正在學算術，還有一幅則畫著他被升陞為總管。聰明的畫師在每一幅圖上都小心地註明畫中的意思。進門通道的另一端，畫著麥丘里神托著特瑞馬丘的下巴，將他提升起來；畫中還有帶著象徵豐饒號角的幸運女神以及三位織著金線的命運之神。在走廊中，我看見一些正在受訓，來回奔走的聽差。在一個角落裡，我看見一個很大，供奉家神的壁龕，供著一尊銀製的家神、一尊大理石的維納斯和一個金質的大盒子。他們說盒中放著主人刮下的鬍子。

我不禁向聽差請教，壁畫中間一幅的內容為何。他說是史詩《伊里亞德》和《奧笛賽》中的情景，而比武的鬥士是某一位賴納斯。可是，我實在沒有時間好好欣賞所有的壁畫，我們就進入了餐廳。餐廳門口有一管事的正在計賬。最令我驚異的是門柱上那一大束帶斧的棒束[32]，棒束一端收小像是船的尖頭，其上寫著：

---

[32] 這是象徵羅馬執政等長官執法和生殺權力的東西。

獻給蓋・特瑞馬丘，奧古斯都的祭司[33]，他的管家——奇納穆斯敬獻。

屋頂下用長鍊吊著一盞雙層托架的燈；兩個門柱上各有一塊木牌。如果我的記憶不錯，一塊木牌上寫的是：

12月30日和31日，我主將外出用餐

另一塊則是畫著月亮和七星圖的日曆，用不同顏色的小塊指示出何日吉，何日不吉。

我們仔細欣賞了這一切，正想踏入餐廳，一位顯然專職的奴隸，忽然大聲叫道：「請先邁右腳！」我們起初頗感不安，深怕不照指示過門，會帶來霉運。我

圖 8.11 龐貝住宅庭院及壁畫

們都試著先跨出右腳。這時，一個奴隸忽然脫掉外衣，跪在我們腳下，希望我們助他免於受責罰。他解釋道，他犯的是小錯，僅僅是讓管家的衣服讓人從浴室給偷走了。這衣服不過值10,000色斯特銅元。我們回頭，先邁右腳，去求管家免去奴隸的懲罰。他正在外廳算賬。管家面帶輕蔑地回答道：「我不是為丟掉的東西生氣，我是氣這樣一個混賬不小心的奴隸！他弄丟的衣服是我的宴

---

[33]　參8.1:3-4。羅馬城鎮中這一類祭司通常由出身不高，卻極有錢的人擔任。

會裝。我的一個跟班送我的生日禮物。它雖然已經洗過一次，它可是泰耳紫絲製的啊[34]。好了，看在諸位的份上，我饒了他。」

他如此開恩，令我們大爲感激。我們還來不及進餐廳，那冤於責罰的奴隸奔向我們，向我們一陣親吻，感謝我們的仁慈，並說道：「你們不久就會發現，受諸位大恩的是怎樣的一個人。你們都知道，主人的酒總是心存感激僕人的禮物。」

我們現在終於就座。亞歷山卓來的奴隸用冰鎮過的水爲我們洗手；其他的奴隸來到我們的腳下，很有技巧地開始修我們的腳趾。他們不是默默做著這下賤的工作，而是一直唱著歌。我想知道是不是這家所有的奴隸都邊唱邊工作，於是我要求一些飲料。侍候我飲料的奴隸也像其他的奴隸一樣，一邊端來飲料，一邊哼著小調。所有的奴隸眞的都是如此，使我們以爲自己置身在歌劇院，而不是在一個老紳士的餐廳之中。

所有的客人就座，奢侈的冷盤開始送上。只有特瑞馬丘還沒有坐上預留給他的大位。我們面前的餐具中，有一隻用科林斯靑銅製的小毛驢。背上兩邊各有一個袋子，一邊盛著靑橄欖，另一邊盛著黑橄欖。毛驢兩側各有一個銀盤。盤子的邊緣刻著特瑞馬丘的名字以及銀盤的重量。盤子裡有鐵製橋形的花樣，上面放著蜜鍊的棗和罌粟子；燻香腸是放在一個銀製的烤架上。下面舖著敘利亞黑梅，象徵著黑炭，另用大紅的石榴子象徵燒紅的炭火。

我們正享用著花團錦簇的冷盤，一聲號角響起，特瑞馬丘靠在大靠枕上讓人給抬了進來。他的模樣害我們忍不住笑出來。他的頭從一件深紅色的大袍子中伸出來。頭髮修剪得像是一個奴

---

[34]　絲織品價格極昂，參6.3:8。絲自東方進口後，染爲紫色，價格是絲織品中最高的，參6.4:2。

隸。在脖子上圍著一條很長，鑲寬紫邊[35]的餐巾。他的左手小指戴著一顆極大包金的戒子，相鄰手指的下端戴著一顆看來是實心的金戒，上面鑲著一些小星星。還有一點不能不提，否則就不能完整形容他衣裝的精彩處。他赤裸著他的右臂，用一個用鉤子扣緊的象牙環和大金環籠在胳膊上。……

　　不久玻璃酒瓶端上來。酒瓶上有封籤。瓶頸上吊著一個小牌，上面寫著：「法樂奴‧歐皮米安酒，酒齡：100年。」當我們讀著這小牌子上的字，特瑞馬丘拍拍手，開始發話道：「唉！親愛的朋友們，多少美酒比我們可憐的人活得還久！我們好好暢飲，好好享樂吧。人生唯有美酒是真實的。看看這是真正陳年歐皮米安啊！昨天，雖然客人還更體面，我可沒用這麼好的酒上桌。」當我們喝著酒，小心品嚐著它的美味，一個奴隸拿來一副銀製的骷髏架。這個精巧骷髏的四肢關節可以活動，隨意旋轉。這位特瑞馬丘先生在桌上不斷將骷髏搖來搖去，變化出各種姿勢，最後吟出自己的詩句：

　　人生原本是虛空，百年一夢空餘骨

　　今朝尚在明日亡，且請貪歡進一壺

正當我們恭維著主人高明的哲學，上來一道大菜。它的奇特吸引了我們每一個人的目光。在一個雙層的盤子裡，有成圈排列的12宮圖，其上排放著和各宮相配的食物，在公羊座上放著埃及豆和卷曲像羊角的蔓莖；在金牛座上放著一塊牛肉；雙子座則放著一對炸羊排和腰子；巨蟹座放著一個花環；獅子座放著一個非洲無花果；處女座放著豬肚；天秤座上放著一個天秤，天秤一邊放著

---

[35] 寬紫邊是元老階級的袍飾。

一個果餡餅，一邊放著一塊糕餅；天蠍座放著一隻螃蟹；水瓶座於著一隻鵝；雙魚座則是一對馬林魚。在12宮中間的一堆新鮮乾草上放著一個蜂巢。一個埃及奴隸從一個銀製的麵包盤裡分送麵包給大家。這時特瑞馬丘哼著音樂笑劇中，流行的一首歌——"吃大蒜的傢伙"。……

……特瑞馬丘一團和氣地看著大家，並發言道：「如果酒不對胃口，就請換酒。不過諸位務必請好好領略它的滋味。感謝神，我不必去買這些；這些令人垂涎的東西，都是我城外新農莊裡的出產。這個新農莊我自己還不曾看過咧。據說和我在塔拉奇納、塔倫同[36]兩地的產業相近。我現在有意將西西里也併入農莊。這樣我去非洲，就可不出自家產業一步。告訴我，阿格孟農，你今天參加了什麼辯論？我雖然自己不是演說家，但是對法律也略知一二。不要以為我看輕學問。我有兩個圖書館，一個收有希臘文，一個收藏拉丁文書籍。告訴我，你辯論的題目吧。」阿格孟農答道：「題目是：貧富為敵……」特瑞馬丘打斷道：「在世上，什麼叫作貧窮？」阿格孟農叫道：「多麼有智慧！多麼有智慧！」接著回頭解釋他辯論的問題。但是特瑞馬丘立刻又插話道：「如果真是如此，辯論已無濟於事。如果事實不曾發生，那麼也用不著去辯論。」大家對他的俏皮話大加恭維。

特瑞馬丘又道：「阿格孟蒙，你說，你是否記得海格力士的十二件大功績或尤里西斯的故事，或是那獨眼巨人為拔出眼中的巨刺，折斷了自己的拇指？當我還是孩子的時候，我曾從荷馬的詩中讀到這些故事。我也曾親見庫邁的塞比耳一次。她吊在罐子

---

[36] 在義大利南部。

裡，年青人問她：『你要什麼？』她說：『我想死』。」當一隻裝在盤子裡的大豬，端上桌時，他還在不斷大吹其牛……

特瑞馬丘喝得太多，實際上已將近醉了。他叫道：「喂！諸位，為什麼沒有人請我的弗圖娜它跳舞？相信我，你們從沒見過有像她這樣能急旋如飛的。」說完，舉手過額，學著演員塞魯斯的姿勢，並學著他的歌調唱起來。這時所有的奴隸也都跟著唱和。他將要跳到桌子上時，弗圖娜它走來並在他耳邊嘟囔，大概是警告他這樣醉舞將有失體面。弗圖娜它的話，他有時候百依百順；有時候，例如像現在，卻是一句也不聽了。

弗圖娜它阻止無效，特瑞馬丘的秘書卻打退了他跳舞的興緻。這位秘書不說二話，開始像宣讀什麼政府文件一樣，大聲唸著特瑞馬丘賬簿裡的記錄：

7月26日，在庫邁的農莊裡，共有30個男奴，40個女奴出生；
5,000,000蒲士耳的小麥打好進倉；
同日，奴隸米塞瑞迭斯因冒瀆我主特瑞馬丘的保護神，活活釘死；
同日，3,000,000的錢因無處投資，重回保險庫；
同日，龐貝莊園的掌櫃那斯塔的住處失火……

特瑞馬丘大叫道：「什麼？我何時在龐貝買了莊園？」秘書答道：「去年。因此還沒有來得及列入記錄。」特瑞馬丘吼道：「我不管你買了什麼，但是如果不在6個月之內向我報告，該死的！我賭它就不會在我的財務賬上出現了」。秘書接著又唸下去。先是大總管對各莊園的指令，接著是各獵場看管人立的規矩，他們都立專條將特瑞馬丘視為例外。然後是一個監工的名單，一個解放女奴和一個守夜人的離婚案。因為這個守夜人發現此奴和一浴堂侍者打得火熱。再接著是將一個侍奴趕到巴奈去。最後是對一個管賬的人的控告和對幾個侍僕之間爭執的裁決。……

……這時三個穿白長袍的奴隸將家神像抬上了桌，另一個奴隸拿著一大碗酒，口中祝願道：「願神祝福大家！」特瑞馬丘告訴大家，其中一個是事業之神像，一個是幸運之神像，另一個是利益之神像。每個神像都配有一個耀眼的特瑞馬丘自己的小像。大家都上前親吻他的像，我也不好意思不跟著去吻。……

……特瑞馬丘說道：「朋友們！奴隸也是人[37]。他們和我們一樣喝母奶長大。只是他們命不好，生來低一等。可是我發誓，只要我健在，不久他們都可以嚐到自由。因為我打算在遺囑中將所有的奴隸都釋放。給費拉吉魯斯一個農場和女人；給卡瑞歐一幢房子、贖取自由應繳的稅金和寢具；給我親愛的弗圖娜它我所有的錢財和朋友們的愛心。可是我還是要告訴大家我遺囑的內容，這樣大家在我死後，會愛我像現在一樣。」

奴隸們一聽他這麼說，當然爆出一片歡欣和感謝。可是特瑞馬丘很快又從笑鬧中嚴肅起來，令人拿來他的遺囑，大聲從頭唸到尾。奴隸們坐在那兒低低悲吟著。唸完以後，特瑞馬丘對哈比納斯[38]說道：「喂！老朋友，你會完全遵照我的意思，刻我的墓碑嗎？第一，當然我希望墓前有一尊我自己的雕像。腳旁有我心愛的小狗。給我刻上花圈、香水瓶以及裴特拉提斯一生事業奮鬥的歷程。然後，謝謝你的費心，我得在身後長存不朽。我的墓，正面希望有100呎寬，200呎深，墓的四周，希望有各種果樹的果園；

---

[37] 參5.2:5。
[38] 在故事中他是一個石匠。

你最好再安排一個葡萄園。我想，一個人只注意生前住的房子，不顧死後長眠之地是不對的。總之，我希望在我墓前刻上以下的銘文：『本墓不歸我的繼承人所有』。不論如何，我的遺囑中必要說明，我死後，我的墓園不容受到任何侵害。我將任命一個釋放的奴隸，負責守墓，防止任何人破壞我的墓地。此外，我也希望，在我的墓碑上，刻上幾條船；我坐在船長的位子，穿著正式的衣服，手上戴著五個金戒，正將錢幣賞賜給別人。這是事實，你們都可作證，我曾大請全鎮的人免費吃一頓，並賞錢給大家。另外，刻畫我的餐廳，也許就刻一部分，不論你怎麼刻，總之顯出全鎮的人為此而慶祝。在我的右邊，請刻上弗圖娜它的像，她手中有一隻鴿子。還有，不要忘了她腰上繫著她心愛的小狗。也不要忘了我寵愛的奴隸。此外，我想要有一堆放置安穩的大酒罐。一個小男孩正為打破的一瓶在哭。在墓碑中央安排一個日晷。這樣每一個想知道時間的人，都會看到我的名字。那麼我的墓碑刻上什麼碑銘呢？請刻上：

蓋‧龐‧特瑞馬丘‧麥森納提阿魯斯安眠於此

被推選為皇帝崇拜的祭司

他有資格擔任羅馬城的任何公職，但是他沒有如此選擇

一位虔敬、勇敢和忠實的朋友

他原本一無所有，死時已是億萬巨富

請大家永遠記得，他從不聽信哲學家的胡言

永享安寧，永別了

　　……(特瑞馬丘述說自己的生平)……人生之道，每人各有一套。我的格言是"賤買貴賣"。看看我就是這樣發了財。像我所說，我靠著小心經營，成就目前的產業。當我初從亞洲省來到這

裡，大概只有這個燭台這麼高。事實上那時我每天都和燭台比身高。我臉上長鬍子時，我曾習慣用燈油去抹嘴唇。我深得主人歡心達14年之久，和老板娘相處得也極好。你們懂得我的意思吧。我不提這些，因爲我不是一個好吹牛的人；但是，眾神爲證，我可眞是一家之主，深受主人的信賴。長話短說，我成爲主人剩餘財產的受益人。我的錢財一下子多到夠格成爲元老。不過，錢永遠不嫌多。我發狂一般，投注在事業上。不瞞諸位，我曾造了5條船，裝酒運往羅馬。酒在那時相當於同重的黃金。計劃如此，可是事與願違，這些船全在中途遇難沉沒。這是一點不假的事實：一日之內，大海吞沒了我值30,000,000色斯特銅元的本錢。你以爲我認輸了嗎？可不！這個損失激起我更大的雄心。將損失視爲小事一椿。我又造了些更好更大的船。這回運氣也較好，因此大家都說我是幸運兒。你們知道那句俗話，有大勇氣的人才敢造大船。我再次在船上載滿酒、燻肉、豆子、油、奴隸。在這關鍵時刻，弗圖娜它作了一件大好事。因爲她變賣了她所有的珠寶，甚至衣物，換成100金元交給我。這是我眞正發跡的本錢。老天的眷顧很快來到，生意跑一趟來回即讓我賺了10,000,000色斯特。一口氣我就從他人手中賣下了我這所有的田產。我蓋了房子，賣下所有待出售的牛隻。只要是我插手經營的，就獲利如同蜂巢一般。自我大賺其錢，成爲本鄉首富以後，啊呀，我說賺夠了。回到本鄉，不再經商，開始貸錢給解放奴取息。一個精通神意，年靑的希臘預言家，叫塞拉帕的曾對我作過一些指點，促使我放手於事業。……還有一點他預言的，我還沒說，即我現在壽限還餘30年4個月又2天。……

　　……然後他打開一個油瓶，爲我們每一個人塗油。他邊塗邊說道：「我希望當我死時，一切都像我活著時一樣令我愉快。」接著他要人將酒倒入冰酒器中，說道：「想想看，假設你們已經接到參加我喪禮的邀請。」

　　接下來的一幕，令人噁心至極。醉醺醺的特瑞馬丘又有新的表演，叫吹號角的人到餐廳來。他橫躺在一堆疊起來的枕頭上，說道：「假設我現在死了，請對我說些好聽的話吧！」號角手吹起喪禮進行曲。其中一位負責辦喪禮的奴隸，是眾人中最可敬的一位，吹得極大聲，驚動了四鄰。附近的救火隊甚至以爲特瑞馬丘家裡發生了火警，帶著水和斧頭衝進門來，要來救火。捉住這好時機，我們給阿格孟蒙溜走的機會，我們也假裝好像有火警，快快跑了出去。……

圖 8.12 龐貝城外沿途的墓園

本章參考書：

宗教、哲學、信仰

Tamsyn S. Barton, *Power and Knowledge: Astrology, Physiognomics, and Medicine under the Roman Empire*, University of Michigan Press, 1995.

Peter Brown, *Augustine of Hippo:A Biography*, University of California Press, 1967, 1969.

M. L. Clarke, *The Roman Mind:Studies in the History of Thought from Cicero to Marcus Aurelius*, W. W. Norton & Co., 1968.

M. L. Colish, *The Stoic Tradition from Antiquity to the Early Middle Age*, 2 vols, Leiden, 1985.

F. H. Cramer, *Astrology in Roman Law and Politics*, Philadelphia, 1954.

Franz Cumont, *Oriental Religions in Roman Paganism*, Dover, 1911, 1956.

J. Ferguson, *The Religions of the Roman Empire*, Ithaca, 1970.

D. Fishwick, *The Imperial Cult in the Latin West*, Leiden, 1987.

Martin Henig and A. King eds., *Pagan Gods and Shrines of the Roman Empire*, Oxford, 1986.

K. Hopkins, *Death and Renewal: Sociological Studies in Roman History*, Cambridge, 1983.

S.N.C.Lieu and D.Monserrat eds, *From Constantine to Julian:Pagan and Byzantine Views: A Source Book*, Routledge, 1996

G. Luck, *Arcana Mundi: Magic and the Occult in the Greek and Roman Worlds*, Baltimore, 1985.

R. MacMullen, *Paganism in the Roman Empire*, New Haven, 1981.

Ramsay MacMullen, *Christianizing the Roman Empire*, Yale University Press, 1984.

R. M. Ogilvie, *The Romans and Their Gods in the Age of Augustus*, London, 1969.

H. W. Parke, *Sibyls and Sibylline: Prophecy in Classical Antiquity*, Routledge, 1988.

S. R. F. Price, *Rituals and Power: The Roman Imperial Cult in Asia Minor*, Cambridge University Press, 1984, 1986.

J.Ramsey and A.L.Licht, *The Comet of 44B.C. and Caesar's Funeral Games*, Scholars Press, 1997

F. H. Sandbach, *The Stoics*, Chatto & Windus, 1975.

H. H.Scullard, *Festival and Ceremonies of the Roman Republic*, London, 1981.

A. P. Segar, *Judaism and Christianity in the Roman World*, Cambridge, 1986.

F. Solmsen, *Isis Among the Greeks and Romans*, Mass: Cambridge, 1979.

M. Sordi, *The Christians and the Roman Empire*, London, 1986.

B.S.Spaeth, *The Roman Goddess Ceres*, University of Texas Press,1996

Michael P. Speidel, *The Religion of Iuppiter Dolichenus in the Roman Army*, Leiden: E. J. Brill, 1978.

Michael P. Speidel, *Mithras-Orion: Greek Hero and Roman Army Gods*, Leiden: E. J. Brill, 1980.

C. G. Starr, *Civilization and the Caesars*, Ithaca, 1954.

J. Teixidor, *The Pagan God: Popular Religions in the Greco-Roman Near East*, Princeton, 1977.

D. Ulansey, *The Origins of the Mithraic Mysteries*, Oxford, 1989, 1991.

M. J. Vermaseren, *Cybele and Attis: The Myth and the Cult*, London,

1977.

A. Wardman, *Religion and Statecraft Among the Romans*, Baltimore, 1982.

R. E. Witt, *Isis in the Graeco-Roman World*, Ithaca and London, 1971.

西洋哲學編譯小組，《古希臘羅馬哲學資料選輯》，仰哲出版社，民國70年。

周士良譯，《奧古斯丁：懺悔錄》，商務印書館，1982。

吳應楓譯，《懺悔錄》，光啓出版社，1961台三版。

何懷宏譯，《沉思錄》，中國社會科學出版社，1989。

梁實秋譯，《沉思錄》，協志出版社，1959。

閻國忠，《古希臘羅馬美學》，北京大學出版社，1983。

王鎭國編譯，《希臘羅馬神話集》，文星書店，1960。

Edith Hamilton(愛笛絲‧赫米爾敦)原著，宋碧雲譯，《希臘羅馬神話故事》，志文出版社，1986。

Gustav Schwab(舒維普)原著，《希臘羅馬神話與傳說》，志文出版社，1986。

Margaret Evans Price(普來斯)原著，王軍譯註，《希臘羅馬神話故事》，水牛出版社，1986。

張惠鎭，《希臘羅馬神話》，圖文出版社，1985。

陶潔等選譯，《希臘羅馬神話一百篇》，台灣商務印書館，1989。

文學

S.M.Braund, *The Roman Satirists and Their Masks*, Bristol Classical Press, 1996

D. Clay, *Lucretius and Epicurus*, N. Y. :Ithaca, 1984.

Gian B. Conte, *Latin Literature: A History*, Baltimore: Johns Hopkins University Press, 1987.

E.Fantham, *Roman Literary Culture from Cicero to Apuleius*, Johns Hopkins University Press, 1996

M. Hadas, *A History of Latin Literature*, New York, 1952.

P. W. Harsh, *An Anthology of Roman Drama*, New York, 1962.

Tom B. Jones, *The Silver-Plated Age*, Coronado Press, 1962, 1977.

R.O.A.M.Lyne, *Horace:Behind the Public Poetry*, Yale University Press, 1995

E.McCrorie trans, *The Aeneid:Vergil*, University of Michigan Press, 1995

Rev. W. T. McNiff, *Greek and Roman Writers*, New York, 1962.

Paul A.Miller, *Lyric Texts and Lyric Consciousness*, Routlege, 1994

C.Newlands, *Playing with Time:Ovid and the Fasti*, Cornell University Press, 1995

D.J.Rayor and W.W.Batstone eds, *Latin Lyric and Elegiac Poetry: An Anthology of New Translations*, Garland, 1995

D.R.Slavitt ed., *Seneca; The Tragedies*, Johns Hopkins University Press, 1995

梁實秋譯，《西塞羅文錄》，臺灣商務印書館，民國57年二版。

劉黎亭譯，《阿蒲列烏斯：金驢記》，上海譯文出版社，1988。

羅念生，《古希臘羅馬文學作品選》，北京出版社，1988。

9

羅馬帝國的衰亡

圖 9.1 與蠻族作戰的羅馬士兵，三世紀石刻，1978年8月
25日譯者攝於Museo Nazionale Romano，Rome。

羅馬帝國自三世紀以後，逐漸步入衰途。羅馬史家笛歐(Cassius
Dio)甚至認為自馬可‧奧利留皇帝死後(Marcus Aurelius，死於西元180
年)，羅馬的歷史即自"黃金時代跌入銹鐵的時代"(*Roman History*,
LXXI. xxxvi. 4)。長期以來，羅馬自何時開始式微，如何盛極而
衰，為何步入窮途，一直是學者各持意見，沒有結論的問題。以
下不擬介紹近代學者的意見，僅舉若干三世紀以後的現象及當時

人的觀察,供作進一步思考和討論的起點。近代學者意見請參本章參考書目。

第一節 三世紀以後帝國的困局

9.1:1 禁衛軍拍賣皇位

譯自: Cassius Dio, *Roman History*, LXXIV. xi.2-6;**轉見**RC, II(1990 版),頁373-374。

裴利阿魯斯(Didius Julianus)原本是一個追逐金錢,貪得無厭,又揮霍無度的人。腦中常想著要造反,因此被康摩多斯皇帝(Commodus)逐回他的老家—米蘭。當他聽說裴提納克斯(Pertinax)之死[1],他急忙趕到(羅馬的)禁衛軍營地,站在營門口,向禁衛軍士兵喊價,希望成為羅馬人的統治者。接著所發生的是有損羅馬令名,最無恥的交易。因為羅馬和整個帝國就像市場上的拍賣一樣成為交易之物。拍賣的一方是一批殺害皇帝的人,可能的買主則是裴利阿魯斯和蘇皮奇阿魯斯(Sulpicianus)[2]。他們兩人競相出價,一人在營內,一人在營外。他們的喊價一步步提高到每一士兵賞20,000色斯特銅幣。某些士兵傳話給裴尼阿魯斯說:「蘇皮奇阿魯斯出價這麼多,你可出更高的價嗎?」接著又傳話給蘇皮奇阿魯斯:「裴利阿魯斯答應出價若何,你可多出多少?」蘇皮奇阿魯斯那天原本可能成功,因為當時他在營內,又是羅馬城的城

---

[1] 西元193年。在位僅87天即被禁衛軍所殺。

[2] 他是皇帝裴提納克斯的岳父。

防司令(praefectus urbanae)[3]，更是第一個喊價20,000銅幣的人。可是裴利阿魯斯不再一點一點加價，一口氣加5,000。他不但大聲叫價，更用手指比出數字。禁衛軍的士兵爲這樣大的數字動了心，同時他們也害怕，蘇皮奇阿魯斯可能會因他們殺害裴提納克斯而進行報復(這是裴利阿魯斯提醒他們的)。因此，他們接裴利阿魯斯進入營地，宣佈立他爲皇帝[4]。

9.1:2　軍人弑帝下的無政府狀態

譯自：Aurelius Victor, *Lives of the Emperors*, XXIV-XXVII；轉見
　　　RC, II(1990版)，頁377-379。

　　塞維・亞歷山大皇帝(Severus Alexander，222-235年在位)……雖然僅僅是一個年靑人，可是已有遠超過年齡的能力。他立即奮力準備迎擊波斯王塞奇斯(Xerxes)。將塞奇斯擊敗之後，他又趕往高盧，日耳曼人正企圖入侵該地。他到達高盧，不顧一切即將若干反叛的軍團解散。他的行動，在當時贏得喝彩；可是這也是不久後他被殺的原因。那些士兵對他的嚴厲處置，大感憤怒。他們趁塞維・亞歷山大在不列顛尼克斯(Vicus Britannicus)[5]，身邊護從

---

[3] 禁衛軍負責皇帝個人及皇室人員的安全，城防司令負責羅馬城的一般保衛。

[4] 由於禁衛軍過度囂張，同年打敗敵手稱帝的塞皮提・塞維盧斯(Septimius Severus)進入羅馬後，即將禁衛軍解散，另從邊省軍團中擇人，重組新的禁衛部隊。

[5] 在今德國曼茲(Mainz)附近。塞維・亞歷山大被殺的原因可能不像本文所說，而是因爲萊因河前線的軍隊不滿他企圖以金錢和日耳曼蠻族媾和，也不滿意他作爲一個軍人的表現。

不多時，將他殺害……塞維‧亞歷山大在位雖僅13年，他卻使帝國在各方面都大爲增強。從羅姆盧斯(Romulus)到塞皮提‧塞維盧斯(Septimius Severus，193-217年在位)，帝國蒸蒸日上。可是由於卡拉卡拉皇帝(Caracalla，198-217年在位)的治國不力，卻在顛峰停滯。塞維‧亞歷山大的努力使帝國不致迅速衰敗。自他以後的皇帝，注意於以鐵腕壓制自己的子民，更甚於威服外族。他們窮於內鬥，使帝國直線下衰。此後，好人或壞人，貴族或出身低賤的人，甚至有很多蠻人[6]，都一無分別地成了皇帝……。

圖 9.2　卡拉卡拉皇帝石像

　　在一、兩個月不穩的統治後，弗羅銳安(Florian)[7]爲其在塔索斯(Tarsus)附近的軍隊所殺。軍隊又接受蒲盧布斯(Probus，276-282年在位)爲帝。他是在伊利銳亞(Illyria)被擁立爲帝的[8]。蒲盧布斯是一位極長於軍事的人，對帶領軍隊和強化年靑人的各種方

---

[6]　此處有些誇張，因爲三世紀時的皇帝主要來自各省(如非洲、敘利亞、伊利銳亞、塞雷斯、潘農尼亞、阿拉伯省)，尚非蠻族。

[7]　這時有許多各地軍隊擁立的皇帝，但未獲元老院同意，弗羅銳安即爲其一。

[8]　蒲魯布斯事實上是由東方的軍團於276年擁立爲帝。他當時是敘利亞和埃及的總督。

法，他幾乎像是另一位漢尼拔。事實上，當我們的皇帝相繼因他們的罪行被殺，蒲盧布斯在平服入侵的蠻族，殺了東方的沙屯尼魯斯(Saturninus)和消滅了科隆(Cologne)的伯諾索斯(Bonosus)及其軍隊(這兩人都企圖利用所領的軍隊奪取皇位)以後，因害怕軍隊閑來無事，違害國家和統治者，就像漢尼拔當年曾要軍隊在非洲一些地方種橄欖樹一樣，在高盧、潘農尼亞、摩伊西亞的山上種滿了葡萄[9]。因爲如此，據說他曾說：「到帝國的領土都恢復並平靜以後，不久就不再須要士兵了」。軍隊爲此深感不安。在蒲羅布斯統治的第6年，當他強令士兵在他家鄉塞米姆(Sirmium)附近開渠，疏散多雨造成的沼澤積水，遭受士兵殺害。從此，軍隊再佔優勢，而一直到今天還存在的[10]元老院，則被剝奪了選擇皇帝的權力。我不能確定這是由於元老院同意放棄職守，還是因爲害怕或不喜歡衝突所造成的。可以確定的是……如果塔奇土斯(Tacitus，275-6年在位)能以溫和的方式帶領軍團，軍紀得以重建，則弗羅銳安不致如此大膽地奪取皇權；如果像(元老)階級這樣崇高和重要的份子能夠服役軍旅[11]，則皇權就不會任由士兵決定，讓什麼人(當然也有好人)都可以當皇帝。可是由於他們耽於逸樂，擔心自己的財富和快樂不能永恒長存，反而造成軍隊甚至蠻族，成爲他們和後世子孫的主宰。

---

[9] 他也曾利用軍隊在埃及清理河渠。有關軍隊日常非戰鬥性任務請參第7章第1節。

[10] 這是指作家成書的年代，西元360年。

[11] 在作者的時代，上層社會的人力求逃避軍役，與帝國早期以服役軍旅爲榮，情形完全不同。因此帝國後期才有軍人之子，強迫繼續服役，近乎世襲的現象出現。

9.1:3　日耳曼蠻族的入侵

譯自：Cassius Dio, *Roman History*, LXXVII. xiv；**轉見**RC, II(1990
版)，頁391。

　　卡拉卡拉皇帝也與日耳曼部落塞尼安人(Cennians)交戰。據
說，這些蠻族戰士攻打羅馬人時極其勇猛。他們身中歐斯隆人
(Osroenians)[12]的箭矛，爲了不妨礙雙手繼續戰鬥，竟以牙齒生生將
箭矛從肉中拔出。但是他們爲了獲得大筆的金錢，願意表面上接

受失敗，讓卡拉
卡拉逃回日耳曼
的行省。有些塞
尼安的女人被羅
馬人俘虜，卡拉
卡拉問她們願意
被售爲奴或被殺
死，她們選擇後
者。當要出售她
們時，她們竟都
自殺，有些還將
自己的孩子殺死。

圖　9.3　十二軍團所造的磚質排水溝，其上有LEG(io)XII
P(rimigenia) P(ia) F(idelis)的軍團名稱，1978年7月28
日，譯者攝於Mittelrheinisches Landesmuseum，Mainz。

---

[12]　這是在兩河流域西北，羅馬行省奧斯隆(Osroene)的一種民族。

9.1:4　蠻族進入羅馬帝國和軍隊

譯自： *Historia Augusta, Life of Probus,* XIV.7, xviii. 1-2；**轉見** *RC,* II(1990版)，頁392。

　　蒲盧布斯皇帝將招來的16,000(日耳曼)兵，分散到不同的行省，每五、六十人一組，編入邊防部隊的各單位。因為，他認為這些羅馬軍隊從蠻族得來的補充人員，只應被感覺到而不應被看出來……自與波斯人議和以後，他回到塞雷斯(Thrace)，在那兒他安置了100,000的巴斯塔尼人(Bastarnians)。他們對羅馬恭順不違。可是同樣地，他所安置的其他部落——格皮笛人(Gepedians)、格倫從人(Greuthungians)和汪達耳人(Vandals)，卻背叛誓言，與羅馬為敵。因此，當蒲盧布斯忙於和僭稱帝號者作戰時，這些蠻族或步行或乘船，流竄於帝國的各個角落，造成對羅馬光榮不小的損害。

9.1:5　內戰對城市和鄉村的破壞

譯自： Herodian, *History,* VIII. ii. 3-iv.8；**轉見** *RC,* II(1990版)，頁394-395。

　　阿葵列亞(Aquileia)[13]在過去原本是一個極大的城市，有極多的人口。它處在海隅，像是義大利的貿易城，面對所有伊利銳亞的民族。商人自內陸各地獲得的產品，經由陸路或河流，運來此地交易；而內陸因天寒不生產的物品，也在此地轉運，供應內陸居

---

[13] 在義大利東北，阿德里亞海邊的一海港大城。是義大利北部橄欖油和酒最大的產地，也是與北方多瑙河區域各省最大的貿易中心之一。

民的需要。此外，內陸不種植葡萄，而阿葵列亞卻生產特別多的酒，爲內陸居民供應了豐富的飲料。因而阿葵來亞人口眾多，除了市民，還有很多外地人和商人。

可是，現在(西元238年)由於鄉下人口大量湧入，人口更爲膨脹。鄰近城鎮和鄉間的人爲了安全，紛紛離家，躲入大城，希冀受到城牆的保護。阿葵來亞原有的城牆大部分早已破壞。因爲自從羅馬人統治了義大利，不再須要城牆或武器。他們在戰爭之後，享受到羅馬的公民身份和長期的和平。可是現在因需要，迫使他們又將廢牆恢復，建起碉樓和防禦工事…。

圖 9.4 三世紀中期以後，羅馬城增修的城牆，圖中所見一段長12哩，每100呎即有一方形碉樓，以應付可能的外敵。

(馬克西米魯斯)[14]的軍隊來到阿葵列亞，發現城外的屋舍皆已人去樓空。他們砍倒所有的葡萄和樹木，放火燒去部分，將一度繁榮的鄉間化爲屠場……徹底將一切摧毀以後，他們又開始攻打城牆……他們奮力而爲，最少要破壞一部分，以便進城洗劫。結果阿葵列亞城和土地都成了廢墟。

---

[14] Maximinus，西元235-238年在位的羅馬皇帝。

9.1:6　城市公職成爲強迫義務

譯自：Justinian, *Digest*, L.ii.1, 2.8, iv.1.2, iv.3.15-16；**轉見**RC, II (1990版)，頁404-405。

　　行省總督須注意，凡是離開所屬城鎭地區而移往他處的議員(decurio)，要將他們悉數召回原地，擔任各種適合的公職……。

　　根據皇帝詔令，凡是超過55歲，禁止強迫他們擔任議員。不過，雖然凡超過70歲者可免於義務性城鎭公職；如果他們同意，可讓他們擔任……。

　　個人性的城鎭職務有下列各種：爲城鎭代表(即公設律師)、擔任戶口或財產調查、秘書性事務、駱駝運輸、糧食等之供應、城鎭公地管理、糧食採購、用水供應、馬戲之賽馬、修舖道路、糧食儲存、公共浴室之燒水取暖、分配糧食，以及其它類似工作。從以上所列，其它工作可依各城鎭的法律和長期慣例而類推…。

　　行省總督須注意，分配城鎭之義務公職，應依長期以來所建立的公職等級，以及年齡和階級，公平地輪流擔任。這樣城市的人和資源才不會因不斷加重擔於同一人而受害。如果有兩子在其親權(parents potestas)[15]之下，父親可免於同時擔任公職……。

15　依據羅馬法律，在親權或家父權之下者，不限親生子，也可以是養子。羅馬家戶的人口不論兒、女、妻、奴皆在父權所有之下。

9.1:7　日益沉重的經濟負擔

譯自：Cassius Dio, *Roman History*, LXXVII, ix-x；**轉見**RC, II(1990
　　版)，頁381。

　　卡拉卡拉皇帝對士兵十分慷慨。他藉口不同的理由和不斷的
戰爭，維持大量的軍隊。同時他對所有其它的人，甚至元老都極
力搜括、剝削和打壓。他除了經常須索金冠(我所說的不是真正打
製的金冠，而是以此為名，習慣上各城為皇帝"加冠"的大量金
錢)，還常藉口征服敵人，向我們須索各式各種大量的軍需。有時
不付代價，有時更增我們額外的負擔。這些軍需他不是用來送給
士兵，就是出售圖利。此外，他還向各城，各地的富人索求禮
物。在稅收上，除了他宣佈的新稅和由5%增為10%的釋奴稅和遺
產稅，他也廢除了過去近親繼承的繼承權和免稅權。為此，他甚
至宣佈帝國所有人民皆為公民。表面上他是給予人民公民的榮
譽，真正的目的卻是為增加財政收入[16]。因為這些稅，非羅馬公民
不必負擔。除了這些重負，我們還被迫自己花錢，為他自羅馬出
巡時(即使是短途)，在沿途建造昂貴的房舍。這些房舍他不但從未
進住，甚至從不曾見一眼。他擬在某處過冬或停留，我們要為他
建劇院和競技場，對這些我們得不到任何回報……。

　　事實上，卡拉卡拉常說：「這個世界上，除我以外，別人不
須有錢。這樣我可以獎賞我的士兵」。有一次，他的(母親)裘利亞
(Julia Domna)責備他花費過度，並說：「這樣下去，不論來路正不

---

[16] 關於卡拉卡拉擴大公民權，其它資料請參本書5.3:3。

正，我們將毫無所餘。」卡拉卡拉亮出他的劍，回答說：「母親，開心一點，只要我們有這個，不會缺少錢用」。

第二節　非基督教史家看羅馬的衰落

9.2:1　馬奇尼魯斯的看法──傳統道德的淪喪

譯自：*Ammianus Marcellinus*, XIV.6.3-26。

圖 9.5 一頂羅馬士兵的銅質頭盔，1978年7月28日，譯者攝於Mittelrheinisches Landesmuseum，Mainz。

當羅馬初興，成就光耀世界的地位。它似乎註定將與世長存，臻於極盛的頂點。常相背違的"德操"(Virtus)與"命運"(Fortuna)女神，竟爲永恆的和平而結盟。因爲如果任何一神拒盟，羅馬都不可能完成霸業。羅馬從初生到童年期結束，約經300年，爲羅馬城的生存而戰；接著邁向成年期，歷經奮戰，越海洋，跨阿爾卑斯山(Alps)。及乎青壯之年，他們從世界每一個角落，贏得勝利的桂冠。現在，羅馬衰而步入老年。勝利常因虛名而致，生命進入較爲靜息的階段。如此，年高德劭的羅馬，在蠻邦俯首，法律──自由永恆的基礎和憑藉──建立以後，像富於智慧與財富的雙親,將產業交託帝國的領袖掌理,如同交託給自己的兒女一樣。雖然羅馬的區部[17]不再活躍,公民大會無所視事[18],更無競選,回到魯馬(Numa)時代的平靜[19],可是全世界無不尊羅馬為世界的主人與皇后。元老的白髮與權威,羅馬人民的威名,在各地無不受到崇敬與榮耀。

但是,這一群體的偉大和光榮,卻因一小撮粗俗無聊的人而受損傷。他們不顧自己的出身,像是得到犯罪的許可證,沈淪於罪惡與放縱之中……有些熱烈追求建立自己的雕像,似乎以為如此可使自己不朽,似乎從一無生命的銅像,可以比從榮譽的德行得到更大的報償。……其他的人,則以異常高華的車馬,窮極奢侈的衣裝為傲。他們在領口束緊的層層衣袍之下淌著汗。因為衣物質料極薄,隨風飄蕩。他們舉手投足,搔首弄姿,尤其是舉起他們的左手[20],以便炫耀繡滿各式獸紋,五光十色的短袍與緣飾。還有一些人,則極力吹噓自己的財富……他們顯然不明白,使羅馬如此偉大的先人,贏得光榮,不是靠財富,而是憑艱苦的戰鬥。他們也不知道,祖先們在財富上,在生活上,在衣裝的簡樸上,與一行伍士兵無異。他們是依憑勇敢克服種種艱難困苦。…

隨著世風流轉,一些過去兢兢業業,勤奮於正業的家族,現在,耽於逸樂嬉戲,撥絲弄絃,笙歌應和。約而言之,歌手取代了哲學家的地位,編戲的師傅取代了演說家,而圖書館塵封死寂

---

[17] 羅馬原由若干區部(tribus)組成。

[18] 公民大會comitia centuriata自奧古斯都時代以後,已成沒有實權的點綴。

[19] 魯瑪是羅馬傳說中王政時期的第二位國王。

[20] 這可能是指展示他們所佩戴的戒子。

有如墳墓。……隨目光所及，四處可見成堆梳著捲髮的婦人。這
些婦人，在年齡上，如果已婚，都已是三個孩子的母親。她們在地板
上[21]旋舞如飛，直到雙腿累極而止。這些不過是無數舞台表演的一
點代表而已。

生活貧苦低下的大眾，有些整夜消磨在酒館之中，有些藏躲在
劇院的篷幕之下，……有些則在賭桌邊爭吵不休，鼻息中發出令人
可厭的聲音。在所有的娛樂中，最受歡迎的就是賽車。無論晴天下
雨，日出日落，他們張口佇立，細細注目著賽車者與賽馬的優劣。
最可觀的是，成千上萬的民眾，心中都焦急於車賽的結果如何分
曉。諸如此類的事，使羅馬無法去作任何正經或值得紀念的事。…

9.2:2　若西穆斯的觀察——絕棄傳統諸神，導致衰亡

譯自：Zosimus, *Historia Nova*, James J.Buchanan & Harold T.Davis英
譯本(Trinity University Press, 1967)。

I.1.邁格市的波利比烏斯曾將他自己時代中值得紀念的大事記
載下來。他相信以事實的本身當作證據，可以清礎證明羅馬人建
邦以後，和鄰邦爭戰達600年(1)之久，都還不曾成為大國。後來控
制一部分意大利，但坎南一役敗於漢尼拔，漢尼拔的大軍進入意
大利，逼至羅馬城下，羅馬人因而失去原來意大利的地盤。此
後，不到53年，羅馬人卻時來運轉，不但控制意大利和整個非
洲，在西方還征服了西班牙人。他們的征服不止於此，他們跨越
愛奧尼亞海灣，征服希臘人，摧毀馬其頓人的王國，活捉其王

---

[21] 這是指在巨室鑲嵌的地板上跳舞。

(2)，解送羅馬城。現在已沒有人以為，以上這樣的事是因為人的能力，而寧可相信此乃命運之必然，或者是天象之流轉，或出於神的旨意。神的旨意總附從著人們正確的作為。因為以上這些決定著未來的種種因果，它們好似深植人心，使人們正確地了解到神的眷顧決定了他們的作為，因此在生產旺盛的時期，人的精神旺盛；可是生產力一旦衰竭，人的精神也就衰落到我們目前所見的局面。我所說的這些當然須要用事實來證明。

圖 9.6 戴克里先與其他三位“皇帝”的石雕像。

I.57.正如同波利比烏斯描述羅馬人如何在短期之內稱霸世界，我則要一述羅馬人在並不長的時間內，又如何失去天下。

I.58.確乎如此，神對羅馬的眷顧是以羅馬人是否對神敬服，尊行儀典為轉移。但是當我將述說到羅馬帝國逐漸野蠻化，帝國的疆域逐漸萎縮(也逐漸無力)時，當然我將說明它之所以如此的理由；因此，我也將盡我所能，指出神諭對未來所曾作的預示。

II.7.現在，事實已經證明，只要完全依照神諭所指示和實際所應作的去作，羅馬人就能保住他們的帝國，也能繼續控制幾乎所有的文明世界；但是，大約到戴克里先退位時，(羅馬傳統的)敬神祭典遭到忽視，帝國逐漸衰落，帝國的大部分地區也在不知不覺中逐漸野蠻化。容我依照事情發生的順序，證明以上所說的真實性。

IV.36.(在記述格拉提阿魯斯[Gratianus]死，馬克西穆Maximus稱帝之後)，一件並非不相干的事值得一記。在羅馬的宗教儀式中，居領導地位的是大祭司(Pontifices)。這個名稱如譯成希臘文則是Gephyraioi……羅馬人從希臘人處借用了這個名稱，用來稱呼他們之中最初擔任祭司的人。他們規定國王也是祭司之一，象徵國王崇高的地位。魯瑪‧龐皮留斯(Numa Pompilius)是第一位任大祭司的國王；其後所有的國王，一直到後來的烏大維，以及所有繼位爲"第一公民"的皇帝，都享有這個頭銜。當他們成爲最崇高的大祭司時，他們從祭司手中接下大祭司的衣袍，以及封給他們的"大祭司"(Pontifex Maximus)的稱號。到目前爲止，過去所有的皇帝都很高興地接受這個榮譽，並享有這個頭銜。即使是康士坦丁(雖然他在宗教上背離正途，改奉基督教)，以及繼他稱帝的如華倫庭尼安和華倫斯，都是如此。但是，當祭司們依照傳統，將大祭司的衣袍頒給格拉提阿魯斯，他卻以基督徒的規矩爲由，拒絕接受。當衣袍被退還給祭司們，據說祭司中最有地位的一位曾說：「如果皇帝不願被稱爲祭司，不久就會有一位大祭司出現(按：大祭司的「大」maximus，也就是接著稱帝者的名字)」。

IV.37-38.……塞奧多西(Theodosius)接受馬克西穆稱帝，並宣布馬克西穆可和自己共同享有帝號和皇帝的儀飾。塞奧多西暗中雖作著進攻馬克西穆的打算，表面卻極盡阿諛欺哄之能事。他爲了欺哄，甚至差遣他的禁衛軍統領(praetorian prefect)塞尼竭斯(Cynegius)到埃及，明白宣示禁止所有對諸神的崇拜，查封神廟，並在亞歷山卓人的面前，公開樹立馬克西穆的塑像，宣佈馬克西穆已經成爲共同的統治者。塞尼竭斯同時受令，關閉所有東方，埃及以及亞歷山卓的神廟，禁止舉行一切受到傳統尊重的祭典和

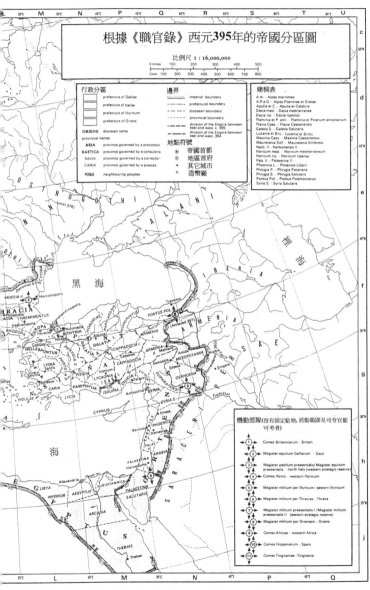

圖 9.7 西元四世紀的羅馬帝國

古老的儀式。其結果如何，羅馬帝國遭逢如何的命運，以下我將
一一敘述。

　　IV.59.塞奧多西成功地(擊敗
僭號稱帝者之後)，向羅馬出發，
並宣佈其子何諾留斯(Honorius)為
皇帝。他同時任命史提利科(Stilico)
為羅馬的軍團統帥，留在羅馬擔
任其子的監護人。接著塞奧多西
召見羅馬的元老。這些元老堅持
擁護他們傳統的宗敎信仰和儀
式，而不為背棄諸神者所動。塞
奧多西向他們演講，希望他們認
識自己的"錯誤"(他所謂的)，並
接受基督的信仰，因為基督允諾
寬赦他們一切的罪和不敬。可

圖 9.8 康士坦丁雕像

是，他的演講沒有能說服任何一位元老，去放棄自建邦以來即世
世尊行的儀典，而去接受一個荒謬的信仰(因為他們說：他們尊奉
前者，得在羅馬城享受太平幾達1,200年；如果改變去崇奉其它的
信仰，結果則不可知。)塞奧多西接著表示，傳統儀式和祭典成為
財政重擔，因此他希望中止這些他不能認可的儀典。更何況軍事
上的經費需求日益增加。元老則表示只有依賴公費，這些儀典才
能如儀舉行。儘管如此，(塞奧多西還是)頒法禁止這些祭典和儀
示，其它一些自古相傳的活動也棄而不行。羅馬帝國從而逐漸示
微，並成為野蠻人充斥的國度……。

第三節　基督教作家看羅馬的衰亡

9.3:1　聖‧奧古斯丁論羅馬城的陷落

譯自：St. Augustine, *The City of God*, translated by Henry Bettenson，
Penguin Books, 1972, BK.I. **另參** Marcus Dods **譯本**，Hafner
Publishing Co., 1948。

I.(序)本書宗旨

親愛的馬奇尼魯斯(Marcellinus)[22]，這本書是我對你承諾的答
覆。我在這本書裡，肩負的工作是維護"上帝之城"的榮耀，並駁
斥那些仍敬拜諸神，不接受上帝之城的肇建者的那些人。我寫這
本書，一方面是將它當作在不信神的今世裡，一個陌生人"因信得
生"[23]的見證；一方面也將它當作上帝之城永恆地位的護衛和保
證。上帝之城正堅忍地等待著這樣的保證，直到"審判轉向公
義"[24]。它終將成就，因為它在本質上超越它的敵人。當最後的勝
利到來，和平終得建立。這一工作漫長而又艱鉅，但有神"幫助
我"[25]。

---

[22] 他是聖‧奧古斯丁的學生。他極力企圖説服非洲省的總督歸依基督
　　教。這位總督有意歸依，但也提出對基督教的責難，其中一點是基督
　　教導致羅馬帝國的衰敗。馬奇尼魯斯因此寫信給聖‧奧古斯丁求助。
　　這也使得聖‧奧古斯丁終於寫下"上帝之城"作爲答覆。當時人對基督徒
　　的責難，可參上節若西穆斯的看法。

[23] 哈巴谷書,2.4；羅馬書,1.17(以下聖經中譯以聖經公會，新舊約全書本
　　爲準，香港，1971)。

[24] 詩篇，94.15。

[25] 詩篇，118.6。

……我們所說的上帝之城的王和肇
建者，在給他子民的經典中，曾明白有
這樣神聖的律法：「神阻擋驕傲的人，
賜恩給謙卑的人」[26]。這是神的特權。
但世人高漲的傲慢驕虛，竟然聲稱這是
他們的律法。他們在自己的詩歌中傳頌
著這樣的句子：「赦免那些順服的，打
倒那些傲慢抵擋的」[27]。

　　因此，我不能不談談這個世界的城[28]。
今世的城以宰制為目的。它使得世上的
國家化為奴隸，而它自己也恰為宰制的
慾念所宰制。在本書許可的範圍內，我
必須先談談這個城。

圖 9.9 年青牧人狀的耶穌像，
　　　1978年8月30日，譯者
　　　攝於凡蒂岡博物館。

　　I.1.羅馬陷落時，蠻族因敬畏基督，
赦免了基督的敵人今世的羅馬城中，興起許多與上帝之城所要保
衛的，相敵對的人。雖然已有許多悔改不信神的錯誤，成為上帝
之城的子民，可是仍有不少心中充滿恨意，對救世主的恩典不知
感恩的人。基督的恩典十分明白：那些反對基督的人，假如當時
他們從蠻族刀下逃亡時，沒有在基督的聖殿裡找到庇護[29]，他們今

---

[26] 雅各書，4.6。

[27] Vergilius, Aeneid, 6.853。這是指羅馬人在征服的過程中，對被征服者的
態度。用中國的俗話說就是"順我者生，逆我者亡"。

[28] 指羅馬。奧古斯丁以羅馬城與上帝之城相對。

[29] 這是指西元410年，蠻族阿拉瑞克(Alaric)攻陷羅馬時，對託庇在基督教教堂
裡的人不加殺害。這事記載見Orosius, 7.39; Jerome, Epistulae, 27.13。

天將不可能再發一言。他們相互慶幸死裡逃生。為了基督，蠻族放過他們。現在這些羅馬人卻攻擊基督的名。殉道者和使徒的聖殿可以為證。當羅馬陷落，它們不但成為基督徒，也是非基督徒的庇護所。蠻族血腥屠殺，但他們的瘋狂在聖殿受到節制……。

這些逃過一劫的人現在卻抱怨基督，認為基督應為羅馬城的災難負責。可是他們卻不承認因基督之故，他們才得到逃生的恩典。他們將自己的獲救，歸於自己的好運。如果這樣，他們還有任何判斷力的話，也應將自己遭遇的不幸，歸於敵人，而不應歸於神。在神的國度裡，神常用戰爭懲戒和改正世人墮落的道德，也用戰爭的苦痛，教導世人過公義和高貴的生活，使改過向善的漸入佳境，否則留在塵世，續受役使。

II.2.卷一宗旨摘述

卷一我從上帝之城開始。上帝之城是全書的主題。蒙神之佑，我能著手寫作此書。本書的第一個責任，就是回答那些認為基督教應為現在全世界面臨的戰爭，尤其是最近羅馬為蠻族攻陷之事負責的人[30]。他們將羅馬的陷落歸咎於基督教禁止向魔鬼獻上可憎的祭物[31]。其實，他們應感謝基督，因祂之故，戰爭才沒有循舊規，毀滅一切。蠻族使不少逃難者得託庇於基督的聖壇。他們對基督的侍奉者表示敬畏(不論是出於真心或害怕)，因此他們才沒有不顧一切，施展戰爭的傳統權利……。

我現在要對心存傲慢，惡意攻擊基督的人說幾句話，尤其是對那些指責婦女貞節遭受羞辱蹂躪的人。他們是世上最無恥和可笑的。因為羅馬人曾在歷史上迭建功業，備受讚譽，而他們的子孫卻是十足地墮落。事實上，他們已成他們祖先光榮的大敵。羅

---

[30] 奧古斯丁約寫於城陷4年之後。

[31] 這是指基督教禁止祭拜羅馬傳統諸神。

馬由先祖創建，辛勤經營，而趨於壯大。可是他們的子孫，卻使
得羅馬在未陷落前，比陷落後更為醜惡。在羅馬的殘墟之中，我
們看見滿地坍塌的石、木；可是在羅馬人的生活中，我們看見的
不是物質的坍塌，而是道德和精神尊嚴的淪喪。他們心中燃燒的
奢慾，比焚毀他們家園的大火更為致命可怕。

V.12.古代羅馬人從眞神獲得道德品質和擴大的帝國，雖然他
們並不敬拜眞神

現在讓我們看看，眞神以什麼樣的道德品質和為什麼要幫助羅
馬人擴大他們的帝國。事實上，世上的王國全在眞神的權柄之下。

為了將這個問題談得更澈底，在前卷中我已說明，羅馬人相
信他們是得到他們以各種犧牲祭拜的諸神的護佑一事，是完全錯
誤的。本卷至此，我也已指出，歸於"命運"的說法也應放棄……
根據歷史家的指證，最早的羅馬人和其它民族(希伯萊人例外)一
樣，敬拜假神。他們不向眞神，而向魔鬼獻上祭禮。他們"渴望讚
美，出手大方，追求高名大利"[32]。他們全心追求光榮。他們為光
榮而生，不惜為此而死……渴望讚美和追求光榮激起羅馬人的野
心。在早期，因為愛自由而成就非凡，後來卻是出於對讚美、光
榮的渴望。羅馬偉大的詩人可為他們的動機作證：

波西納(Porsenna)下令恢復被放逐的塔昆紐斯

他向羅馬人施加無比的壓力

艾尼阿斯勇敢的兒子們被迫用武

保衛自由[33]

---

[32] 引自Sallust, *Bellum Catilinae*, 7.6。關於此書，參本書第4章第2節。

[33] Vergilius, Aeneid, 8.646。波西納是伊特拉士坎人的國王。他因羅馬人驅
逐塔昆，向羅馬宣戰。

對這時的羅馬人而言，或勇敢戰死沙場，或生活於自由之中乃爲首要之事。可是贏得自由以後，自由不再令他們滿足。他們爲追求光榮的熱望所綑綁。他們期望爲世之主，控制一切。同一位詩人，藉邱比特之口，說出羅馬人的心聲：讓不留情的裘諾(Juno)爲大地和海天之間充滿畏懼在我的同意下，穿袍的民族，大地的主人可使裘諾回心轉意這是我的心願：願世世代代艾尼阿斯的子孫將裴西亞(Phthia)、著名的邁錫乃(Mycenae)當然還有阿苟斯(Argos)，全置於奴隸的枷鎖下。這一天將會到來，凡被征服的都將感受羅馬主人的威權[34]……我徵引這些詩句，是要說明自贏得自由以後，羅馬人將征服控制世界視爲最大的光榮。因此，這位詩人讚揚羅馬人統治、控制、征服其它國家的藝術，遠在其它民族之上……當羅馬人越嫻熟於這樣的藝術，越因壓榨不幸的被征服者，揮霍於低賤的戲子，貪求財富的奢心(這是道德的敗壞者)，放縱自己於逸樂，使身心俱趨軟弱。

　　沙路斯提烏斯和魏吉耳寫作他們的詩文時，羅馬道德的腐敗已極爲普遍。這時人們追求權位和光榮，已不是利用魏吉耳所說的"藝術"，而是依賴詐術和欺騙……。

　　V.13.愛被讚美雖是罪惡，但因它可防止更大的罪惡，也算美德

　　當神決定稍後興起一西方的帝國時[35]，東方的王國[36]飲譽已久。不過，神要讓西方的帝國享有更大的領土和偉大。神爲了抑止許多國家可悲的罪惡，信任羅馬而非任何其他民族，去爲他們的國家成就

---

[34] 同上，8.279-285。

[35] 指羅馬帝國。

[36] 指亞述人和波斯人的王國等，參其作BK.V.21。

光榮和讚美……追求人間的光榮和讚美，至少是件好事。因為這雖然不會使他們成為聖者(saint)，但可使他們成為較不可鄙的人。

V.15.神賜羅馬人高貴的品德作為俗世的報償

……如果神不給他們遠超其它民族，世間帝國的光榮，則他們也不會因美德(virtues)的高貴品質而獲得這樣的報償。因為美德，他們才能成就光榮……。

V.21.真神決定羅馬帝國的命運，是所有權柄的來源，世界也因祂的恩典而得治理

建立王國和帝國的權力，我們必須完全歸於真神。只有祂能賜予天國裡的善人以快樂，也只有祂能依祂的好惡，賜予世上王國裡的好人與壞人以快樂。不論神如何決定，都必是公正的…這位唯一的真神從不會置人類於祂的審判或幫助之外。當祂願意，祂就會依祂願意的方式，給予羅馬人統治的權柄，就如同祂給予亞速人和波斯人
以政權一樣。

圖　9.10　耶穌、保羅和彼得之鑲嵌，1978年8月30日譯者攝於
　　　　　凡蒂岡博物館。

本章參考書：

G. W. Bowersock, J.Clive and S.R.Graubard eds., *Edward Gibbon and the Decline and Fall of the Roman Empire*, Harvard Universuty Press, 1976, 1977.

Arther Ferrill, *The Fall of the Roman Empire: The Military Explanation*, Thames and Hudson, 1986, 1988.

Edward Gibbon, *The Decline and Fall of the Roman Empire*, abridged by D.M.Low, Harcourt, Brace and Co., 1960.

Michael Grant, *The Fall of the Roman Empire -A Reappraisal* The Annenberg School Press, 1976.

Richard M. Haywood, *The Myth of Rome's Fall*, Thomas Y. Crowell Co., 1958.

D. Kagan, *Problems in Ancient History*, vol.II, MacMillan Publishing Co., 1975, Section XIII, *The Late Empire-- Decline or Transformation?* pp. 419-453.

Solomon Katz, *The Decline of Rome and the Rise of Mediaeval Europe*, Cornell University Press, 1955, 1963.

Ramsay MacMullen, *Corruption and the Decline of Rome*, Yale University Press, 1988.

Jaroslav Pelikan, *The Excellent Empire: The Fall of Rome and the Triumph of the Church*, Harper & Row, 1987.

Alden M. Rollins ed., *The Fall of Rome: A Reference Guide,* McFarland & Co., 1983.；這是一本二十世紀以來有關羅馬衰亡英文著作的摘要簡介，共收書及論文260件。

M. I. Rostovtzeff, *The Social and Economic History of the RomanEmpire*, Oxford, 1926, 2nd ed., 1957.

C. G. Starr, *Rise and Fall of the Ancient World*, Rand McNally Co., 1951, 1960.

E. A. Thompson, *Romans and Barbarians: the Decline of the Western Empire*, Madison: University of Wisconsin Press, 1982.

B. Tierney, D.Kagan & L.P. Williams eds., *The Roman Empire-Why Did It Fall?* Random House, 1967.

Joseph Vogt, *The Decline of Rome*, The New American Library, 1965, 1967.

David Womersley, *The Transformation of the Decline and Fall ofthe Roman Empire*, Cambridge University Press, 1988.

邢義田，〈羅斯托夫茲夫與《羅馬帝國社會經濟史》——附《羅馬帝國社會經濟史》第一版序言譯文〉，收入《西洋古代史參考資料》(一)，頁157-181。

王文彝譯著，《羅馬興亡史》，中華書局，1966。

E. Gibbon原著，梅寅生譯，《羅馬帝國衰亡史》，楓城出版社，

E. Gibbon原著，李學忠譯，《羅馬帝國衰亡史》，張天然出版社，1982。

游禮毅等譯，《圖說世界歷史》第二冊"希臘羅馬的盛衰"，光復書局，1981。

附錄：世界史問題

1、世界史的一個新結構——麥克尼爾25年後的反思——(William H. McNeill原著)

譯自：*Journal of World History*, vol.1, no.1, 1990, p.1-21。原題：The Rise of the West: after Twenty-Five Years.

歷史家從自己變動不居的時代觀察歷史，歷史的形象必也隨之變化不已。任何人有幸在長久之後，重讀自己早年的作品，一定可以察覺，隨著時間，在歷史認識上那些必然改變的痕跡和印記。這句老話，人盡皆知。它使我感受深刻的是在一次討論會上。1988年，我在威廉斯學院(Williams College)任客座教授。有一次舉行討論會，以我的書《西方的興起》(*The Rise of the West*)為主題。25年以來，我在那兒第一次重讀了自己的作品。邪種老友重逢的經驗——和心情負荷[1]——令人慚愧，也令人欣慰。

---

[1] 當我寫《西方的興起》一書時，有一次步行回家，經過一株榆樹，榆樹的一支主幹因風雨折斷，折斷處有無數慢慢新生出癒傷的凸痕。我曾奇想：不知我的書和榆樹的恢復，誰先完成。結果事實上，在我交出書稿給出版社以前一年，榆樹即因一種荷蘭榆樹病，在傷尚未癒合之前枯死。因此，我失掉了帶著完成的著作，從復原的榆樹下，經過的機會。

　　我的書於1963年出版，一夕之間洛陽紙貴。崔弗羅泊(Hugh Trevor-Roper)在〈紐約時報書評〉上對它的讚譽和耶誕節期的來臨，使它很快進入了暢銷書排行榜。從此不斷再版。廉價的平裝本初版(一本厚828頁，只售1元2角5！)在一年之內售罄，而普通本的銷售至今累積已逾75,000冊。

　　現在回顧起來，《西方的興起》似乎應該當然是美國戰後帝國主義心態的一種表現。它的範圍和觀念表現出一種思想帝國主義(intellectual imperialism)的形式。因為它將全世界視為一體，而又試圖以1930年代美國人類學家發展出來的文化傳播論為基礎，去了解世界的歷史。此外，尤其是因為《西方的興起》的一個基本假定－認為促成歷史有意義的社會變遷的首要因素，乃在與擁有新奇技術的外來者接觸。這種假定的一個自然結果是，高等技術(例如各文明)的中心總試圖使其鄰近的人民受到新奇的吸引而陷於不安。那些在技術上較落後的鄰近民族被迫採用新技術，以便使自己也能分享由此而有的財富、權力、真理和華貴。然而這樣卻會陷入一方面想要模仿採借，另一方面卻又希望保持某些固有習慣和制度的痛苦。這些固有習慣和制度使意欲借取文明的人，可以將文明生活裡那些相隨而來的腐敗和糟粕隔離開來。

　　與外來者接觸是社會變遷的主要動力。這一預設的另一個必然結論是──世界史家關切的重點，應該是在同時期各文明間的接觸。因為這樣的接觸，可望改變各文明所有高等技術的組合和表現，並從而影響上述各文明區域技術傳播的模式。尤有甚者，一旦某一文明，藉某些技術上明顯的優勢，能夠影響任何和它接觸的人，則世界史可以說，將開始走向一個單一的方向。一個歷史家因而可藉觀察各地接受新技術和新觀念的情形，將原本難解，千頭萬緒的世界史理出頭緒，賦予意義。

1954至1963年間，當我寫這本書時，美國憑藉技術和財富優勢而有的世界性影響力，正處於戰後的高峰。因此，我對世界歷史的看法可以被判定不過是對美國霸權的一種合理化。我被判定，藉著號稱文化優勢和傳播有一定相類的模式，將二次世界大戰後一、二十年的世界情勢投射在人類整體的過去。(對此判決，我可作的反駁當然是指出：第二次世界大戰以後的時期只是世界史的一部分，其與人類過去經驗的相似之處，當時的美國人了無認識)。

沒有歷史家能否認：自己對歷史的看法常是自己時代經驗的反映，也和學術的傳統相糾葛；而學術傳統又反映著其時代和地域的一切特色。不過，以我而言，至少可以說：當我寫這本書時，絲毫沒有意識到當時美國的世界經驗和我理解世界史的方法之間有什麼契合之處。現在回顧起來，這書在1960年代大受歡迎，似乎頗與這種契合有關。即使事實真是如此，當時我和寫書評的人都沒有察覺到這一點。因此，我對人類歷史的觀察和當時美國在世界扮演的角色(如果美國確曾扮演過)之間如有類似的地方，只能說完全是不自覺，下意識裡的事。

從過去25年史學變動的軌跡看，我的史觀遭到另一種似乎更理所當然的批評。《西方的興起》像是跟隨著勝利者的大軍前進，以勝利者的眼光看待歷史。也就是說，它從擁有技術和控制特權者的角度看待歷史，而很少關懷歷史變動中犧牲者的痛苦。這無疑反映了我在家庭、種族、階級和其他認同與經驗上的特質。這些特質左右了我對人類依自己的意願，以不斷累積的能

力，去控制和塑造自然和社會環境成果的評價。一直受惠於這些
技能的我們，包括今天世界上那些最貧窮的人，我認爲都必須對
開創人類技能有貢獻的人表示敬意，也必須將人類在地球上的作
爲，以一個驚人的成功故事來看待，儘管其中不乏艱辛和痛苦。
評估人類每一項新的成就，都應就其內在的得與失，保持適當的
平衡。這顯然是一個理想。我曾試圖去作到這一點。不過一些我
認爲似乎不偏不倚的評估，對他人而言卻非如此。對他們來說，
我的評估，像是在爲那些高高在上的(大男人)－他們掌控著世界各
大文明－所作的卑劣的辨護。

在威廉斯學院的討論會上，幾乎沒有人談到以上這些大問
題。在那兒，我們一星期檢討一章。各章參差的品質因而痛苦地
暴露出來。第4章——"中東世界文明的興起，1700-500 B.C."是品
質低劣的一章。這一章在簡短的引論之後，接著敘述軍事、政治
上的變遷、行政制度、社會結構和1200年間，幾十個民族和國家
在文化上的延續和進展。這樣的結果是敘述既吃力，又支離破
碎。即使對一位堅定有耐心的讀者來說，這一章不但未能闡明，
甚至更混淆了對中東文明的了解。

第4章最根本的錯誤在放棄了依年代，而以專題的方式安排材
料。結果本應順次出現的兩個時代被硬置於同一專題之下：一方
面是青銅時代車騎戰士和貴族統治，另一方面是鐵器時代民主化
的戰士和文化。這一安排上的笨拙，沒有可以辨解的藉口。自從
這書出版以後，新近的資料並沒有造成太多我們認識上的改變。
此外，自1963年以來，也沒有任何當代的經驗，可使我們改變對
古代中東出現的世界主義(cosmopolitanism)的看法。這章的毛病就
在組織欠佳，捨棄順理成章的安排，假裝以一種更簡單，更真

實，更合適的方式去處理這一段歷史。尤其糟糕的是，青銅時代之後接著是鐵器時代的看法，本是當代研究文獻中再通常不過的，我卻沒有依這個順序去組織這一章。現在回想，仍想像不出，當時爲何沒有這樣去作。

我得說，使這章結構欠佳的另一個缺失，在本書的後半部也明顯存在。因爲這本書假定個別的文明(civilizations)才是真正重要的人群團體(human groupings)，而文明間的互動構成了世界史的主體。但是在這一章，我得處理原本有別的文明如何交融成爲一包括整個中東的新世界，這一新世界又無損各地區的差異。這些差異頗不小。因爲自西元前2500年以後，在雨水灌漑區以及埃及與兩河流域間的洪水氾濫平原上，湧現了一大群俱有完全文明特徵，大大小小的社會。

結果，只要我的思慮圍繞著各文明打轉，歷史的舞台就變得擁擠不堪。當我試圖說明各俱文化特色的各民族，如何表現出或一一證明了我所選擇和強調的主題，這一章流於支離破碎也就不足爲奇。我有必要將焦點更集中在世界化的過程本身，也須要更小心思考那些使中東各民族連爲一體的新因素，並將之凸顯得更清楚。不過，如此一來，必要的一些新假設和新觀念，那時我並不具備，此後我也僅有些不成熟的探討。

其次一個較不那麼丟人，卻更嚴重的敗筆是在第10章。第10章討論西元1000至1500年間的世界。1963年以前，我顯然未能掌握這一時期中國和中華文明在世界上的中心地位。相反地，正如第10章標題所示，我將重點放在“草原征服者和歐洲遠西”。我的錯誤應該完全可以原諒。因爲有關這一時期歐亞世界的歷史，自1963年以後的研究才有了更明確，更好的認識。現在回頭檢討，我將重點放在草原征服者和中古歐洲，正反映出我所受教育裡的偏見。這一章是從一個幼稚的西方觀點，看待歐亞大陸。土耳其人和蒙古人自東方的地平線躍然而至，突然而又神秘。雖然我曾提及官僚行政系統使得成吉思汗的軍隊所向無敵，不過，我畢竟沒有將游牧民族驚人的力量，和蒙古人新的軍事官僚行政方法乃直接借自中國這一事實連繫起來。結果，我忽略了擾動這時期世界均衡的最終因素，那就是：中國文明的隆盛發展，使得中國的文化、財富和力量達到一個新的境界，超越其餘世界四、五百年之久。

此外，我因急於找出西元1500年後，歐洲成為世界霸主的種子和徵候，未能給予拉丁基督教世界足夠的注意。或許也算夠多，但最好將這一部分安排成下一章的引論。1950年代的研究應足以使我注意到這一點，雖然這時的西歐有充沛的新成長，在整個世界舞台上西歐畢竟仍居於邊緣地位。這段時期西歐的份量應像我給予日本文明的成熟一樣多。然而，我卻將土耳其人和蒙古人的征服以及中古歐洲的興起當作相關連的世界大事。我甚至將中國置於次要地位，視之為遭游牧民族攻擊的諸文明犧牲者之一。我先處理回教世界，並且寫得較多，主要是因為我對這部分所知較多而已。

回頭看看1963年以前，有多少資料可以讓我適當評估中國在1000至1500年間的優越地位，倒是一件有趣的事。應特別一提的是，我曾參考了白樂日(Stefan Balazs)有關唐代中國經濟轉變的論文[2]，

---

[2] Stefan Balazs, "Beitrage zur Wirtschaftsgeschichte der T'ang Zeit," *Mitteilungen des Seminars fur orientalische Sprachen zu Berlin* 34 (1931): 21-25; 35(1932): 27-73。

也看了李約瑟(Joseph Needham)巨著《中國科學文明史》開始的幾卷。但是直到哈特維耳(Robert Hartwell)爲文指出宋代中國在冶鐵上的規模以及經濟管理上的成熟[3]，斯波義信爲宋代商業經濟作了全盤描述[4]，馬克‧艾雯(Mark Elvin)對整個傳統中國作了大膽又富想像力的解釋[5]以前，我沒有真正認識到中國在西元1000年左右的轉變的意義。

　　我對我的無知可作這樣的辯護：30年前可供參考的史學作品仍然反映傳統式對中國史的評價。依傳統的標準看，一個無法控制北方邊疆的朝代，必然不如一個在好皇帝統治下，完整統一的朝代。大家老早即已承認宋代(960-1279)的藝術和文學空前發達，可是這些並不能彌補政治上的失敗。宋代從未能控制北方外族，並幾乎從開國即失去了對北方疆土的控制，宋代算不上是一個偉大的時代。在格內(Jacques Gernet)[6]以前，似乎沒有人注意宋代軍隊在草原邊防上艱苦獲致的成就。由於這時中國的技術流出域外，使過去中國與鄰近游牧民族間的勢力均衡喪失。這種情形正和後來成吉斯汗在大部分歐亞地區征服所顯示的一樣。

　　以《西方的興起》整部書來說，我沒有注意到中國在1000至1500年間的優越地位，是一件特別遺憾的事。如果那時我能注意到，這本書的結構將可更爲精簡。事實上，這本書中間的一部

---

[3] Robert Hartwell, "Market, Technology and Structures of Enterprise in the Development of Eleventh Century Chinese Iron and Steel Industry," *Journal of Economic History* 26(1966): 29-58。

[4] Yoshinobu Shiba, *Commerce and Society in Sung China* (Ann Arbor, 1970)。

[5] Mark Elvin, *The Pattern of the Chinese Past* (Stanford, 1973)。

[6] Jacques Gernet, *Le Monde Chinois* (Paris, 1972)。

分,以"歐亞文化的均衡:西元前500年至西元後1500年"爲題,其基本觀念在:地中海的希臘文明(500 B.C.- A.D.200),印度文明(A.D.200-600)和在回教信仰之下整合起來之中東文明(A.D.600-1000)相繼進入一文化的興盛期,並成爲舊大陸一時的霸主。如果將這個簡單的歷史結構延續下來,加上遠東的中國文明(1000-1500),和遠西歐洲文明(1500-2000)的興盛期和霸主時代,整個結構變得整齊精確,而在史實上似乎也可得到支持[7]。然而在1963年,我的無知(和根深蒂固的歐洲中心主義)使我沒有能看到這一點。

這實在是拙著最大的敗筆。書中當然還有許多地方,因1963以來的研究而顯得過時。不過這些幾乎都是些細節。唯一的例外是非洲。過去25年有關非洲的研究顯示,非洲民族與文化的交互關係遠比我寫書時所知道的複雜。然而撒哈拉沙漠以南的非洲從未成爲主要文明的地區,一直到今日,非洲大陸因而仍處於其餘世界的邊緣。儘管我的書只簡短提到非洲,過時且有不當,但是這些缺點,並沒有扭曲歷史的整個圖像,到如第10章忽略中國主導世界地位那樣嚴重的地步。

在我看來,歷史改變的主要動力來自與外來者接觸的反應。這一假設,大體來說,似乎仍然可以成立。根據這一假設而作的重點選擇,除了對1000至1500年間的中國沒能給予應有的地位,

---

[7] 火藥、印刷術和指南針,這三項對歐洲1500以後取得世界霸權有決定性影響的因素,都是中國的發明。它們隨著蒙古在政治上統一北亞,進入西歐。這時在整個北亞大陸來往,空前地安全、頻繁和容易。Joseph Needham, *Science and Civilization in China: The Gunpowder Epic* (Cambridge, 1967)一書不斷提到歐洲和中國發展初期的火藥的相同性,並以新的確實度,交待火藥西傳的經過。

其餘我以為也還恰當。從這一意義說，重讀《西方的興起》，尚覺欣慰，甚至快活。這本書儘管毛病不少，仍是一本好書，應該被當作真正世界史學發展的重要里程碑。

然而從另一個層面看，這本書將各個可知的文明當作自主自治的社會實體，並以實體間的互動構成世界史，單單這個觀點，我現在看來就是一大毛病。"文明"一詞的意義不夠清楚。雖然我追隨的是查耳德(V. Gordon Childe)[8]和其他人的說法，認為文明是指一個社會，其內部的職業專業化程度已足以允許行政、軍事、工藝、文學和藝術方面的高等技術出現。這也許足以區分早期的文明和新石器時代的村落社會，不過當以後文明趨於多樣化，而且當最少半職業專業化(part-time occupational specialization)在一個社會中已十分普遍，他們為遠方的文明社會供應原料，他們本身卻幾乎不被承認是文明的社會的時候，這個定義對文明在地域和社會意義上的界線釐定即有不足。

這引起另外一個問題：到底誰能算是某一文明的成員？新生的嬰兒在還沒有習得他們文化上的角色以前，顯然不能算是這個文化的一員。那麼，那些貧窮和少有技能的人，頂多扮演著有限的角色，算不算某一文明的一員呢？那些生活在某一文明邊緣，或受制於某一優勢力量(最少偶爾如此)，幾乎無異外邦人的，算不算呢？而且某一文明的成員在技能、習慣和外貌上不全一致的情況下，他們又如何構成一個多少有一致性的文明整體呢？我只得藉用"生活方式"(style of life)來確認這種一致性的實質。但是這種借自藝術史的隱喻，僅僅是一種隱喻而已，在事實上一無幫助。

---

[8] V. Gordon Childe, *What Happened in History* (Harmondsworth, 1943)。

因為當我們比較人類的習慣與心靈狀態時，對其形式相似性的觀察，並不像觀察藝術品或其他物品那般容易。

歷史家或許並不須要明白地面對這些問題。一個人如果堅持每一措詞都要精確定義，則一切討論都將陷入認識論上的爭辯，並且幾乎沒有希望從爭辯的深淵中解脫。因而，總而言之，"文明"對我來說，可以說是真實存在的。"文明"確實將幾千里之地以內，幾百萬的人口，在幾百年中，以有意義的方式連繫在一起。不過，從世界史的尺度看，"文明"並不是唯一的主角。關於這一點，我在《西方的興起》一書中，強調的不夠。以下我將較詳細地說說我現在的看法。

我們或許可以說對一個所謂文明最要緊的，就是這個文明成員共享的一些成文的規範，以及依據這些規範對成員行為能有的預期。不過，所有的成員都能符合這樣的規範，是不曾有的事。因而，文明事實上是由其上層階級所界定。上層階級受教育去尊重那些應如何行為的教條。較低階層的人，則在不同程度上分享這些規範理念，而且沒有任何人，即使是最偉大的道德楷模，能成為這些規範完全的化身。通常我們都允許個人或團體有某些缺陷，一個社會中較低和較邊緣的成員，可調整和採行較有自己地方性的道德規範和習慣，同時讓上層階級的方式也有存在的空間。易言之，他們尊重並服從他們必須尊服的，但也保留他們所能保留的個別性和差異。

不過，要維繫一個文明，在城市與城市，地區與地區，以及各個構成社會整體的階級與種族之間，還必須有一種持續的訊息和"意義參差"(nuances of meaning)的交流傳播。這種訊息的持續流播，是任何一個文明在時空上足以凝聚成為一體，所必要的。文明凝聚的程度當然可有不同，而且其共有的特徵可自文明的核心區向邊緣區逐漸淡化。想要在地圖上精確畫出一文明的疆界，幾乎必然流於專斷。然而文化上向邊緣趨淡的斜坡確實存在，而且當這一斜坡變得驟然陡峭，某一生活方式的地理界線，自各種實際的目的言，都會變得十分明顯。

　　在任何既存的文明裡，交通和交流的方式對訊息的傳播流通，顯然都十分重要。如果方式改變，一個文明的疆界和流播所及的範圍都隨之有變。這一說法即預設，隨著交通的改善，不同的文明間就日益經常且快速地相互衝擊，各文明的獨立自主性必隨之萎縮，而一新的世界性實體——華勒斯坦(Wallerstein)所謂的世界體系[9]——將可能取代而成為歷史未來發展的關鍵因素。拙著第4章處理的就是這個過程，不過處理的十分拙劣。而我對這個過程在西元後至1850年，千餘年中的發展，幾乎完全沒有交待。

　　因此，除第4章的問題以外，拙著在方法上的一個根本弱點在它強調文明之間的互動，卻未適當注意到，我們今天生活中所存在的世界體系的出現。我不該僅僅以一連串個別"文明"的興衰來構成這本書，而應該用些篇幅揭示整體的發展過程。如何作到這一點，則尚待觀察。總之，對人類過去2,000年各文明獨特自主性的評估(包括其他所有地球上較小，較低的文化)，必須和世界體系的浮現合觀並論。這個世界體系曾將愈來愈多跨越文明畛域的人連繫在一起。

　　要能作到以上這點，我們必須對古代中東以及近代兩度明白出現的世界體系，有清楚明白的認識。此外，我們還須細細思

---

[9] Immanuel Wallerstein, *The Modern World-System*, 3 vols.(New York, 1974-1988)。

考，這先後兩大世界體系，如何和在它們衝擊之下，較屬區域性的文明和文化交錯在一起。這並不意味這兩個世界體系是一樣的。以它們各自憑藉的廣大的交通和交流網絡而言，在技術上，即有極大的差異。並且，因為這兩大世界體系的興起，各有其政治、軍事和經濟上的因素；我們必得記住，西元前第一、二千年和西元後第一、二千年時的體制遺產大不相同。

如果我們觀察1870年以後的世界，當快捷的交通和以機械為動力的運輸對全世界造成影響，近代的世界體系，很顯然第一是以經濟的互補和交換為基礎，其次則在以軍事與政治為主的制度安排，以及隨變動的經濟、政治行為而產生的觀念、技術、品味的交流。或許，我們會以為以經濟交換為主的類似現象，可以一直回溯到文明之初的兩河流域。不過古代兩河流域的交換僅屬邊緣性的，因為有極長的時間，它僅止於奢侈品和重要物品的交換。其他的情況幾乎不可能出現。因為只要運輸屬偶爾性質並時常中斷，人們的日常必需品就不可能安全地依賴遠方的供應。

然而，城市多少可以說是以上通則的例外。所有的城市，當然，都須要輸入糧食，而且通常不易自鄰近腹地得到足夠的穀物。早在能自遠方得到供應的市場制度建立以前，已有少數大都城，透過朝貢和徵稅，這些經濟上來而不往的形式，自相當遠的地區取得供應。例如，中國的運河系統，最初就是被用來徵集朝廷、帝國軍隊以及依附於京師的人口所需的糧食和其他的物資。羅馬帝國的情形也很類似。羅馬以自埃及和北非進貢的穀物分給羅馬的貧民。在哈里發(caliphate)初期，回教的聖城──麥加(Mecca)和麥地納(Medina)──也是依賴埃及供應糧食。其他依賴進貢和徵稅，自遠方取得供應而發達的帝國和宗教中心還有很多。

　　不誇張地說，早期文明在文化上的燦爛和軍事上的強大力量，是依賴以直接命令(direct command)的方式，將糧食和其它物資集中到王朝和神廟中心去。各個個別文明共有的一個特點即在一種早期的社會分工——多數人辛苦耕耘，交租納稅，供少數特權之士消費並作各種文明技藝的嚐試。不過，從一開始，也有少數外來者使這單純一端納稅，一端消耗的兩極關係複雜化。他們就是商人。商人可免於一般租稅的負擔，並扮演重要的角色。他們負責徵集以命令無法獲得的希世珍品，因為這些珍品的來源超出了"王朝或神廟"權威所及的範圍。

　　想要得到上述物資，另一個可能的方式是派軍遠征並搜尋本地所無之物。鳩格米西(Gilgamesh)之遠征黎巴嫩森林就是這一類行動的一個早期文獻例證。亞加底王薩爾恭(Sargon)在西元前2350左右的戰爭，可能也是以奪取兩河流域所缺的金屬和其它重要物資為目的。不過，在日常行政和徵稅所及範圍之外的地區，以直接武力方式奪取重要物資，遠不如依賴交換為有效。尤其是當一個文明的神廟和王朝擁有專業工匠，不斷生產並提供大量的奢侈物品，而另一方又有君王能夠組織人力從事開礦、伐木或生產糧食，供應這些文明的中心的時候。早期的文明幾乎都以這樣的方式，在自己的周圍創造了一圈貿易的夥伴。這些夥伴對文明中心產品的胃口，就如同文明中心對其夥伴擁有的原料與其它珍稀一樣富於彈性。從很早，這樣的交易關係即已出現在數百哩的範圍之內。經常性以隊商和船隻進行的遠距離貿易，最少可以上推至西元前第三千紀。這些貿易商具有特殊的法律地位，他們的貿易活動必然帶他們越過政治和文化的疆界。

　　一個文明只要有這樣靠船隻和隊商供應珍稀的商人網絡圍繞著，商人將珍物自產地運往消費地，則個別自主文明的觀點就是理解歷史的一個合適模式。技術和觀念當然會隨商貨而交流。此外，因為統治者與被統治者之間的猜疑，往往使文明民族一向所憑藉的人數優勢失去作用，蠻族一次又一次自邊緣征服文明的中心。

　　在古代中東，不同地區，不同語言以及文明表徵互異的各民族，於西元前1700年至500之間，由於交流，竟出現了一共通的世界體系。這一體系與近世出現者不同。在古代中東，命令的主導地位(the primacy of command)在一連串大帝國──埃及、西臺、亞述、巴比倫、波斯──日益擴大的疆域裡保持著。但是這些帝國賴以生存的用以徵貢稅的官僚體系，是和存在較帝國更早，活動範圍較帝國政治疆域更廣的隊商和船運網共存共榮。這些商人，在貢稅不及的縫隙裡活躍，有時甚至坐大自己的勢力。他們謀取市場利益，供應舊雨新知。

　　這樣的結果可以視為個別文明一種領域上的擴張，而文明的演進即自此開始。這正是我在《西方的興起》一書中所作的。不過，這樣的想法忽視了比新帝國之興衰延續更久的宗教、語言和道德體系上的分歧，也小看了市場和遠距離貿易在經濟上維繫古代中東，與政治上獨立，日益廣闊的鄰近地區之間關係的角色。市場關係，以它非出於人類被迫選擇這一點而言，和以租稅徵集資源的舊方式之間有簡單而重要的不同。人們如果出於自願，比較可能較有效率地去工作。結果，倘使大家可自行決定買賣，並多少因此滿足自身的需要，財富一般很可能會增加。我覺得這種市場關係在西元前第二千紀開始出現，到下一千紀成為正常且被預期的方式。這最少已出現在以商業爲基礎世界體系來臨的主要舞臺，也就是日趨世界化的中東。

　　這個世界體系的輪廓在《西方的興起》中已有描述，但未進一步細說。例如，我曾用"大社會"(the great society)一詞，描述漢摩拉比時代兩河流域租稅制和市場貿易的共生關係。不過我並沒有用這個觀點去組織此後幾百年的歷史，也沒有在書中繼續提到這個觀點。因爲我太將注意力放在個別的文明上，以致笨拙到對"跨越文明的過程"(trans-civilizational process)的初現沒有給予應有的重視。

　　就某一意義言，西元前1500年愛琴海沿岸(後來包括地中海)和印度文明的興起，事實上也是以中東爲中心的世界體系的一部分。歷史家都知道，古代的希臘人自擁有較高技術的亞洲和埃及大事借取。類似的情形也發生在印度北部。這三大地區在整個古典時代從未完全中斷接觸。在歷史的進程裡，亞歷山大的軍隊擊潰波斯人，並使馬其頓和希臘人成爲中東的統治者。因此，爲何不可將希臘視爲這一共通且日益世界化的邦國大家庭中的一員？雖然在此後的歷史階段裡，跨越文化和宗教疆界的商業和其它關係一直十分活躍，並且與日俱增，傳統上對這個問題的答覆無疑主要以後來發生的事爲著眼，也反映傳統上基督教和回教間，印度教和印度之回教統治者之間的敵對態度。

　　不論如何，我在缺少真正反省的情形下，作了選擇。我依照前人的慣例，將西元前第一千紀歐亞西部的歷史，以三個個別獨立的文明——中東、印度、希臘爲核心，加以組織。然而，事實上，歷史的發展或許可以說是中東"大社會"的擴張，將新的地區和民族，以及他們各俱特色的文化，一并納入範圍。從這一廣大的角度看，西元100後，遙遠的中國甚至都開始和這一世界體系發生了關係。在所謂的絲路之上，定期往還的隊商將敘利亞和中國連繫起來。尤有甚者，還有海上的航行，將地中海世界和印度，印度和中國，大約在同一時期連接起來。

上述古代世界體系在兩三個世紀的擴張之後，遭遇嚴重的挫敗。其主要原因在致命的疾疫沿著新闢的商路四播，造成人口大量死亡，尤其是羅馬帝國和中國。人口的損失導致或說允許了蠻族的入侵，終而使歐洲史進入黑暗期。西元220年東漢滅亡以後，中國的情形也很類似，雖然破壞的程度或許不如西方。跨越歐亞的長距離貿易，因這一世界體系之兩極，經濟惡化、政治不安而萎縮致不重要的地位。另一方面，印度洋和附近海域的航行，雖因資料極缺而難斷言，但可能也大為衰落。

儘管隨著歷史的黑暗期，這個最早的世界體系一度中斷，但很快又復活。而且復活的方式，和中東在鐵器時代以後長程接觸貿易的恢復，十分類似。鐵器時代入侵的蠻族曾打斷了銅器時代萌芽的世界化。此外，當復興一旦開始，中東像以前一樣，仍是世界體系的中心。這頗得力於駱駝的飼養。對軍人和商人來說，駱駝都大大增加了運輸的能力。據布利特(Richard Bulliet)[10]的研究，知道如何飼養駱駝是一極長的過程。大約自西元前3000年阿拉伯的南部開始，但一直到西元300至500年間，才在文明世界扮演具決定性的重要角色。在這幾百年中，駱駝在中東運輸上取代了車輛，並很快在中亞、北非及附近地區變成主要的貨運工具。

---

[10] Richard Bulliet, *The Camel and the Wheel* (Cambridge, Mass., 1975)。

　　駱駝能夠穿越以其他方式無法穿越的沙漠。駱駝在陸上，地理和文化上造成的影響，可和1500以後，大家較熟知的，西歐航海家開拓海上航路的影響相比擬。過去孤立的地方，現在可因駱駝隊商而與外界接觸。文明世界的商業網絡也隨之擴大。阿拉伯和中亞的綠洲與沙漠受到這種隊商運輸改進的影響必然極大。這些地區都和文明的中心——主要是中東和中國——發生了遠較過去爲緊密的接觸。結果，在西元500至1000年間，一個緊密的世界體系開始逐漸消弱文化的自主獨立性。這個過程表現得最明顯的，莫過於回教在舊大陸新開拓的邊緣地帶的散佈。

　　回教的興起和一個跨越文明和其他文化疆域的世界體系的復活，確然是亦步亦趨的，或者可以說是同一過程的兩面。在回教初起的幾百年裡，堅信穆罕莫德啓示的回教人群，僅僅是許許多多信仰社群中的一個。這些社群共存於中東及鄰近地區。宗教和文化的多元現象，事實上得到可蘭經的認可。可蘭經要求其信徒寬容基督徒和猶太教徒。回教文明的核心地區，因此，成爲各種宗教社群在相當大的限度內各自爲政的大拚盤。西元1000年後的征服和改奉信仰，使回教信仰進入印度、南亞、大部分的歐亞草原、東南歐和撒哈拉以南大部分的非洲。這個拚盤隨之變得更爲複雜。只有文明世界邊緣的中國、日本、北歐和西歐保持原有較老式的社會和文化的同質性。

　　回教世界持續的文化多元現象，和回教法律對政治權威的特殊限制相一致。這意味著市場和商業行爲比在回教建立以前還要有更大的自主獨立性。商人在回教世界裡並不能完全自治，但他們受到尊重，通常也能得到政權的保護。穆罕莫德在成爲先知以前,就是一位商人。他想像不出有什麼比商人更高的生活方式可以認同。

這一商業世界體系興起的過程中,另一個劃時代的大事是中國自中東借取技術,在不同的自然環境中,創造新而更有效的運輸系統。中國人所借的是維持本地和遠地貿易網所須的一套習慣、運作方法和道德態度。佛教沿著中亞的商路進入中國,扮演著主要傳佈者的角色。他們將合於商人生活的心靈習慣和道德規範也移植到中國。(比較而言,儒家仍較賤視商業,認為商人是社會的寄生蟲,買賤賣貴,對所售的物品沒作任何增加。)

但是,使中國的商業習慣和格局傳佈擴大的重要因素是一個早已存在的運河網。運河使黃河河谷和長江更廣大的谷地連繫起來。舢板和河船可容易地在運河中來去,載量甚大,並且幾無危險。中國為農業灌溉和徵稅,修築運河,有數百年之久。西元605年,當連接兩大河的大運河完工,中國的內河水道已足以連繫不同地區,並在資源上互通有無。結果,商業和貿易的規模和重要性在中國增長的程度,遠非中東或其它地區所能及。舊有地區間交換和互相依賴的極限被打破。一個人為市場整合的新規模出現。一般的人民,甚至是貧窮的村夫,都能從買賣中謀利以納稅,甚至購備食物和其它日常消費品。

不過,我們也不可過於誇張。並不是所有的中國農人為了例如專業養蠶,都已買米過日子。絕大部農人仍然消費自己生產的食糧。可是,當專業化的程度證明足以使生活水準稍有提高,農人和城鎮居民開始邁入專業化的程度是任何文明社會前所未有的。結果,技術改進,社會財富整體而言,大為增加。紀錄顯示,宋代中國的人口幾乎倍增。另一個事實是中國的工藝技術開始超越其餘世界。絲、磁器、火藥和造船是其中佼佼代表作，其餘優越者尚多。在無數的市場裡，繁忙的議價聲不絕；在運河裡，船隻忙於輸送貨物，使各地區的生產剩餘能相互交易。這種交易的可靠和效率是過去所不可能達成的。

中國商業化的影響並不局限於政治疆域之內。相反的，中國內陸邊境的隊商貿易大為興盛，海上貿易亦急速成長。中國貨品進入印度洋和日本的數量遠邁前代。過去以中東大城和市場為中心的世界體系，現在有了一個生產力更強大的新中心——中國。這個體系擴張的範圍遠及遙遠的西歐和其它先前屬於邊緣的地帶，例如日本[11]。

中古史家一直都承認，西元1000年後城鎮興起以及歐洲消費者與遠在印地斯群島出產的香料貿易對歐洲的重要性。但是這些史家還沒有習慣接受一個觀念，即這僅僅是一更大的現象——一個擴大和增強的新世界體系鄉——的一環。它的範圍不但包括幾乎所有的歐亞，也包括大部分的非洲。歐洲和回教世界的史家也還沒有認識到，西元1000年後中古歐洲文明的興起，是和世界體系的中心由中東移往中國同步。這並不足為奇。因為我們的中古史家受到英國史和法國史成見的影響，不知不覺將十九世紀末英法帝國勢力幾乎籠罩全球的情況，投射在整個人類的過去。雖然馬可・波羅(Marco Polo)想法有所不同，但要歐洲史家承認中國的優越性，還大大須要一番想像力的跳躍。

---

[11] William H. McNeill, *The Pursuit of Power: Technology, Armed Force and Society since A.D.1000* (Chicago, 1982)。該書第2章有我對西元1000至1500年，中國商業化及其在世界上領導地位的看法，也有較此處為詳細的附註。

　　大家對近世世界體系的興起，較為熟悉。事實上，使"世界體系"一詞聞名於世的大師－華勒斯坦曾相信，世界體系是到西元1500年，隨著歐人海上大發現和資本主義的興起才出現。海上大發現誠然曾改變世界貿易和世界文化關係的模式，使美洲和無數海洋中島嶼納入一擴大的世界體系。創造活動最主要的中心，在驚人的短短數十年中，由中國移往面對大西洋的歐洲。在西元1500年以前，資本主義已在少數義大利和北歐的城鎮中取得可觀的自主地位。即使這樣的政治結構崩潰以後，新興王朝和浮現中的民族國家(他們取代了歐洲的城市政權)中的少數，繼續給予商人和銀行家幾乎毫無阻礙，市場擴張的空間。而這時在中國，在大部分的回教世界，政權對私人資本的累積少有同情。藉仁政之名，亞洲統治者有效地抑制了大規模企業的出現。他們一方面搜刮式地徵稅，另一方面為消費者利益，限制物價。這越發使得大規模的商業投資以及開礦、大規模農業墾殖的活動留給了歐洲人去經營。結果，西方取得近百年世界霸權的機運終於來臨。

　　為什麼1430年代的明朝放棄了海外的冒險事業，中國到底發生了什麼問題？有關的學術探討，如和歐洲發現新航路後對新大陸開發的研究文獻相比，仍然太少。1450至1500前後，中國和歐洲擴張動力的倒轉變化，仍然是今日歷史研究別具意義的課題。尤其是在邁入二十一世紀的前夕，大家都知道，自十六世紀以來遠西取代遠東地位的形勢又可能發生倒轉。

　　然而，須要一提的是，正如西元1000年中國的興起有賴於先自中東有所借取，歐洲在1500以後的興起，也有賴於先前自中國的借取。如果二次世界大戰後，日本的經濟紀錄確實成為環太平洋地區更進一步勝利的預兆，這也將頗明白地證明，這個勝利也是先自歐洲(和美國)借取技術的結果。這可以說是世界史中最清楚的一個模式。換言之，如果不採用世上可知最具效率和威力的工具，則無人能超越其餘的世界而稱霸。依此而論，這些工具，不論在何處，其所在必然就是世界權力和財富的中心。如此一來，世界霸權在地理上的轉移，必然又以自先前擁有最高技術的中心，成功地借取爲前提。

這類世界體系的此起彼落，世界中心的轉移和無數民族與文化的被捲入，現在對我而言，似乎是世界史的一部分。但是在我寫《西方的興起》時，大部分都疏忽了。甚至1500以後的幾世紀歷史，我都企圖以文明的框框去組織我的論點。只有在1850年以後一段，我才提到亞洲各文明自主地位的崩潰，屈服於一新的全球一體的世界。但是，這種自主地位早在1850以前，甚至1500，甚至1000年以前，已經逐漸削弱。現在我甚至以爲，這個過程可以追溯至文明歷史的一開始，並且應該在談個別文明以及文明間互動時，同時敘述"世界體系的興衰和轉移"。

人類歷史發展中的這兩面，確實應如何結合起來，加以敘述，不易一一細說。只有靠嘗試找出可行之道。這一點，我認爲凡是嚴肅的世界史家現在都應列入考慮。文化的多元和歧異是人類歷史的主要特徵。但是在多元之下與背後，仍然有重要的共通之處。這個共通處表現在跨越政治與文化疆界的世界體系的興起。因爲人們期望分享經由世界體系運作而有的果實。換言之，他們期望得到本地不易得到的珍稀物品，並且期望市場交易帶來財富並報償辛勞的生產者。在比例上，越來越高比例的人，花越來越多的時間在與市場交易有關的活動上，世界體系從早先的邊緣角色變成今日居於中心的地位。不過這一類交流和互賴仍然完全可和文化保有各自的差異相容，並且，最少至今為止，也和政治的多元和對抗並存。這三者，不論如何，都應是一部世界史該有的部分。

最後，還有另一層次人類的經驗應受到歷史家的注意：那就是人類和所有構成地球生態系統的其它生物之間的接觸與衝突。農業是這個故事裡的一章。疾疫的流播也是一章。近來科學上的認識以及有時因這種認識而有的較廣泛的控制，都是這一故事的第三面。如以上所暗示的，疾疫影響到西元後一世紀交流的世界體系的歷史，又在第十四世紀當黑死病蹂躪中國、中東和歐洲時，發生較短時期的影響。更重要的是，文明的疾病定期地使新遭蹂躪的民族失去文化的志氣和獨立性。1492年以後，當美洲土著突然和歐洲、非洲傳入的疾病接觸，人口幾近絕滅，就是上述現象最具戲劇性，但絕非唯一的例證[12]。農作的散播、家畜的飼養和害蟲的出沒是生態歷史的另一側面，迄今史家知之尚極有限[13]。然而，這些對經濟和政治史造成的衝擊和疾疫相比，並無二致。它們或許使某些人群興旺，其代價則可能是其他人群的毀滅。

因此，一部真正令人滿意的人類史應該包括歷史中的這些面。它們也應被納入各個文明和文化如何興起，如何經營的敘述

---

[12] William H. McNeill, *Plagues and People* (New York, 1976)一書仍是迄今相關問題最好的通論；另一較短的小書為我的 *The Human Condition: An Ecological and Historical View* (Princeton, 1980)，這書對生態和歷史之間的關係有一初步較一般性的概觀。

[13] Alfred Crosby, *Ecological Imperialism* (Cambridge, 1988)是一部真正企圖克服這種無知的努力，不過，這僅僅是一起步而已。

中，其在整體過程上的重要性應與經濟互補，文化共生的世界體系的興起等量齊觀。

這些為世界史家開出的備忘錄或許令人望而生畏。但是以我們現在所了解到的人類生存的複雜性，再有所刪削，即顯然有所不足。這個備忘錄雖然顯得野心甚大，但對我尚不是不可能。資料是存在著的，須要作的就是蒐集、整理，為它們建立一套清晰雅緻的論說。在論說中，將我們現在所了解到的，人類史上不同的面向和交織的潮流交待出來。歷史家面臨的工作經常就是如此，即使只是寫較小的一群人，較短的一段時期也無不同。資料幾乎總是太多，只有在挑選和整理之後，其意義才清晰可辨，也才能在讀者的心靈上，多少顯現出一幅圖象。這是史家經常經營的一項藝術。而我們現在已可精確、豐富地利用這一藝術在人類的過去上，其精確的程度遠邁前人。原因很簡單。因為前人對歷史的研究從未像今天一樣，對整個地球有如此全面的探討。而歷史觀念的演進也到了一個成熟的程度。這使得早期世界史的著作，甚至晚近如我者，基本上都已過時。現在明顯須要新作取而代之。

因而，這份學報有很多工作可作，也還有許多問題可以去探討。　　　　　　　　　**(原刊《當代》66 期，1991，頁48-65)**

2、面對新世界——〈一個世界史的新結構〉譯後

梁啓超先生有句名言：「不惜以今日之我與昨日之我宣戰」。以寫《西方的興起》聞名的威廉·麥克尼爾教授(William

McNeill)可以說就是這樣一位先生吧。1917年10月31日出生的他，在73歲之年，應《世界史學報》(*Journal of World History*)之邀，撰寫發刊詞，坦然檢討自己舊作的缺失，並提出對世界史解釋的新構想。

《西方的興起》出版於1963年。他一反斯賓格勒(Oswald Spengler)西方已經沒落之說，認為西方自1500年以後，成為世界的霸主。當時西方對世界的影響力正如日中天，豈可謂之沒落？此論一出，轟動一時。其書銷售至今，總數已過300,000冊(譯文所說的75,000冊不包括袖珍本在內)。一般認為麥氏之論，反映了第二次世界大戰以後，成為西方勢力新興代表的美國人的樂觀和自負。但是麥克尼爾在這篇回顧裡，明白否認自己對人類歷史的考察和當時美國的世界經驗有任何關係。他覺得即使有關係，也完全是不自覺的。

25年後，他檢討舊作，坦然指出自己的錯誤和不妥。大約有以下幾個要點：

1.他太注意個別文明的興衰和彼此之間的接觸，卻沒有注意到在個別文明接觸的同時，有更具意義的"世界體系"的形成。

2.另一重大遺憾是沒有認識到西元1000至1500年間，中國在世界上所成就的優越地位。由於無知和傳統的歐洲中心主義，他仍然將實際處於"世界體系"中心的中國，置於世界舞台的邊緣。

3.第4章處理古代中東世界文明的興起，未按年代，而依專題，使得本章結構欠當，敘述支離破碎。此外，他也對舊作的幾個基本觀點有所反省。例如："文明"到底應如何定義？文明與其他文明旳"接觸"是不是引起社會變遷的主要動力？大致上，他仍堅持"文明"可以作為世界史研究和分析的單位，不過不再是唯一的單位；他也相信與外來者接觸造成社會變遷的預設，仍然是可以成立的。

在麥克尼爾設想的世界史"新結構"中，最具結構性意義的應是將"世界體系"的概念納入解釋的架構。其次，是正視1000至1500年的中國在人類歷史發展上重要意義，而將地中海的希臘文明(500B.C.-A.D.200)，印度文明(A.D.200-600)，由回教整合的中東文明(A.D.600-1000)，中國文明(1000-1500)，和西歐文明(1500-2000)視爲一相繼興盛的文明結構。其中，中東、中國和西歐又曾先後成爲"世界體系"的中心。麥克尼爾雖然指出舊作曾有類似"世界體系"，而稱爲"大社會"的想法，不過，他不得不承認，所謂"世界體系"是出於華勒斯坦(Wallerstein)的啓發。

在《西方的興起》出版後的25年裡，麥氏研究與著述不斷。1976年，出版《疾疫與人類》(*Plagues and Peoples*)；1982年出版《力量的追求：西元1000年以來的科技、武力與社會》(*Pursuit of Power: Technology，Armed Force and Society since A.D.1000*)。他將自己這25年研究的心得也溶入了世界史的新結構中。最重要的是他主張在西元1000年以前，人類社會的"生態"是以"強制命令的結構"爲特色，1000年以後以"市場結構"爲特色；自第一、二次世界大戰以後，強制命令的結構又有凌駕市場結構的趨勢。此外，在世界史的研究和結構上，應加上人與自然生態環境相互制約的層面。

從以上不難看出，麥克尼爾在25年後檢討舊作，在自覺或不自覺中受到這幾十年世界新局勢與新思潮的影響。近幾十年有所謂第三世界的興起，華勒斯坦自第三世界提出世界體系之說，麥氏悟出類似的世界體系，古已有之；近幾十年科技的飛躍進步，導致武器競賽，核戰毀滅的陰影籠罩全球，愛滋等疾病威脅著人類的生存，能源的枯竭和自然生態的破壞，在在顯示麥氏過去幾十年關心和研究的，與新時代、新問題之間的關係。不過，儘管過去20餘年，美國曾盛極一時的霸權已經褪色，作為現代化典範的西歐文明暴露出越來越多自身的問題，反現代化的呼聲正襲捲主要的文明地區，麥克尼爾卻仍不改其一貫樂觀的態度，對人類"技術"與文明的進步，加以肯定和頌讚。

麥克尼爾的樂觀，是今天西方學術圈中少見的；對近代文明的頌讚，也不合時下的潮流；以整個人類發展的大經大脈為研究對象，則更少有歷史家敢於嘗試。嗜好鑽牛角尖的學院派史學家，曾批評他什麼都敢說，卻什麼都不知道。麥克尼爾也曾自嘲：「史學家以外的人都歡迎我的書。」這是10年前，麥氏在夏威夷大學"世界史研究"課程中的感嘆。也許因為夏威夷位處東西文化的"接觸"點上，或許也因為先知在本鄉本土不受歡迎，在芝加哥大學任教一生的麥克尼爾未能在芝大，卻在夏威夷大學找到了知己。他在夏大講學10年之後，《世界史學報》終於在夏威夷創刊，由夏威夷大學歷史系教授主編，並在夏大出版。他在發刊詞中的新構想，不論今人是否同意，他敢於面對新世界，重新思考過去的勇氣，以人類整體命運為關懷的態度，對歷史研究所採廣闊的視野與胸襟，都值得今天的史學工作者去省思。

3、麥克尼爾世界史新架構的局限——兼論"文明"的自主性(周樑楷)

新架構難脫舊基調

研究世界史或講授世界史，都是最吃力而又不討好的學術工作。理由十分簡單，有誰能從遠古到現代，一一認清全世界各個角落的文明？這分明是"以有涯隨無涯"的苦。不過，好奇求知的欲望卻又常常引導人們觀看世界，尤其不同的文明接觸越頻繁的時候，越有機會拓展世界史的視野。以歐洲為例，當馬其頓的亞歷山大大帝(Alexander the Great)揮軍橫掃歐亞非三洲的時候，正是西方人撰寫世界史的開端。自從地理大發現以來，世界史和世界地圖更是不斷推陳出新。

由於研究世界史漫無邊際，困難重重，二十世紀專業的史家都視為畏途，很少有人立志鑽研這門學問。麥克尼爾(William McNeil)即是這少數人中較為知名的一位史家[14]。他的《西方的興起》(*The Rise of the West*)自1963年問世以來，不斷再版，並且風行各地，去年台灣也有中譯本問世[15]。像這樣一本擁有廣大讀者的書

---

[14] 有關麥克尼爾的生平和學術研究，參見邢義田，〈西方的興起的代言人——威廉·麥克尼爾訪問記〉，收錄於《西洋古代史參考資料》(一)，邢義田譯著(台北：聯經，1987)，頁487-500。

[15] William H. McNeill, *The Rise of the West, A History of the Human Community* (Chicago: University of Chicago Press, 1963)；郭方等譯，《西方的興起》(台北：五南圖書公司，1990)，上、下兩冊。另外McNeill於1964至1965年間改寫*The Rise of the West*的簡明版，書名A *World History*(Oxford University Press, 1967)。

籍，我本來就有意寫篇評論或導讀性質的文章，提供給台灣的學子參考。今年10月《當代》雜誌第66期刊載了由麥克尼爾所撰，邢義田先生翻譯的一篇文章〈世界史的一個新結構〉。閱讀以後，更引發我討論麥克尼爾世界史觀的動機，尤其是他經過長時期反省，所提出來的新架構。

　　讀過麥克尼爾的〈世界史的一個新結構〉(以下簡稱〈麥文〉)以後，讓人由衷欽佩他的學術良知和求知的生命活力。一位學者能夠在年逾70，享譽國際的時候，還自我批判往日成名作的得失，並且公開承認某些立論之不當，實在是難能可貴；由此可見，麥克尼爾不失為專業化史家，以平實嚴謹為職志的本色。麥文所提出的幾項檢討，讓人覺得相當深刻，可惜他所提出的新架構並沒有完全擺脫舊有的立論基調，他的歷史認知取向仍然局囿在原來的範圍之內。

　　〈麥文〉首先坦承《西方的興起》含有"思想的帝國主義"(intellectual imperialism)。這個名詞應該不是什麼思想理論中特定的術語。麥克尼爾自稱有思想帝國主義的傾向，固然是為了劃清界限，表明自己不是專搞跨國公司的資本家經濟帝國主義，更不是付諸武力侵略的軍事帝國主義。另一方面則是承認自己曾經挾著二次大戰以後美國技術和財富的優勢，以勝利者的高姿態俯視世界，並且有意宣揚和推銷西方文明的價值觀。麥克尼爾撰寫世界史，從遠古敘述到1950年代，總共計13章，其中最後3章的總篇名是"西方統治的時代"(The Era of Western Dominance)，內容主題1500年以來的世界史。顯然，他有意凸顯近500年來的歷史，以這段時期西方文明的興起及主宰世界為書名，稱呼一部世界史就是一部西方興起的歷史。這種文化優越感顯然是"歐洲中心論"(Eurocentricism)具體而微的表現。由於麥克尼爾在文中已公開表示《西方的興起》的立論失之偏頗，所以本文不必再一一舉證討論，同時也避免有落井下石，不夠厚道之嫌。

偏執的"世界體系"說

其次，〈麥文〉認爲在《西方的興起》中，各個文明大都依據時間的先後，排列成書，至於各文明間彼此的接觸，討論得還不夠詳實，尤其缺乏"世界體系"的整體觀。關於這一點，因爲牽涉不少層次性的問題，最好能分項討論，比較妥當。

(一)、自從撰寫《西方的興起》以來，麥克尼爾一直主張：「世界史家關切的重點應該在同時期各文明間的接觸。」(〈麥文〉，頁48)平心而論，這種見解基本上頗爲可取的。因爲一部世界史假如忽略了各文明之間的接觸，而只分別描述各文明孤立成長的過程，那麼就像馬賽克一樣，拼拼排排，頂多只能算是一部匯編的世界史百科全書。《西方的興起》能把世界史的各章節銜接在一起，其實就是得之於麥克尼爾懂得以"各文明間的接觸"當作環扣。在〈麥文〉中，他以大量的篇幅，非常自責地說，《西方的興起》中的第4章、第10章以及其他某些章節寫得太支離破碎，而且缺乏史實。譬如說，他承認以前對西元1000至1500年的中國文明認識不清。麥克尼爾所作的這些反省，當然態度上相當認眞的，在史實材料的補充上也較爲正確。所以，本文也不擬在這一層次上補充說《西方的興起》還有哪些章節也過於零散或不夠詳實。況且，任何一部作品的主題觀點再好，也很難在細節上面面俱到，毫無瑕疵。

　　(二)、儘管麥克尼爾在〈麥文〉中好像很汗顏的自我檢討一番，但是他對於《西方的興起》基本上還頗為自詡得意。他說：「這本書儘管毛病不少，仍是一本好書，應該被當作真正史學發展的重要里程碑。」(〈麥文〉，頁53-54)。憑什麼麥克尼爾這麼自負，對自己深具信心呢？追究其因，那就是他不僅標示"世界史家關的重點應該在同期各文明的接觸"，而且進而強調「與外來接觸是社會變遷的主要動力。」(〈麥文〉，頁48)。他反覆地說：「在我看來，歷史改變的主要動力來自與外來者接觸的反應。這一假設，大體來說，似乎仍然可以成立。」(〈麥文〉，頁53)。

　　閱讀《西方的興起》的時候，的確可以發現有不少廣角式的大場面鏡頭，描寫歐亞洲間的交流關係。平常習慣專題研究、小題大作的史家，翻閱一下《西方的興起》，自然耳目一新，觸發不少靈感。可是關鍵問題在於，文明發展的主力是否來自與外界的接觸？麥文的命題既是全稱的又是肯定的。那麼西元前500年之前世界各文明間的接觸是否足以擔當歷史發展的主力？麥克尼爾未能查覺到《西方的興起》過分誇張這條歷史發展的主力，反而還意猶未盡，認為日後應借用"世界體系"的觀點，來扣緊一部人類全史。他說：「總之，評估人類過去2000年各文明獨特自主性(包括其他所有地球較小、較低的文化)，必須和世界體系的浮現，合觀並論。」(〈麥文〉，頁56)麥克尼爾這種論調，似乎偏執得而令人擔心。

文明與文化的分疏

　　在英文，Culture和Civilization這兩個字已經廣泛地使用；中文裡，也早已約定成俗，Culture譯成文化，而Civilization則固定譯成文明。至於這兩個字的意義，由於學者觀點的不同，眾說紛紜。本文在此不想參與這種重新界定字義的討論。不過，想藉由釐清這兩個字的中譯，引伸討論Culture的自主發展性。按，英文中有許多字尾是 "lization" 的名詞，如 Urbanization、industralization、modernization、realization、werternization，分別譯成都市化、工業化、現代化、現實化、西化。這些中譯名詞字尾的"化"字，正好表達了 "-ization" 有"導致於成為……"、"形成像……"的含義。換言之， "-ization" 的動詞形式是 "-ize" ，指的是把某事物轉變或轉化為另一種事物。然而，很有趣的是，唯獨civilization沒有譯成 "…化"。從文字的結構來看，civilization分別是由civil和-ization所組成。civil當形容詞解，指的是市民的或城市的。回顧上古時代的歷史，當人類社會進入新石器時代的時候，正是早期城市形成的時候，換言之，也就是"城"與"鄉"差距擴大的時候。以西元前800年至西元前400年之間的希臘為例，當時盛行的政治體制——"polis"(中譯習慣稱為城邦)，其社會的根據地和大眾生活的中心就是"acropolis"(衛城)。值得留意的是，古希臘時代享有參政權的人幾乎都是住在城內，這也就是為什麼civil right或civil liberties來引伸為"公民權"的原因了。另外，更值得留意的是，這些握有參政權、享有較多利益的市民，也自認為自己的生活方式和思想觀念高人一等，如果別人(尤其是城外郊區的人)能夠效仿他們，變得和他們越來越類似(make conform with)，就受讚揚說是越來越有civilization了。可見civilization原本就有自我中心的優越感。這個字的中譯若改成"文化"反而比較能表達出高下差別的優劣感，以及某一類型逐漸轉化成另一類型的意思。

其次，英文中的culture可以獨立的成為一個字，也可以另組成像agriculture(農業)、harticulture(園藝)和yogurt culture(乳酸菌)等字。按culture的拉丁文字義，指栽培或養育。所以不假人工培育的植物花木都不能稱作農業或園藝。還有，更值得留意的是，農業、園藝和乳酸菌經人工培育以後，都有自我成長的活力。生命的成長當然需要吸取外來的養分，也得應付各種外在的挑戰，然而生命成長的活力必然是自主自發的。自古代以來，全世界各地有各自的culture，那是各地的居民培育出來的，按理也都有自主自發的活力。所以culture應該譯成"文明"。至於"文明"之間(modes of culture)的接觸，進而造成某"文明"(culture)的轉變，則是屬於"文化"(civilization)的範疇。

物質——經濟——科技的主軸

麥克尼爾撰寫《西方的興起》以及後來發表的〈麥文〉都能前後呼應，主張"與外來接解是社會變遷的主要動力"。從理論上講他太忽略了"文明"(culture)的自主性。無怪乎他會直截了當地說：「如果不採用世上可知最具效率和威力的工具，則無人能超越其餘的世界而稱霸。依此而論，這些工具，不論在何處，其所在必然就是世界權利和財富的中心。」(〈麥文〉，頁63)很清楚的，麥克尼爾的史觀是以"文化"(civilization)的稱霸為著眼點的，相當具有侵略的(aggressive)性格。這種理論反映到實際的著作，當然有濃厚的弱肉強食的意味。例如：《西方的興起》的第11章描述自1500年以來西方對世界挑戰，開宗明義地說：

　　到了1500年，大西洋沿海地區的歐洲人已具有三項難以抗拒的力量，足以在半世紀之內便能主控世上各地的海洋；而且在一個世代之內，就令美洲各地較晚開發的地區成爲他們的隸屬。這三項就是　深植的魯莽好鬥性格；善用複雜的軍事技術，尤其在航海事務方面；其人民能抵抗長期以來一直流行的舊大陸的各種瘟疫疾病(p.569)。

　　（三）、〈麥文〉表示，爲了使世界史的寫作能更注重各地區與外來的接觸，日後應當更凸顯"世界體系"的形成。提起"世界體系"讀者立刻會聯想起提倡這套理論的華勒斯坦(Immanuel Wallerstein)。〈麥文〉中的確也提起華勒斯坦的大名。可是麥克尼爾近年來頗爲服膺"世界體系"的理論。不過，當麥克尼爾眞正應用這套理論於實際的世界史寫作時，是否得當，符合原意，目前下評斷言之過早。所以，本文在此避免以個人對華勒斯坦的好惡直接加諸在麥克尼爾身上。本文僅就〈麥文〉提出的"世界體系"判定他的世界史新架構。

　　〈麥文〉中至少有二分之一的篇幅勾勒如何以"世界體系"觀看世界史。他說：

> 近代的世界體系，很顯然第一是以經濟的互補和交換爲基礎，其次則在以軍事與政治爲主的制度安排，以及隨變動的經濟、政治行爲而產生的觀念、技術、品味的交流。（〈麥文〉，頁56)

這段話已點出了麥克尼爾的史觀相當傾向物質論的取向(materialist approach)。當他自古代往近代的世界體系一路分析下來的時候，不外乎糧食穀物、軍事力量、貿易圈、船集商隊、運河交通、疾病、生態⋯⋯等等。至於思想、觀念、文化(指一般的字義)等則殊少提及。將〈麥文〉及《西方的興起》綜合起來研判,麥克尼爾的史觀不致於像庸俗的馬克思主義(Vulgar Marxism)完全淪為物質的決定論;同時,他也不致於像羅斯托(Walt Rostow)一樣,以經濟現象為主軸,把世界史簡化為六個階段[16]。當然,麥克尼爾還比一般"經濟史取向"的經濟史學者高明一點,不會只重經濟的因素和量化的統計數字[17]。然而,毫無疑問地,他一向偏重物質──經濟──科技。分析古代史時,犁和馬拉的戰車(chariot)所導致的巨變,是他津津樂道的話題。讀近代史時,他最喜歡各種現代化的,最具效率和威力的工具。就這一點而論,麥克尼爾其實比湯姆森(E. P. Thompson)和哈布斯邦(Eric Hobsbawm)還要偏重歷史上物質──經濟的因素。因為湯姆森和哈布斯邦這兩位當代英國馬克思史家都是以文化與物質因素並重的人道主義者。

老幹新枝不離榆樹

麥克尼爾偏向物質論取向的史觀如果再往深層,從認識論的角度加以剖析,則可顯示基本上他站在經驗──實證論的(empirical-positivist)的立場。他的著作中看不出來有何歷史辯證法或社會主義的色彩。在〈麥文〉中,他雖然表示以後撰史應該多同情、尊重窮人和勞工。但是,史家對這些下層社會和犧牲者掬一把關懷的眼淚是不夠的。因為家長主義式的同情仍然失之於保

---

[16] Walt Rostow,《經濟發展史觀》(*The Stages of Economic Grswth A Non-Communist Mansfesto*),饒餘慶譯(香港:今日世界社,1965)。

[17] 屬於"經濟史取向"的史家,如 Robert Fogel, Thomas & Ashton, R. W. Hartwell, Alfred H. Conrad, John R. Meger等人。

守。其次，麥克尼爾也不是一位觀念論者(idealist)；因爲觀念論者治史必然非常偏重文化——思想的因素，以及直覺——想像力的認知功能。而這些特質都與麥克尼爾的史觀相去甚遠。此外，觀念論者由於較重視歷史的內在意義，進一步從內在意義的異同觀看世界，而後把一部世界史聯貫起。麥克尼爾忽略各"文明"(culture)的自主性和內在意義，所以也無法從這個角度把世界史像有機體般的組織起來。這也是爲什麼他不得不從"文化"(civilization)的角度，強調"與外來者接觸是社會變遷的主要動力"。和"文化"之間，在物質——經濟——軍事上的接觸，說穿了就是麥克尼爾把一部世界史各章節扣結在一體的法寶；否則他的書眞的要支離破碎了。麥克尼爾在《西方的興起》和〈麥文〉中，前後一致，都以經驗——實證論的取向分析歷史，由於這種認識論是啓蒙運動理性主義和工業革命影響下的產物，所以他對於近兩百年由西方主導的世界史相當樂觀。〈麥文〉檢討了《西方的興起》中的歐洲中心論，但是仍然無法超越近代西方理性主義和物質論傾向的格局。當麥克尼爾撰寫《西方的興起》時，有一天在步行中，看見一棵榆樹的主幹因風而折斷，斷裂處有新生的枝芽，於是他想和這棵榆樹比賽，看看他的著作先殺青，還是榆樹先恢復茂密的枝葉。(〈麥文〉，頁65；註1)這一段，正好可以轉用來比喻麥克尼爾的學術生涯，因爲他勇氣十足，了解自己的主幹；他也活力充沛，想要再生。麥克尼爾的生命意識的確值得讚賞，他的歷史意識也還值得肯定。然而，整體言，他的世界史新架構並沒有擺脫舊作的局限。畢竟老幹發新枝，榆樹還是榆樹。

(原刊《當代》，67期，1991，頁132-141)

度量衡名詞表

amphora(安弗拉)	希臘和羅馬液體容量名，相當於8congii，或約當今6加侖(gallon)，或7品脫(pint)。
aroura(阿羅拉)	羅馬時代埃及地區的土地單位，約稍多於今1/2英畝。
artab(阿塔布)	埃及固體容量名，相當於3至6modii。
choenix(丘尼斯)	固體容量名，約當1夸特(quart)。
congius(康吉，複數congii)	液體容量名，相當於6sextarii，或約當3又1/2夸特。
iugerum(尤格魯)	羅馬土地單位名，相當於28,800羅馬平方尺，或約當5/8英畝。
medimnus(梅丁魯)	希臘固體容量名，相當於6modii，或約當1又1/2蒲士耳。
mile(哩)	羅馬長度名，原意指1,000步(mille passus)，相當於5,000羅馬尺，或約當4850英尺，0.92英哩。

mina(米納)	希臘重量及貨幣單位名,約當1又1/4磅;貨幣當100drachmas。
modius(modii,摩笛)	羅馬固體容量名,相當16sextarii或約當1派克。
sextarius(sextarii,色塔瑞)	羅馬固體也是液體容量名,相當於1/6congius,或約當1品脫;固體容量相當於1/16modius。
stade或stadium(史塔笛)	希臘長度名,相當於625羅馬尺,或1/8羅馬哩。
talent(泰倫特)	希臘重量名,相當於80羅馬磅,或當今57磅;也是希臘貨幣單位,相當於60minas,或6,000drachmas。但Euboeic talent和Attic talent又有不同。

錢幣單位表

金幣

1.Aureus(奧瑞)

奧古斯都時代	重約當1/42羅馬磅(1羅馬磅=327.45公克)
尼祿時代	重約當1/45羅馬磅
卡拉卡拉時代	重約當1/50羅馬磅
高連魯斯時代	重約當1/60-1/70羅馬磅

2.Quinarius(奎納)=1/2奧瑞

3.Triens或Tremissis(特瑞)=1/3奧瑞

銀幣

1.Denarius(笛納)

奧古斯都時代	重約當1/84羅馬磅	合金含量5%
尼祿時代	重約當1/90羅馬磅	合金含量5-10%
圖拉眞時代	重約當1/99羅馬磅	合金含量15-18%
哈德良時代	重約當1/99羅馬磅	合金含量18-20%

馬可・奧利留時代	重約當1/99羅馬磅	合金含量20-25%
康摩多斯時代	重約當1/103羅馬磅	合金含量25-30%
塞皮提・塞維盧斯時代	重約當1/105羅馬磅	合金含量30-55%

2.Quinarius奎納=1/2笛納

3.Antoninianus安東尼=2笛納　卡拉卡拉時代開始打造，實際含銀量僅約20%。

銅幣

1.Sestertius(色斯特)=4 asses　重約當1/12羅馬磅

2.Dupondius(杜邦)=2 asses　(銅幣重量大致維持穩定至康摩多斯時代，其後漸輕至只及原重之一半)

3.As(阿斯)=1 as

4.Quadrans(夸德拉)=1/4 as

羅馬皇帝簡表

27b.c.-a.d.14	奧古斯都(Augustus)
14-37	提伯瑞斯(Tiberius)
37-41	卡里古拉(Caligula，或蓋烏斯Gaius)
41-54	克勞底烏斯(Claudius)
54-68	尼祿(Nero)
68-69	高爾巴(Galba)
69	歐索(Otho)
69	魏德留斯(Vitellius)
69-79	韋斯巴息阿魯斯(Vespasianus, Vespasian)
79-81	提突斯(Titus)
81-96	多米提阿魯斯(Domitianus, Domitian)
96-98	聶爾瓦(Nerva)
98-117	圖拉眞(Traianus, Trajan)
117-138	哈德良(Hadrianus, Hadrian)
138-161	安東尼魯斯(Antoninus)
161-180	馬可‧奧利留(Marcus Aurelius)
161-169	逯‧維盧斯(Lucius Verus)
177-192	康摩多斯(Commodus)
193	斐提納克斯(Pertinax)

193	裘利阿魯斯(Didius Iulianus)
193-211	塞皮提・塞維盧斯(Septimius Severus)
198-217	卡拉卡拉(Caracalla)
217-218	馬克瑞魯斯(Macrinus)
218-222	伊拉嘎巴盧斯(Elagabalus)
222-235	塞維・亞歷山大(Severus Alexander)
235-238	馬克西米魯斯(Maximinus)
238	郭笛阿魯斯第一(Godianus I)
	郭笛阿魯斯第二(Godianus II)
238	巴比魯斯(Balbinus)
238	蒲平魯斯(Pupienus)
238-244	郭笛阿魯斯第三(Godianus III)
244-249	非力浦(Philip)
249-251	牒奇烏斯(Decius)
251-253	高盧斯(Gallus)
253-260	華勒瑞阿魯斯(Valerianus)
254-268	高連魯斯(Gallienus)
268-270	克勞・郭塞卡斯(Claudius Gothicus)
270-275	奧利阿魯斯(Aurelianus)
275-276	塔奇特斯(Tacitus)
276-282	蒲盧布斯(Probus)
282-285	卡盧斯(Carus)
	卡瑞魯斯(Carinus)
	魯梅瑞阿魯斯(Numerianus)
284-305	戴克里先(Diocletianus)

286-305	馬克西米阿魯斯(Maximianus)
305-306	康士坦提烏斯(Constantius)
305-311	嘎勒瑞斯(Galerius)
307-337	康士坦丁(Constantine)
337-340	康士坦丁第二(Constantine II)
337-350	康士坦斯(Constans)
337-361	康士坦修斯第二(Constantius II)
361-363	裘利阿魯斯(Julianus, Julian "the Apostate")
363-364	裘維阿魯斯(Juvianus, Juvian)
364-375	華倫庭尼阿魯斯第一(Valentinianus I)
364-378	華倫斯(Valens)
367-383	格拉提阿魯斯(Gratianus, Gratian)
375-392	華倫庭尼阿魯斯第二(Valentinianus II)
378-395	塞奧多西第一(Theodosius I)
392-408	阿卡笛斯(Arcadius)
393-423	何諾留斯(Honorius)
408-450	塞奧多西第二(Theodosius II)
425-455	華倫庭尼阿魯斯第三(Valentinianus III)
450-491	帝國東部先後有五帝
455-475	帝國西部先後有七帝
475-476	羅・奧古斯圖逸斯(Romulus Augustulus)

羅馬、中國大事對照年表

羅馬國王與共和時期

西元前

753	羅姆盧斯建立羅馬城邦(傳統年代)。
6世紀	伊特拉士坎人統治羅馬。
509	第七位伊特拉士坎王"傲慢的"塔昆紐斯被逐出羅馬,進入共和時代。
494	設置平民保民官(tribunus plebis)。
481	周敬王39年,齊田氏專齊之政,戰國開始。
約479	孔子卒。
473	吳王夫差自殺,吳亡。
458	辛辛那土斯(Cincinnatus)自田中受召,出任笛克推多。
458	晉知氏、趙氏、韓氏三家分范氏、中行氏領地。
451-449	十二表法公佈。
403	周威烈王命韓、趙、魏為諸侯。
408	魏伐秦,佔河西,秦"初租禾";韓伐鄭,齊伐魯。
390	羅馬為高盧人攻陷。
約390	孟子生。

387	秦伐蜀，取南鄭。
384	秦"止從死(殉葬)"。
381	楚悼王卒，吳起車裂而死。
375	秦"爲户籍相伍"，韓滅鄭，徙都新鄭。
367	利奇里亞・塞克提亞法(Lex Licinia-Sextia)通過，平民首次選爲執政。
367	周威公死，周分裂爲東、西周。
356	衛鞅爲左庶長，秦孝公下變法令。
340-338	羅馬擊敗並解散拉丁同盟。
350	秦從雍遷都咸陽，開阡陌封疆。
341	齊、魏馬陵之戰，魏將龐涓自殺。
339	平民決議(plebiscita)開始對全民(包括貴族)有約束力。
338	秦孝公卒，商鞅車裂而死。
328	秦始置相邦，張儀爲秦相；魏獻上郡十五縣於秦。
318	魏、楚、趙、韓、燕五國合縱攻秦。
312	監查官阿皮烏斯(Appius Claudius)開始修建羅馬的阿皮亞大道(Via Appia)和阿皮亞供水道(Aqua Appia)。
311	秦伐楚，取召陵。
307	趙武靈王行"胡服騎射"；秦始置將軍，以魏冉爲將軍。
293	艾斯庫拉皮斯(Aesculapius)崇拜傳入羅馬。
293	秦左更白起敗韓、魏於伊闕，斬首二十四萬。
約290	羅馬敗桑奈人(Samnites)，控制義大利中部。
約290	莊子卒。
288	秦、齊約秦稱西帝，齊稱東帝。

287	何騰夏法(Lex Hortensia)通過,元老院失去對平民決議的否決權。
287	趙、齊、楚、魏、韓五國攻秦,罷於成皋。
284	五國合縱攻齊,燕將樂毅攻入齊都臨淄。
280-275	皮魯斯(Pyrrhus)侵入義大利。
279	齊田單反攻,復齊失地七十餘城。
270	希臘哲學家伊璧鳩魯(Epicurus)死於雅典。
266	秦以范睢爲相。
264	第一次迦太基戰爭爆發。
263	日晷傳入羅馬;希臘哲學家芝諾(Zeno),斯多噶派創始人死於雅典。
260	秦將白起敗趙於長平,坑趙卒四十餘萬。
249	呂不韋爲秦相國;秦滅東周。
245	荀子死。
241	第一次迦太基戰爭告終;羅馬獲西西里爲第一個義大利以外行省;設涉外司法官(praetor peregrinus)。
241	楚遷都壽春;秦取魏朝歌。
238	沙丁尼亞(Sardinia)和科西嘉(Corsica)成爲行省。
238	秦長信侯嫪毐謀亂被殺。
233	韓非死。
230	秦滅韓,建潁川郡。
227	燕遣荊軻刺秦王失敗。
221	秦滅齊,統一中原。
218	第二次迦太基戰爭爆發;羅馬爲漢尼拔所敗。
217	特拉西門湖(Lake Trasimene)之役,羅馬敗。

216	肯南(Cannae)之役，羅馬大敗。
215	通過阿皮亞法(Lex Appia)，限制婦女服飾過於華麗。
213	秦始皇下焚書令。
210	秦始皇死，二世即位。
206	劉邦、項羽鴻門之會。
204	塞比利(Cybele，Magna Mater)信仰傳入羅馬。
202	垓下之戰，項羽自殺，漢一統中國。
201	第二次迦太基戰爭結束。
200-146	希臘、馬其頓、小亞細亞之征服戰爭。
197	化西班牙為兩省；平定西班牙戰爭開始。
195	廢止阿皮亞法。
191	與敘利亞王安提喀斯第三(Antiochus III)戰爭開始。
191	漢惠帝除挾書令。
188	拉丁城鎮阿平盧(Arpinum，西塞羅出生地)獲羅馬公民權。
184	卡圖被選為監察官。
173	希臘哲學家被逐出羅馬。
171-168	第三次馬其頓戰爭。168年羅馬大勝於皮德納(Pydna)。一千名人質，包括歷史家波利比烏斯到羅馬。
167	漢文帝廢肉刑。
161	希臘哲學家被逐出羅馬。
156-155	三位希臘哲學家以使者身份到羅馬，受到歡迎。
154	平吳楚七國之亂。
149	第一次設置永久性法庭(quaestio perpetua)。
149-146	第三次迦太基戰爭，羅馬毀迦太基城。

146	希臘反抗羅馬統治；科林斯城被夷平，馬其頓和北非化爲行省。
141	漢武帝即位，召舉賢良文學方正直諫之士。
138	張騫出使西域。
136	用董仲舒之策，立五經博士。
135-132	西西里奴隸暴動。
133	提・格拉古(Tiberius Sempronius Gracchus)推動分配公地。
129	西小亞細亞化爲行省。
123-121	蓋・格拉古(Gaius Sempronius Gracchus)推動立法，保證以固定之低價供應羅馬糧食，以騎士取代元老階級者出任永久法庭法官。
122	淮南王安謀反被殺。
120	外高盧(Gallia Narbonensis)化爲行省。
111-106	與北非盧米笛亞王鳩古善(Jugurtha)之戰爭。
110	漢武帝行封禪。
107	馬理烏斯(Marius)開始任執政；入北非，征鳩古善；徵兵不依財產限制，羅馬軍隊漸由公民軍化爲職業軍隊。
104-101	西西里奴隸暴動。
104	李廣利征大宛；制訂太初曆。
99	李陵降匈奴；司馬遷受腐刑。
90-88	盟邦戰爭，義大利盟邦反叛，要求公民權。
89	所有義大利自由人獲羅馬公民權。
89	武帝下輪台詔。

88-85	第一次與旁圖斯王(King of Pontus)米塞瑞笛斯(Mithridates)發生戰爭。蘇拉(Sulla)逐米塞瑞笛斯出亞洲省。
87-81	羅馬內戰。
87	*漢武帝卒，昭帝即位，霍光輔政。*
81-79	蘇拉成爲笛克推多。
81	*鹽鐵之議。*
73-71	斯巴達庫斯(Spartacus)領導義大利奴隸暴動；維瑞斯(Verres)任西西里總督。
70	西塞羅控訴維瑞斯在西西里之暴政；龐培與克拉蘇任執政。
68	*霍光死*
63	西塞羅任執政；卡提尼納謀亂；敘利亞化爲行省。
61	*趙充國平西羌。*
60	第一次三人執政團(凱撒，龐培，克拉蘇)。
60	*匈奴日逐王降漢；鄭吉爲西域都護。*
59	凱撒任執政；龐培以凱撒女裘利亞爲妻。
58	凱撒征高盧。
57	*五單于分立；匈奴衰。*
55	龐培在羅馬建第一座永久劇院。
54	龐培妻裘利亞死。
54	*匈奴東西分裂；置常平倉。*
53	克拉蘇戰死於卡耳來(Carrhae)。
51-50	西塞羅任西里西亞省總督。
49	凱撒渡過盧比肯河(Rubicon)，進軍羅馬，龐培逃往希臘。

| 48 | 凱撒敗龐培於法沙盧斯(Pharsalus)。 |

48　凱撒敗龐培於法沙盧斯(Pharsalus)。

48-44　凱撒任笛克推多。

46　*漢宣帝卒；元帝即位。*

44　凱撒被刺。

43　第二次三人執政團(安東尼，烏大維，雷比達)。

42　非力比(Philippi)之戰，三人執政團擊敗共和派。

40　烏大維和安東尼瓜分帝國；烏大維控制西部各省，安東尼得東部。

40-31　阿克廷(Actium)之役，烏大維擊敗安東尼，控制全帝國。

33　*元帝卒；成帝立；王鳳爲大司馬大將軍；王昭君下嫁呼韓邪單于。*

30　安東尼和克麗歐帕特拉(Cleopatra)自殺，埃及併入帝國。

27　烏大維稱奧古斯都，成爲帝國統治者。

27　*王鳳等五兄弟同日封侯。*

帝國時期

西元前

18　頒裘利亞法(Lex Julia)，規範婚姻和倫理。

18　*揚雄死。*

16　*王莽爲新都侯。*

西元後

1　*王莽爲安漢公。*

8	王莽自爲天子，改號曰新。
14	奧古斯都死；萊因河及多惱河軍團叛亂。
14-37	提伯瑞斯在位爲第二位羅馬皇帝；公民大會停止選舉公職官員。
18	赤眉起事。
23	王莽死。
25	漢光武帝都洛陽。
約30	耶穌死於十字架上。
37-41	卡里古拉繼位爲帝。
41-54	克勞底烏斯繼位爲帝。
43	克勞底烏斯進軍不列顛。
57	漢光武帝卒；明帝即位。
54-68	尼祿爲帝。
64	羅馬大火。
65	尼祿師塞尼卡(Seneca)被迫自殺。
65	蔡愔入西域求佛法。
69	同年四人稱帝(高爾巴，歐索，魏德留斯，韋斯巴息阿魯斯)內戰。
69-79	韋斯巴息阿魯斯敗群雄，統一帝國。
70	攻陷耶路沙冷，平猶太教徒之亂。
73	竇憲、班超經營西域。
79	維蘇威火山毀龐貝和賀庫蘭尼城。
79	白虎觀議經。
79-81	提突斯繼位爲帝。

80	弗拉維劇院(Flavian Amphitheater，Colosseum)完成，進獻。
81-96	多米提阿魯斯爲帝。
91	班超爲西域都護。
93	多米提阿魯斯迫害反對他的斯多噶派學者。
97-98	聶爾瓦爲帝。
97	有記錄可考之最後一次公民大會立法。
100	許慎著《說文解字》。
98-117	拉圖眞爲帝。
105	蔡倫獻所造紙。
106	併達奇亞(Dacia)。
111	小蒲林尼任畢熱尼亞省總督。
112	圖拉眞廣場完成，進獻。
117-138	哈德良爲帝。
131-135	巴勒斯坦之猶太教徒暴動，遭受鎮壓；哈德良禁猶太教徒進入耶路沙冷。
146	洛陽太學生增至三萬人。
138-161	安東尼魯斯爲帝。
161-180	馬可・奧利留爲帝。
166	羅馬帝國流行瘟疫。
166	大秦王安敦使者至洛陽。
167	蠻族自東北及東方侵入帝國。
180-192	康摩多斯爲帝。
184	黃巾之亂；黨錮之禍。
193-211	塞皮提・塞維盧斯爲帝。

197	取銷士兵服役期間婚姻禁令。
200	官渡之戰，曹操敗袁紹；鄭玄死。
208	赤壁之戰，曹操為劉備孫權所敗，天下三分。
212-217	卡拉卡拉為帝。
212	卡拉卡拉頒令給予帝國境內所有自由人以公民權。
216	曹操稱魏王。
218-222	伊拉卡巴盧斯為帝。
220	曹操死；曹丕篡漢建魏，東漢亡；制定九品官人法。
222-235	塞維·亞歷山大為帝。
223	劉備卒；諸葛亮以丞相輔政。
227	孫權稱帝。
232	曹植死。
234	諸葛亮死於五丈原。
235-270	內戰期，稱帝者13人。
240	何晏、王弼等始倡玄學。
251	哥德人及其他蠻族開始入侵帝國。
256	經學家王肅死。
260	朱士行出家，中原有僧人之始。
265	司馬炎篡魏建晉，為西晉武帝。
270-275	奧利阿魯斯為帝，羅馬築城增強防禦。
270	史學家譙周死。
275-284	內戰期，6人稱帝。
284-305	戴克里先為帝。
286	戴克里先以馬克西米阿魯斯(Maximianus)共享帝號(co-Augustus)，分治帝國東西兩部。

293	戴克里先分帝國爲四部,再設二凱撒(co-Caesar)爲副手分治帝國。
299	江統著〈徙戎論〉。
301	戴克里先頒限價令。
304	匈奴北單于劉淵舉兵稱漢王。
305-311	高列瑞斯(Galerius)爲東部各省奧古斯都,迫害基督徒。
306	康士坦丁爲西部各省奧古斯都。
308	劉淵稱漢皇帝,建都平陽。
311-323	李奇留斯(Licinius)爲東部各省奧古斯都。
312	米耳維亞橋(Milvian Bridge)之役,康士坦丁鞏固在西部之地位。
313	秦王司馬業即帝位於長安,爲愍帝;羯人石勒據襄國。
313	康士坦丁頒米蘭詔書。
315	建康士坦丁凱旋門。
316	劉曜攻陷長安,俘西晉愍帝,西晉亡。
319	石勒稱趙王,史稱後趙。
323	康士坦丁殺李奇留斯,成爲帝國唯一統治者。
324	訓詁及經學家郭璞爲王敦所殺。
323-337	帝國統一於康士坦丁。
325	尼開亞會議。
329	石勒滅前趙。
330	康士坦丁移都拜占庭(Byzantium),改拜占庭爲康士坦丁堡(Constantinople)。

330	東晉始度百姓田，十分取一，畝稅三升；石勒稱帝。
337	鮮卑慕容皝稱燕王，史稱前燕。
343	葛洪死。
353	王羲之寫〈蘭亭序〉；殷浩北伐失敗。
361-363	裘利阿魯斯為帝，恢復羅馬傳統宗教。
364	東晉行土斷。
366	敦煌莫高窟開鑿。
367-383	格拉提阿魯斯(Gratianus)為帝國西部之帝。
373	桓溫死；謝安執政。
377	東晉建北府兵。
379-395	塞奧多西一世為東部之帝，禁止一切非基督教活動。
379	王羲之死。
383	淝水之戰，秦兵大敗；東晉增民稅米，口五石。
386	鮮卑拓跋珪先稱代王，改稱魏王。
394	後燕滅西燕。
395	羅馬帝國長久分為東西兩部。
399	法顯赴天竺。
401	匈奴赫連勃勃稱大夏天王，大單于。
410	西哥德人(Visigoths)攻陷羅馬。
410	南燕亡。
412	法顯自天竺返。
420	劉裕即皇帝位，國號宋；東晉亡。
427	陶淵明死。
429	裴松之注《三國志》成。
446	北魏毀佛寺，坑僧尼，焚經像。

451	羅馬敗匈人阿提拉(Attila)。
453	雲崗石窟開鑿。
455	汪達耳人(Vandals)攻陷羅馬。
476	日耳曼蠻族領袖奧多阿塞(Odoacer)迫西羅馬皇帝羅·奧古斯突盧斯(Romulus Augustulus)去位，西羅馬帝國亡。
485	北魏孝文帝頒均田令。
494	北魏遷都洛陽。
513	文學、史學家沈約死。
527	《水經注》作者酈道元被殺。
527-565	查士丁尼為東羅馬帝國皇帝，令法學家編纂法典。

譯文資料表

一、文獻

二、碑銘

	635	6436
	710	6419e
	768	6438d
	787	6420b
	1147	6431d
	3294	6414
	3702	6405
	3775	6409
	4397	5142d
	4356	5142d
	6626	6422b
V		5050
VI	64	
	798	1448
		1136
		1679
		1824
		1928
	2305	8745
	3492	2288
		3884
		5372
		5380
		9222
	10048	5287

	31856	1327
VIII	2532	2487
	18042	9133-35
IX	2438	
X	5182	972
		8249
XI		108
		5400
XIV	2112	7212
XVI	21	1993
Dittenberger		no.611
		no.612
Inscriptiones Graecae(IG)		vol.IX.pt.2, no.338
		vol.XIV,no.830,line 1-19
Inscriptiones Italiae		vol.XIII.pt.L, pp.77, 87

三、草紙文書

Amberst Papyrus	no.91
Antinoopolis Papyrus	no.30
Chronique d'Egypte (1949)	vol.24, pp.296-301
Dura Papyrus	no.54
Geneva Latin Papyrus	no.1, col.1
Giessen Papyrus	no.40
Oxyrhynchus Papyrus	no.1022

四、木牘文書

五、陶片文書

西中譯名對照表

A

a cognitionibus	法務長
a libellis	秘書長
a memoria	掌故
a rationibus	財務長
a studiis	資料秘書
ab epistulis	秘書
accensi	後備隊
accensus	親隨
Achaean League	(希臘)亞該亞同盟
Achaeans	亞該亞人
Acheron	阿奇隆
acrostics	離合體詩
actiones	行爲
actiones uindicationes	權利辯護行爲
Actium	阿克廷
actus	阿克土斯
Acusilaus	阿庫西老斯
adgnatus proximus	最親近的父方親人
Ad Nationes	《致異教徒書》
ad sacrum	祭典
Adiabeni	阿地亞班尼人
Adriatic	亞底亞海
aedes aquila	團旗祭壇
aedes divi Iuli	凱撒廟

Alba	阿耳巴
Alba Longa	阿耳巴‧朗格
Alban	阿耳本山
Albani	阿耳巴尼人
Albania	阿耳巴尼亞
alder	赤楊木
Alexandria	亞歷山卓
alieni iuris	他人法權之下
Allobroges	阿羅波洛人
Alpine	阿爾卑
Alps	阿爾卑斯山
Ambrosius Theodosius Macrobius	馬克羅畢斯
Ammianus Marcellinus	馬奇尼魯斯
Amulius	安姆留斯
Anastasius	安那斯塔休斯
Anaunia	安那烏尼亞(部落)
Anazarbus	安那熱巴士
Anchises	安奇士
ancilia	安奇尼亞
Ancyra	安卡拉
Aniensi	安念西(部)
Annales	《編年史》，《大事記》
Annales Maximi	《大祭司大事記》
Annals	《迷史詩》
Annals	《羅馬編年史》
annona	實物
Antenor	安騰挪
antepilani	旗前縱隊
Anticyra	安提塞拉
Antigenes	安提甘尼斯
Antinoopolis	安提挪市
Antinous	安提諾斯
Antioch	安提亞克

Archelaus	阿奇勞斯
Areius	阿瑞烏斯
Arelate	阿瑞列特
Argos	阿苟斯
Aries	白羊座
Ariobarzanes	阿里巴沙斯
aristocracy	貴族政治
Aristonicus	阿里斯東尼庫斯
Armenia	阿美尼亞
Armenia Major	大阿美尼亞
arouras	阿羅拉(面積單位)
Ars Amatoria	《愛情藝術》
ars boni et aequi	良善與公正的藝術
Arsinoe	阿西若耶
artaba	阿塔巴
Artabazus	阿塔巴蘇斯
artabs	阿塔布(容量單位)
Artavasdes	阿塔哇底斯
Artaxares	阿塔色瑞斯
Artaxes	阿塔克斯
artifices tectores	泥水匠
Arts & Humanities Citation Index	人文及藝術引用文獻索引
Ascanius	阿斯堪尼烏斯
Asia	亞洲
assafoetida	阿沙(香料)
asses	銅幣
Astarte	阿斯塔德神
Astures	阿斯圖人
Atargatis	阿塔格提斯(魚神)
Atella	阿提拉
Athenaeus	阿塞奈斯
Athenodorus	阿塞諾多盧士
Atilian Law	阿提利法

atrium	中庭
Attalid	阿塔利
Attalus	阿塔逸斯
Attalus Philometer	非羅米特
Attic talents	泰倫特
Atticus	阿提喀斯
auctoritas	權威
augures	占卜官
augurium	占卜
Augusta Trevirorum	特瑞維盧
Augustalia	奧古斯塔利亞
Augustus	奧古斯都
Aulus Gellius	阿・蓋留斯
Aulus Hirtius	賀提烏斯
Aulus Vettius Firmus	奧・費姆斯
Auranitis	奧欒尼提斯
Aurelianus	奧利阿魯斯(皇帝)
Aurelius Ales	奧・阿里斯
Aurelius Ammonis	奧・阿蒙尼斯
Aurelius Ammonius	奧・阿蒙尼烏斯
St. Augustine	奧古斯丁
Aurelius Isidorus	奧・伊西多盧斯
Aurelius Sarapammo	奧・沙拉帕莫
aurum coronarium	冠金
aurum tironicum	徵兵稅
auxilia	協防軍
Aventinum, Aventine	阿文廷山
Avidius Arrianus	阿・阿瑞阿魯斯

B

Baal	巴耳神
Bacchus	巴庫斯酒神

Baiae	巴艾
basilicae	會堂
Bassaeus Rufus	巴‧陸福斯
Bastarnians	巴斯塔尼人
Batanaea	(敘利亞)巴坦尼亞
Bedouin	伯都因人
Bel	貝爾(神廟)
Belgae	貝爾蓋人
Belgaleia	貝加利人
Belgica	貝吉卡
Bellona	貝羅拉
Besario	貝沙瑞歐
Bithias	畢塞阿斯
Bithynia	(小亞細亞)畢熱尼亞省
Blemmyes	布列明斯人
Blossius	布羅休斯
Boeotians	波歐提亞人
bona fide	信譽卓著
Bonosus	波諾索斯
Boulon	鮑龍
Bovianum	波文龍
bracis	輾製過的穀
Breviarium ab Urbe Condita	《羅馬簡史》
Briga	不列加
Britannicus	不列塔尼庫斯
Britanni, Britans, Britons, Brittones	不列顛人
Brundisium	布倫笛遜
Brutus	布魯土斯
bubus	馴養牛隻

C

Caesarea	(巴勒斯坦)凱撒瑞亞

castra hibernorum	冬營
castrensis modius	軍斗
Catali	卡塔利人
Cato	卡圖
Cauda	高大
Cecropian Minerva	塞・米樂哇
Celadus	塞拉度斯
Celsianus	塞西阿魯斯
Celsus	塞耳蘇士
Celtic	塞耳提克種
Cennians	塞尼安人
censor	監察官
census	公民調查
centonarii	地毯匠
centuriae	百人連
centurio, centuriones	百人連長
Centuripa	肯突銳帕
Ceres	穀神
Chaeronea	(希臘)加隆尼亞
Chalcidicum	卡吉地庫堂
Chalcis	卡吉斯
Chaldaeans	卡耳達人
Charlemagne	查理大帝
Chesterholm	切斯特洪
Chrauttius	克勞修斯
Chronicon	《古史簡表》
Chrysippus	克瑞西普斯
Chyretiae	開銳提艾市
Cilicia	西里西亞省
Cimbrians	金布瑞人
Cinna	奇納
Circus Flaminius	弗拉民賽會場
Circus Maximus	馬克西姆賽車場

Cologne	科隆
coloni, colonia	佃農，殖民城鎮鎮民
colonia militum	軍屯區
coloniae	殖民城鎮
coloniae iuris Italici	擁有義大利權的殖民地
Colossians	科羅西安人
Colossuem	鬥獸場
comites	騎士階級中次一級者
comitia	公民大會
comitia centuriata	百人連大會
comitia tributa	公民大會
Commentarii de Bello Civili	《內戰戰紀》
Commentarii de Bello Gallico	《高盧戰紀》
Commodus	康摩多斯(皇帝)
Como	科摩人
Complutum	康普盧同
Comum	(義大利)康慕
concilia	省議會
concilium plebis	平民大會
condictiones	求償行為
confarreatio	婚約
Confessions	《懺悔錄》
consilium	皇帝幕僚
consobrinus	表兄弟
Constantius II	康士坦丁第二
Constitutio Antoniniana	安東尼尼法
constitutiones	御法
constitutiones principum	皇帝的御法
Consualia	播種之神節
consul	執政
consulare ius	督政權
Consus	播種之神
Controversiae	《訴訟集》

contubernali antiquo	老夥伴
conubium	權利
conventus	司法巡迴區
Coria	科瑞亞
Corinth	科林斯
Cornelianus	孔里阿魯斯
Cornelianus tribus	孔奈耳區部
cornicularius	營附
corona civica	民冠
corpora naviculariorum	船主基爾特
corporales	有形
corporati	基爾特
Corpus Juris Civilis	《法典》
corpus nautarum Druenticorum	河運船主的基爾特
corpus naviculariorum	船主協會
corpus utriclariorum Lugduni consistentium	陸獨龍皮筏協會
Corsica	科西嘉
Cosmus	科斯穆斯
Cotys	科提斯
Crassipes	克拉西皮
Crassus	克拉蘇
Cremutius Cordus	科多斯
Crescens	克瑞深斯
Crete	克里特島
Cumae	庫邁(希臘城鎮)
curator tabularum publicarum	公共檔案負責人
curator viae Aemiliae	阿米尼亞大道修築官
curatores	幹事
curatores annonae	糧務官
curatores navium	領航員
curatores navium marinarum	船與船員協會
curatores operum	工程專員

curia	議會
curiales	議員階級
cursus publicus	郵驛
curule aediles	市政官
Cybele	塞比利神
Cynegius	塞尼竭斯
Cyprians	塞普路斯人
Cyprus	塞普路斯
Cyrenaica	塞倫尼卡
Cyrene	塞倫
Cyrennica	塞倫尼加
Cyzicus	塞熱庫斯

D

D. Julianus	裘利阿魯斯
Daci, Dacians	達奇人
Dacia	達奇亞省
Daedalus	戴德勒斯
Dalmatae	達馬台人
Dalmatia	達馬提亞省
Damascus	大馬士革
Damophilus	達摩非逸斯
Damosthenes	達摩士塞尼斯
Danube	多瑙河
De Agricultura	《論農業》
De Aquis Romae	《論羅馬供水》
De Arboribus	《論樹木栽培》
De Architectura	《論建築》
De Beneficiis	《論恩惠》
De Civitate Dei	《上帝之城》
De Clementia	《論憐憫》
De Ecclesiae Unitate	《論教會之統一》

de facto	事實上
de jure	法律上
De Legibus	《論法律》
De Lingua Latina	《論拉丁文》
De Mortibus Persecutorum	《殉道錄》
De Oratore	《論演說家》
De Re Militari	《論軍事》
De Re Publica	《理想國》
De Re Rustica	《論農莊》
De Viris Illustribus	《名人傳》
De Vita Caesarum	《十二凱撒傳》
De Vita Sua	(奧古斯都)自傳
decemviralis potestas	十人委員會的權力
decemviri legibus scribundis	負責制法的10人小組
Decimus Laelius	迭·賴利烏斯
Decimus(?) Juvenalis(Juvenal)	裘文納里斯
Declamationes	模擬辯論的《練習集》
decreta, decretum	御判
decumae, scriptura	什一稅
decuriae	區
decurio	議員
decuriones	市議會
dediticii	無權者
defensor	防衛官
defensores plebis, defensores civitatis	護民官
Deipnosophistae	《名儒聚談錄》
Delos	笛羅斯
Delphi	德爾斐市
Demetrias	笛米特瑞阿斯
democracy	民主政治
Demosthenes	笛莫塞尼斯
denarii	笛納

dendrofori	神密團體
Description of Greece	《希臘風土誌》
designatus imperator	指定繼承的皇帝
devotio	詛咒
Dialogue	《對話錄》
Dialogus de Oratoribus	《演說對話錄》
Diana	戴安娜(神)
dictator, dictatura	笛克推多制
Dictynnian Diana	笛·戴安娜
Didius Julianus	裘利阿魯斯
Digest, Pandects	《論法彙編》
diis manibus	人世的神靈
diis superis	天上諸神
Dindyma	丁笛馬(神)
Dio Cocceianus Chrysostomus	克瑞索斯托穆斯
Diocletian	戴克里先
Diodorus	狄奧多盧斯
Diogenes the Stoic	斯多噶派哲學家狄奧格尼斯
Dionysius	狄奧尼休斯
Dionysius of Halicarnassus	哈·狄奧尼休斯
Diophanes	狄奧芬斯
diploma	許可狀
diptych	雙折牘
Dis pater	地獄之父笛斯
disciplina	紀律
Divalia	笛瓦尼亞
divini iuris	屬神所掌
Docimaea	多奇邁阿
dominus	主人
Domitianus	多米提阿魯斯(皇帝)
drachmas	德拉克馬(錢幣)
Drusus	德盧蘇斯
Dumnobellaunus	頓諾比牟魯斯

duoviri, duoviri iure dicundo	市長
duplicarius	上士
Dura-Europus	(中亞)杜拉‧優羅普斯
Duratón	(西班牙)杜拉同
duumvir	雙人市長之一
dux	督軍

E

Ecclesiastical History	《教會史》
Eclogues	《田園詩集》
Edessa	伊笛沙
Edfu	(埃及)艾德服
edicta	諭令
edicta magistratuum	司法成規
edictum perpetuum	永久成規
edictum tralaticium	傳統成規
Egeria	伊格瑞亞(女神)
Einhard	安哈得
Elatea	伊拉提亞
Elbe	易伯河
Eleusians或Eleusinians	伊勞西安人
Elysian Fields	伊利希樂園
emmer	麥
Enna	恩納
Ennius	恩尼烏斯
eos qui utensilia negotiantur et vendunt	從事買賣的商人
Ephesus	伊非索斯
Epidaurians	伊皮達人
Epidaurus	伊皮道逸斯
Epidius Sabinus	伊‧沙賓魯斯
Epigrams	《詩集》

Epistles	《書信集》
epistula	書信
Epitome	《羅馬史摘抄》
Epodes	《抒情詩》
eques, equites	騎士，騎兵
Equirria	伊葵瑞亞
Eric Birley	艾瑞克・勃列
Erythrae	(亞洲)艾瑞塞萊
Esquiline	艾斯葵山
Ethiopia	伊索皮亞
Etruria	伊特拉瑞亞
Etruscan	伊特拉士坎
Euboea	尤波亞人
Euboean talents	尤波安泰倫特
Eudemus	尤地姆斯
Eudorus	尤多盧斯
Euhemeria	尤米瑞亞
Eunus	尤魯斯
Euroclyro	尤拉革羅
Eusebius	尤西比斯
Eusebius Hieronymus, St. Jerome	哲羅姆
Eutropius	尤特羅皮斯
Evagrius	伊哇格瑞斯
ex contractu	契約性
ex delicto	犯罪性
exactor civitatis	市稅官
extra nostrum patrimonium	私人所有之外

F

F. F. Abbott	阿伯特
F. Vegetius Renatus	維格提烏斯
fabe	豆

Fabius	法比烏斯
Fabius Josephus	裘瑟夫(猶太史家)
Fabius Maximus	馬克西姆斯
fabri navales	造船者基爾特
fabri tignuarii	建築基爾特
fabri, fabri tignuarii	建築和木匠工
fabrica或fabricis	作坊
Facta et Dicta Memorabilia	《嘉言懿行錄》
Fair Havens	佳澳
familia	財產
Fannius	法尼烏斯
farreum	麥餅
fasces	權杖
Fasti	《節慶曆譜》
fasti	發士提
Fasti Capitolini	《卡比投大事誌》
Fasti Triumphales	《凱旋式誌》
Father Mars	戰神
Faustina	弗斯提娜
Faustulus	弗斯土盧斯
Feralia	非拉尼亞
Ferox	非羅士
Field of Mars	戰神廣場
Firmus	費姆斯
Flaccus Cornelianus	弗・孔里阿魯斯
flamen Dialis	邱比特祭司
flamen Romae et Augusti	羅馬和奧古斯都祭司團祭司
Flamininus	弗拉米尼勒斯
Flavian	弗拉維安
Flavius Flaccus	弗拉庫斯
Flavius Josephus	裘瑟夫(猶太史家)
Flora	花神
Florian	弗羅瑞安

Florida	《演講集》
Florus	弗羅斯
foederatae	條約城市
foederati	蠻族盟軍
Formiae	弗米哀
Fors Fortuna	命運女神
fortuna	幸運
Fortuna Balnearis	掌浴幸運女神
Forum	羅馬廣場
Forum Augustum	奧古斯都廣場
Forum Julium	裘利安廣場
Fronto	弗龍託
Fructus	弗盧克土斯
Fulvia	弗維亞
functio navicularii	附屬於船主地產的奴隸
Furius	弗魯斯
Furrinalia	弗倫納尼亞

G

Gabinius	葛比紐斯
Gades	加底司
Gaius Acilius	蓋‧阿基留斯
Gaius Antonius	安東尼
Gaius Appuleius Diocles	蓋‧狄奧克利斯
Gaius Aquillius Florus	蓋‧弗羅魯斯
Gaius Asinius	蓋‧阿西紐斯
Gaius Autistius	蓋‧奧提斯提烏斯
Gaius Calvisius	蓋‧卡維休斯
Gaius Censorinus	蓋‧申索紐斯
Gaius Claudius Pulcher	蓋‧蒲荔耳
Gaius Cuspius Pansa	蓋‧潘沙
Gaius Duilius	蓋‧杜留斯

Gaius Furnius	蓋‧弗紐斯
Gaius Julius Caesar	蓋‧凱撒
Gaius Julius Maximus	蓋‧馬克西姆斯
Gaius Julius Polybius	蓋‧波利比烏斯
Gaius Julius Saturninus	蓋‧沙屯尼魯斯
Gaius Laelius	蓋‧賴留斯
Gaius Lavius Faustus	蓋‧法斯土斯
Gaius Licinius Macer	蓋‧馬可耳
Gaius Livius	蓋‧李維(羅馬執政)
Gaius Longinus Priscus	蓋‧普瑞斯卡斯
Gaius Marcellus	蓋‧馬奇逸斯
Gaius Minucius Italus	蓋‧義大逸斯
Gaius Nonius Sincerus	蓋‧欣塞魯斯
Gaius Pansa	蓋‧潘沙
Gaius Papirius Carbo	蓋‧卡波
Gaius Plinius Caecilius Secundus [Pliny]	小蒲林尼
Gaius Plinius Secundus	老蒲林尼
Gaius Sallustius Crispus[Sallust]	沙路斯提烏斯
Gaius Sempronius Gracchus	蓋‧格拉古
Gaius Silanus	蓋‧西拉魯斯
Gaius Suetonius Tranquillus	蓋‧蘇東紐斯
Gaius Ummidius Durmius Quadratus	蓋‧夸德拉土斯
Gaius Valgius	蓋‧瓦鳩斯
Gaius Verres	蓋‧維瑞斯
Gaius Veturius Gemellus	蓋‧格米逸斯
Gaius Vibius Pansa	蓋‧潘沙
Galatia	格拉提亞
Galba	(西班牙)高爾巴
Galeo Tettienus Petronianus	蓋‧裴特隆尼阿魯斯
galli	高盧祭司
Gallia Cisalpina	內高盧省

Gallia Narbonensis	外高盧
Gallus	高逯斯
Gamalae	格馬蘭
Garonne	加隆河
garum	加倫
Gaul	高盧
Gauls	高盧人
Gaza	格煞城
Gebbanites	吉班尼人
Gemellus	吉米逯斯
Gemini	雙子座
Geneva	日內瓦
genii centuriae	百人連保護神
genii, genius	精靈，保護神
gens	族
gentiles	族人
gentes Pannoniorum	潘農尼倫部落
Geographica	《地理風俗誌》
Geougics	《農牧詩》
Gepedians	吉皮笛人
Germania	《日耳曼民族誌》
Germanicus	日耳曼的征服者，格馬尼庫斯
gladiator	武士
Gnaeus	格奈俄斯
Gnaeus Gellius	格・蓋留斯
Gnaeus Helvius Sabinus	格・沙賓魯斯
Gnaeus Lentulus	格・倫特逯斯
Gnaeus Octavius Titinius Capito	格・卡比圖
Gnaeus Piso	格・皮索
Gnaeus Pupius	格・蒲皮烏斯
Golden Ass,Metamorphoses	《金驢記》
Gratus	葛拉特斯
Gregory Nazianzen	格・納山仁

| Greuthungians | 格倫從人 |
| guild | 基爾特 |

H

Hadrianus	哈德良
Halaesus	哈來素斯
Halicarnassus	哈里卡納素斯
Hamilcar	漢米卡
Hannibal	漢尼拔
Harmeris	哈米瑞斯
Harpocras	哈波克拉斯
Harpocrates	哈波克拉提斯
haruspices	占卜官
Hasdrubal	哈斯德魯巴
hasta	矛
hastati	槍矛隊
Hathyr	哈塞耳
Hecate	希卡特
Hedia	希笛亞
Helen	海倫
Helvetii	賀維提人
Helvidius Priscus	賀・蒲瑞斯庫斯
Helvius Vestalis	賀・維斯塔利斯
Heraclea	賀拉克利亞
Heracleopolis	(埃及)賀拉克利市
Heraclides	賀拉克里底斯
Herculaneum	賀庫蘭尼
Hercules	海格力士
Hermes	(智慧之神)何米斯
Herminus	何米魯斯
Hermopolis	何謨市
Hermopolis Major	大何謨市

Hero	希羅
Herod	希律王
Herodes	希羅德
Herodian	希羅笛安
Herois	希羅伊斯
Herus	賀魯斯
heuresis	發現節
Hiberi	伊比利人
Hierapolis	錫拉市
hieratic	僧侶紙
Hiero	希羅王
Hippalus	希巴勒斯
Hippo	(非洲)西波
Historia Augusta	《羅馬皇帝史》
Historiae	《史記》
Historiae adversus Paganos	《世界通史》
Histories	《羅馬史》
honor, honores	公職
honorati	縉紳之士
Honorius	何諾留斯
honos	榮譽
Horatius	何芮提烏斯
Horus	(埃及)何魯斯神
hospites	榮譽賓客
Houseteads	郝斯帖茲
humani iuris	屬人所掌

I

Iberia	伊比利亞
Idaean Mother	伊黛安聖母
Ides	望日
IIviri	城市市長

Illyria	伊利銳亞
Illyricum	伊利孔省
immunes	免稅權
immunis	專勤兵
imperator	勝利將軍
Imperator Caesar	勝利將軍凱撒
imperium	權力
imperium proconsulare	資深執政的權力
in absentia	缺席方式
in personam	與人有關
in rem	與物有關
Inarous	伊納諾斯
incorporales	無形
indictiones	實物捐
ingenui	自由出身
inquire	審查
insqnus	精神異常
Institutes	《法學入門》
Institutio Oratoria	《演說修辭術》
Institutiones Divinae	《神聖之原理》
intercessio	否決
Invictus	不可被征服者
Irenaeus	艾倫奈斯
Iris	艾瑞斯
Ischyrio	伊西瑞歐
Isis	艾西斯
Isthmian Game	伊士米競技會
iudicepedanei	代理法官
iugatio	財產稅
iugem	同軛一對牛
iugerum	尤格魯
Iulius Verecundus	裘・維瑞康杜斯
iuridicus	法官

iurisprudentes	法學家
ius	法律
ius civile	羅馬公民法
ius divinum	神聖法
ius edicendi	頒法的權力
ius gentium	萬國法(或世界法)
ius honorarium	公職法
ius Italicum	義大利權
ius Latii	拉丁權
ius naturale	希臘自然法
ius respondendi	對法律事務的答覆權
iustitia	公正

J

J. B. Campbell	坎貝耳
Janus Quirinus	亞勒士‧葵瑞勒士(神廟)
Johann J. Winckelmann	溫克曼(德國學者)
Johannes Lydus	李德思
Jones A. H. M.	瓊斯
Joshua Stylites	鳩‧斯太利斯
Juba	裘巴
Judaea(Iudaea)	猶大省
Julia	裘利亞
Julia Felix	裘‧菲里克斯
Julia Maesa	裘‧媚沙
Julian-Titian Law	裘利‧提笛法
Julianus, the Apostate	叛教者裘利阿魯斯
Julius Caesar	凱撒
Julius Planta	裘‧普蘭塔
Julius Vindex	溫帝克斯
Junii	裘尼
Juno	裘諾

Jupiter	邱比特
Jupiter Farreus	邱比特‧法瑞留斯神
Jura	邱拉山
jurisprudentia	法理之學
Justinus Flavius	查士丁魯斯

K

Kalends	朔日
Kalleas	卡列阿斯
King Servius	塞維斯王

L

Lacedaemonians	拉奇戴孟尼人
Lambaesis	(北非)藍白西斯
Lanuvium	納魯文鎮
Laodicea	勞提奇亞
Larcius Macedo	馬奇度
Larentalia	拉倫塔尼亞
Larentia	拉倫提亞
Lasea	拉西亞城
latifundia	大農莊
Latin League	拉丁同盟
Latinus	國王拉丁魯斯
Latium	拉丁姆
Latium maius	較大拉丁權
Latovici	拉托維奇人
Lavernium	拉維耳寧
Lavinia	拉維尼亞
Lavinium	拉維紐
leaf tablets	葉片牘
legati legionis	軍團長

legationes	市使
legatus pro praetore	皇帝任命之總督
leges或leges latae	法律
leges regiae	國王法令
leges, plebiscita	公民大會決議
legio, legiones	軍團
legio II adiutrix pia fidelis	第二輔翼軍團
legio III Augusta	奧古斯塔第三軍團
legio III Cyrenaica	塞倫涅卡第三軍團
legio IV Scythica	塞西卡第四軍團
legio VI Victrix	威克特瑞克斯第六軍團
Lentulus	倫土逯斯
lenuncularii	駁船夫
Leo	獅子座
Lepidina	列比笛納
Leptis Magna	大列蒲提斯城
lex	法律
lex Aelia Sentia	艾‧深提亞法
Lex Coloniae Genetivae Juliae	傑尼提外‧裘利亞殖民城鎮特許狀
lex data	特許狀
lex de imperio Vespasiani	韋斯巴息阿魯斯權力法
Lex Duodecim Tabularum	十二表法
Lex Gabinia	葛比尼法
lex Hortensia	何騰夏法
Lex Irnitana	艾尼塔納城市法
Lex Julia	裘利亞法
Lex Petronia	裴特龍尼安法
lex Pompeia	龐培法
lex provinciae	行省法
Libanius	利班留斯
Liber	植物之神
liberae	自由城市

Liberalia	植物神節
liberalitas	慷慨好施
liberi	自由民
libertas	自由
liberti, libertus	解放奴
libertini	合法解除奴隸身份的人
Libo	李伯
Libra	天平座
librarii	抄寫員
lictores	執法隨從
liquamen	利誇門(魚油醬)
Liqurian tribes	利格人的部落
litterae commendaticiae	推薦書
Livia	麗維亞
Locrians	羅克瑞亞人
locupletes	富有
lsthmian Games	伊士米競技會
Lucan	盧肯
Lucaria	逯卡瑞亞
Lucius	逯休斯
Lucius Aelius Sejanus	色加逯斯
Lucius Albucius	逯・阿布奇烏斯
Lucius Annaeus Florus	弗羅盧斯
Lucius Annaeus Seneca	塞尼卡
Lucius Antonius	逯・安東尼
Lucius Apuleius	阿蒲列烏斯
Lucius Arruntius	阿倫休斯
Lucius Asinius	逯・阿西留斯
Lucius Brutus	逯・布魯土斯
Lucius Caecilius Firmianus Lactantius	拉克坦提烏斯
Lucius Caninius	卡里流斯
Lucius Cassius	卡休斯

Lucius Cornelius Scipio	逯・斯基皮歐
Lucius Crassus	逯・克拉蘇
Lucius Ennius Ferox	逯・裴羅士
Lucius Flavius	逯・弗拉維斯
Lucius Funisulanus Vettonianus	逯・維同尼魯斯
Lucius Hypsaeus	希皮塞烏斯
Lucius Julius Vehilius Gratus Julianus	逯・裘利阿魯斯
Lucius Junius Moderatus Columella	寇祿美拉
Lucius Lentulus	倫特勒斯
Lucius Licinius	逯・李奇留斯
Lucius Munatius Plancus	逯・普藍庫士
Lucius Passienus	巴森魯斯
Lucius Paullus	逯・保羅
Lucius Rufus	陸福斯
Lucius Secundus	逯・塞康德斯
Lucius Seius	逯・塞烏斯
Lucius Sergius Catilina	卡提尼納
Lucius Statius Receptus	逯・瑞開普土斯
Lucius Venuleius Montanus Apronianus	逯・阿普隆尼阿斯
Lucius Verus	維盧斯
Lucius Vestinus	逯・韋斯提魯斯
Lucius Vinicius	維尼修斯
Lucretius	逯可瑞休斯
Lucretius Fronto	逯・弗龍託
Lucurgus	(斯巴達)逯喀葛士
ludi	遊藝賽會
ludi Martiales	戰神祭遊藝賽會
ludi saeclares	慶祝百年祭遊藝賽會
Lugdunensis	盧東寧色斯
Lugdunum	陸獨隆
Lupercal	逯波卡穴壇
Lupercalia	牧神節

Lupercus	逸波庫士
Lusitania	(西班牙)盧西坦尼亞
lustratio	公民淨化儀式
Lutatius	逸塔提烏斯(羅馬執政)
Lycia	呂家
Lycia-Pamphylia	利奇亞・潘非利亞
Lydia	利底亞
Lydians	利底亞人

M

M. Brutus	布魯土斯
M. Junius Faustus	法斯土斯
M. Licinius Privatus	蒲來維土斯
M. Rostovezeff	羅斯托夫茲夫
M. I. Finley	芬列
Macrinius Vindex	馬・文笛克斯
Macro	馬可羅
Maecenas	麥奇納士
Maelo	麥羅
magistratus	公職官員
magistri	執事
magistri fanorum	主祭官
Magna Mater	祭奉地母
Magnesians	馬格尼西亞人
Majorianus	馬加仁魯斯
Malaca	馬拉卡
Malta	米利大
Mamurius	馬姆瑞烏斯
mancipi	動產
mancipium	約束
mandata	法令示要
Manes	曼尼斯(死神)

manipuli	縱隊
Manius Curius	庫瑞烏斯
manorial serfdom	莊園農奴制
manumissio	釋奴
manus	權掌
Marcellinus	馬奇尼魯斯
Marcellus	馬奇逵斯
Marcia	馬奇亞
Marcomanni	瑪可馬尼人
Marcus	馬可士
Marcus Aemilius Lepidus	雷比達
Marcus Agrippa	阿格瑞帕
Marcus Antoninus Valens	馬可・瓦倫
Marcus Antonius	安東尼
Marcus Antonius Hiberus	馬・希布盧斯
Marcus Aurelius	馬可・奧利留(皇帝)
Marcus Aurelius Ammonio	馬可・阿蒙尼歐
Marcus Aurelius Antoninus	馬可・奧利留
Marcus Aurelius Severus Antoninus	安東尼魯斯(皇帝)
Marcus Caelius	開留士
Marcus Canuleius Zosimus	馬可・若西穆斯
Marcus Casellius	馬可・卡西留斯
Marcus Cerrinius Vatia	馬・瓦提亞
Marcus Cornelius Fronto	弗龍託
Marcus Fabius Quintilianus	昆提尼阿魯斯
Marcus Fulvius	弗耳維斯
Marcus Fulvius Flaccus	馬可・弗拉庫斯
Marcus Fulvius Gillo	馬可・基羅
Marcus Holconius	馬可・侯康留斯
Marcus Junius Silanus	馬可・西拉魯斯
Marcus Laenius	馬可・賴尼烏斯
Marcus Marcellus	馬可・馬奇逵斯
Marcus Messalla	馬可・麥沙拉

Marcus Minucius Felix	菲里克斯
Marcus Octavius	馬可‧烏大維
Marcus Porcius Cato	卡圖
Marcus Pupius Piso	皮索
Marcus Scaptius	施開普提烏斯
Marcus Servilius Nonianus	馬‧諾尼阿魯斯
Marcus Terentius Varro	瓦羅
Marcus Terentius Varro Lucullus	逯庫逯斯
Marcus Tullius Cicero	西塞羅
Marcus Valerius Martialis	馬提阿里斯
Marcus Vinicius	馬‧維尼休斯
mare Hadrianum	亞德里亞海
mare Tuscum	土司干海
Mariba	馬瑞巴
Marius	馬理烏斯
Marius Maximus	馬‧馬克西穆
marjoram	一種有薄荷香味的植物
Marne	麥恩河
Mars	馬耳斯(戰神)
Mars Victor	勝利戰神
Marsian War	馬西安戰爭
Masinissa	馬西尼沙
Massif Central	馬西夫中部
Massilia	希臘城市馬賽
matia	馬提亞
Mauretania	矛里塔尼亞
Mauros	摩耳人
Maximus	馬克西穆
Medes	梅底斯
Mediolanum	梅笛蘭龍
Megallis	梅格里斯
Megalopolis	梅格羅市
Megillus	梅格勒斯

Menenius tribus	孟利安部
Menturnae	孟突萊
mercatores frumentarii	糧商
Mercury	貿易之神，麥丘里神
Meroe	梅羅
Mesore	梅梭(埃及月名)
Metamorphoses	《變形記》
Mezentius	孟仁提烏斯(伊特拉士坎國王)
Michael Rostovzeff	羅斯托夫茲夫
milecastle	寨堡
miles	士兵
Milesian	米列西安
military tribune	軍官
Milo	米羅
Minerva	米樂哇
Minician Law	米尼西法
Minos	米諾司
Minturna	(義大利)明圖納
Minucium	米奴奇姆
Minucius Felix	菲里克斯
Misenum	米深農
Mithraism	米特拉教
Mithras	米特拉神
Mithridates	米塞瑞笛斯
modii	摩笛
Moesia	摩伊西亞省
Momigliano A.	牟米吉尼阿諾
Mommsen	孟森
Montanus	孟塔魯斯教派
Moors	(非洲)摩耳人
Moralia	《道德論集》
mos maiorum	傳統
Mother Vesta	灶神

Mucianus　　　　　　　　　　穆奇阿魯斯
Mucius Scaevola　　　　　　　穆・斯凱沃拉
Mucius　　　　　　　　　　　　穆休斯
Mulvium　　　　　　　　　　　穆維姆
Mummius　　　　　　　　　　　穆米烏斯
Munatian-Aemilian Law　　　　穆納遜・艾米里安法
municipia civium Romanorum　羅馬公民城市
municipes, municipium　　　　城市
munus gladiatorium　　　　　武士表演
Muses　　　　　　　　　　　　繆斯
Mycenae　　　　　　　　　　　邁錫乃
Myra　　　　　　　　　　　　　每拉

N

Nabata　　　　　　　　　　　　納巴塔
Naevius　　　　　　　　　　　萊維斯
Nammeius　　　　　　　　　　蘭麥斯
Naples　　　　　　　　　　　　那不勒斯
Narbo　　　　　　　　　　　　(高盧)納耳波
Narbonese Gaul　　　　　　　外高盧
Nasica　　　　　　　　　　　納西卡
nationes　　　　　　　　　　　部族軍
Naturales Quaestiones　　　　《天問》
Naturalis Historia　　　　　《自然史》
naturalis ratio　　　　　　　自然理性
navicularii　　　　　　　　　船主
navicularii marini Arelatenses　阿瑞列特海船船主第五協會
corporum quinque
Nearchus　　　　　　　　　　尼阿喀斯
nec mancipi　　　　　　　　　不動產
negotianes fori vinari　　　　酒商
negotiator corporis splendidissimi　阿爾卑斯南北麓巨商協會

Cisalpinorum et Transalpinorum
negotiatores   商人
negotiatores vinarii Lugduni   酒商基爾特
consistentes
Nemausus   (高盧)列冒沙斯
Neptunalia   海神節
Neptune   海神
Nero   尼祿
Nerva   聶爾瓦(皇帝)
Nicomedia   尼科米底亞
Nisibis   (波斯)尼西比斯
Noctes Atticae   《阿提卡之夜》
Nola   羅拉
nomes   行政區
Nones   初盈
nostro patrimonio   私人所有
Notitia Dignitatum   《百官志》
Nova Historia   《新羅馬史》
Novels   《御法新編》
novus homo   新人
Nuceria   逸奇銳亞
Numa   魯馬
Numa Maucius   魯馬‧冒奇烏斯
Numa Pompilius   魯瑪‧龐皮留斯
Numantia   魯曼提亞
numeri   部族營
Numidia   (北非)盧米笛亞省
Numitor   盧米特
nummus   魯姆斯(幣名)
nundinae   市集日

O

obsequium et officium	服從和服務
Octavia	奧克塔維亞
Octavius	《屋大維對話錄》
Octavius	烏大維
Odes	《頌歌詩集》
officia, officium	官職，公職
old Roman cursive	古羅馬草書體
Olympiodorus	奧林皮多盧斯
Opalia, Ops	農業女神節，農業女神
operae	徭役
Opiconsivia	收獲女神
opiniones	意見
optimates	貴人
optimi status auctor	最佳政府的建立者
oratio principis	皇帝向元老院提出的議案
ordo decurionatus	議員階級
ordo decurionum	議會之議員
Orestas	歐銳斯塔斯
Orgetorix	歐格托瑞克斯
Origines	《羅馬史》
Orodes	歐羅底斯
Orosius	歐羅休斯
Osroenians	歐斯隆人
Ostia	歐斯提亞
ostraca	陶片
Osuna	(西班牙)歐蘇納
Otho	歐索
ovatio	小凱旋
Ovidus	歐維德
Oxyrhynchus	歐西倫庫斯

P

P. Aufidius Fortis	弗提斯
P. Sestius	色斯提烏斯
Palatine	帕拉丁山
Palmyra	帕米拉
Pamphile	潘非耳
Pamphylia	潘非里亞
Panegyricus	《頌辭演說》
Pannonia	潘農尼亞省
Paphian Venus	帕·維納斯
Papirius	帕皮瑞烏斯
papyri	埃及草紙
papyrology	草紙文書學
papyrus	紙草
Parallel Lives	《希臘羅馬名人傳》
parchment	羊皮紙
Parentalia	清明節
parentes generis humani	人類的父母
parentes nostri	我們的前輩
parents potestas	親權
Parthi	安息人
pascua	牧地
passivity	被動性
Patale	帕達列
pater civitatis	城市父老
pater familia	一家之長
pater patriae	國父
patria potestas	家父權
Patrae	希臘的帕特拉
patricii	地主貴族
patronus	庇主
Paullus Fabius Maximus	包·馬克西穆

Phthia	裴西亞
Phthiotis	裴西歐蒂
Picenum	皮奇隆
pietas	虔敬
pilum	磨杵
pilus	匹逸斯
Pinarius Apollinaris	皮・阿波尼納銳斯
Pinianus	皮尼阿魯斯
Pisces	雙魚座
Pisidia	皮西底亞
Piso	皮索
piso	輾穀
pistores	麵包師
Planasia	普拉納夏島
Plato	柏拉圖
Plautius Aelianus	蒲・艾利阿魯斯
plebeii或collegiati	工匠工會的會員
plebiscita	平民大會決議
plebs	平民
Pliny	蒲林尼
Plutarch	蒲魯塔克
Polybius	波利比烏斯
polyptych	多折牘
Pompeii	龐貝
Pompeius	龐培
Pompeius Planta	龐・普蘭塔
Pompunius	龐蓬紐斯
pontifex	祭司長
Pontifex Maximus	大祭司
pontifices	祭司
Pontus	龐特斯
Poplifugia	波普利弗齊亞
populares	民黨

Populonia	波普羅尼亞
populus	人民
Porsenna	波西納
Portunalia	波通納尼亞
potestas, imperium	職權，個別行政職權
praecones	宣令員
praefectus	行政官
praefectus aerari Saturni	公共財務官
praefectus annonae	糧食供應官
praefectus armorum et vigilum	警衛官
praefectus cohortis	協防軍營長
praefectus cohortis tertiae Augustae Thracum	塞拉孔第三奧古斯都營營長
praefectus frumenti dandi	配糧官
praefectus praetorio	禁衛軍統領
praefectus urbanae	城防司令
praefectus vigilum	夜巡隊隊長
Praeneste	伯來尼斯特
praepositus pagi	上級城區行政官
praetor	司法官(或副執政)
praetor peregrinus	涉外司法官
praetor urbanus	羅馬司法官
praetoriae cohortes	禁衛營
praetorian prefect of the East	帝國東部總管
praetorium	要塞長官建築
precedents	先例
pretio	出售
princeps	第一公民
princeps iuventutis	第一青年
principalis	士官
Principate	第一公民制
principes	主力隊
principum placita	皇帝之法

Privatus	普瑞哇土斯
probatio	考驗期
Probus	蒲盧布斯(皇帝)
proconsul	省督
proconsular imperium	資深執政的權力
Proculus	普羅庫盧士
procurator ducenarius	行政官
professio	自願報名
proletarii	普羅階級
propraetor	都統
proscriptio	財產沒收
Proserpina	普羅斯皮納神
Proserpine	普羅舍頻
Protarchus	普羅塔庫士
protector	禁衛軍
provinciae	行省
pubes	成年
publicani	包稅商
Publius	普布留斯
Publius Cornelius	柯尼留斯
Publius Decimius Eros Merula	普・米盧拉
Publius Lentulus	普・倫特逯斯
Publius Licinius	利奇紐斯
Publius Licinius Crassus	普・克拉蘇
Publius Matinius	馬提留斯
Publius Mucius Scaevola	斯凱沃拉
Publius Mummius Sisenna	普・西深納
Publius Orosius	歐羅休斯
Publius Ovidus Naso (Ovid)	歐維德
Publius Quintilius	昆提留斯
Publius Rutilius	魯提留斯
Publius Satureius	沙突略烏斯
Publius Sulpicius	普・蘇比修斯

Quintus Septimius Florens Tertullianus	特圖連魯斯
Quintus Sulpicius Camerinus	昆‧卡米瑞魯斯
Quintus Tubero	圖伯羅
Quintus Volusius Saturninus	昆‧沙屯尼魯斯
Quirina	癸瑞納部
Quirinal	癸瑞納山
Quirinalia	戰神葵瑞魯斯節
Quirinus	戰神葵瑞魯斯

R

Raurici	瑞奇人
Ravenna	拉文納
recta ratio	正確的理性
recuperatores	審判團
reditus castelli	要塞財務
Regifugium	瑞吉夫汲姆
regio imperio duo	王權
regiones	地區
Regium	利基翁
Regulae	《法規彙編》
religiosum	宗教性
Remi	瑞米人
Rennius Innocens	瑞‧殷若甚思
res	物
Res Gestae	《功業錄》
res privata	私產
res publica restituta	恢復共和
res religiosae	宗教之物
res sacrae	神物
rescripta	批答
responsa prudentium	法學家的答議

rex	專制君王
Rhamnusia	蘭魯西亞
Rhea Silvia	瑞‧西維亞
rhetoric	修辭學
Rhine	萊茵河
Rhodes	羅德島
Rhoemetalces	羅米塔奇斯王
Rhone	隆河
Rhosus	羅素斯
Rimini	瑞米尼
Roman History	《羅馬文獻》
Romulus	羅姆盧斯
roraii	游擊手
Rubicon	盧比肯河
Rufinus	陸非魯斯

S

Sabbata	沙巴塔
Sabines	沙賓人
Sabis	沙比斯
saburrarii	淸倉工
sacra via	神聖大道
Sacred Mount	聖山
sacrum Phariae	發瑞的艾西斯
Saepinum	塞賓魯
sagarii	斗篷匠
Sagittarius	天箭座
Salamis	沙拉米斯
Salasia	沙拉西亞
Salii	沙利祭司
Salmone	撒摩尼
Salpensa	沙崩薩

salpinx	沙賓克斯軍號
Salvius Julianus	裘利亞魯斯
Sammonicus Serenus	沙・塞倫魯斯
Samnites	桑奈人
Samos	沙摩斯
sanctus	神聖
Santones	珊東尼斯人
Saone	沙隆河
sapa	酒
Sarapio	塞拉皮歐
Sarapis	塞拉皮斯節
Sardinia	沙丁尼亞
Sardis	沙地斯
Sarmatae	沙馬台人
Sarmatiae	沙馬提艾
Saserna	沙塞拉
Satia	沙提亞
Satires	《諷刺詩》
Saturn	農神
Saturnalia	《農神節對話錄》
Saturnalia	農神節
Saturninus	沙屯尼魯斯
Satyricon	《登徒子流浪記》
schola	辦事廳
Scholae Palatinae	皇宮衛隊
school of lsocrates	艾索克利蒂斯派
Scipio Africanus	(羅馬名將)斯基皮歐
Scipio Nasica	納西卡
Scorpion	天蠍座
scribae(scribe)	書辦
Scribonia	斯克瑞朋尼亞
Scriptores Historiae Augustae	《凱撒傳》
scutum	圓形盾牌

Sidon	西頓
Sigerus	西格盧斯港
signa	旗幟
signiferi	護旗手
Sindunia	辛都尼亞(部落)
singulares legati	省督衛隊
Sinopa	西諾帕
Sirmium	塞米姆
solidi	金元
Solon	梭倫
Sozomenus	索若門魯斯
Spasinou Charax	(波斯灣)加拉喀斯
speltae	一種小麥
splendidissimum corpus nautarum Rhodanicorum et Araricorum	隆河與沙隆河大船東協會
sportulae	現金分贈
Spurius	史蒲瑞斯
Spurius Postumius	波斯土繆斯
state-cult	城邦崇拜
stationarii	駐防警哨部隊
statute	法令
Stilico	史提利科
stipendium	城市稅
stipendium militum	(依軍種和職級建立的)薪餉
Stobi	史脫比
Strabo	史特拉波
Stratagems	《兵略》
strategus	區督
stuppatores	補船縫工
Styx	斯笛克斯
Suasoriae	《辯論集》
sublectus in numerum colonorum	墾殖區兵團的候補
Successus	沙克蘇斯

Suebi	蘇比人
Suedius Clemens	蘇‧克列門斯
Sugambri	蘇岡布芮人
sui iuris	獨立法權
Sulmo	蘇耳磨
Sulpicianus	蘇皮奇阿魯斯
summa honoraria	公職獻金
Syagrus	塞格盧斯
symmachiarii	部族軍
Synesius	塞列休斯
Synnada	塞納達
Synnas	塞納斯
Syracuse	塞拉庫斯

T

tabula	牘板
Tacitus	塔奇土斯
Tanais	塔耐斯河
Tarentum	塔倫同
Tarquinius Superbus	驕傲的塔昆紐斯
Tarsus	塔索斯
Taurians	陶瑞人
Taurus	金牛座
temple of Bel	貝耳神廟
templum	神廟
templum Martis Ultoris	復仇者戰神廟
Terentina	特倫亭納部
Tergeste	特吉斯德鎮
Terheuta	特耳郝塔
Terminalia	封疆神節
terra sigillata	裝飾品
Teutons	條頓人

Thaemus Julianus	太‧裘利阿魯斯
Thascius Caecilius Cyprianus	塞普銳阿魯斯
the assembly of elders	長老會議
The Conspiracy of Catillina	《卡提尼納的陰謀》
The Golden Ass	《金驢記》
The Jugurthine War	《鳩古善戰爭》
the Lucilii	陸奇利家族
Theadelphia	塞笛非亞
Thebaid	塞白德
Theo	塞歐
Theocritus	塞歐克銳土斯
Theoderic	塞奧多
Theodosian Code	塞奧多西法典
Theodosius	塞奧多西皇帝
Theodosius II	塞奧多西第二
Theodotus	塞歐多德斯
thermae	公共浴堂
Thermuthis	塞姆色斯
Thessalians	塞撒尼亞人
Thomna	銅納
Thrace	塞雷斯
Thrasycles	塞拉絲克里斯
Thucydides	修西底地斯
Thyatira	提阿提拉
Tiberius Caesar	提伯瑞斯
Tiberius Gracchus	提‧格拉古
Tiberius Nero	尼祿
tibicines	吹笛手
Tibur	提伯
Ticene	提奇尼
Tigranes	提格蘭斯
Timgad	(北非)亭格德
timocracy	富人統治

Tinarsieges	丁娜西格絲
Tincommius	丁孔繆斯
Tiridates	提瑞達德斯(安息王)
Tisichis	提西奇斯
Titus Flavius Longus	提・朗格斯
Titus Labienus	拉比魯斯
Titus Livius [Livy]	李維
Titus Pomponius Atticus	阿提庫斯
Titus Veturius Florus	提・弗羅逸斯
Titus Veturius Pothinus	提・波西魯斯
toga praetexta	紫色窄條飾袍
toga virilis	成人的衣袍
Tolosates	托羅剎帝斯人
Tomis	湯迷斯
Tony Honoré	奧諾瑞
toparchies	區
Torquatus	托夸土斯
Trachonitis	崔孔尼提斯
Trajan	圖拉眞
tria collegia	聯合組織
triarii	特銳利
Tribonianus	特瑞伯尼阿魯斯
tribuni	長官
tribuni militares consulari potestate	具有執政權之軍團長官
tribunicia potestas	保民官之權
tribunus	保民官
tribunus cohortis primae Ulpiae Pannoniorum	潘農尼亞第一烏耳平營營長
tribunus militum	團長
tribunus plebis	平民保民官
tribus	區部
tributum	市民財產稅
tributum capitis	人頭稅

tributum soli	財產稅
Tridentum	特瑞登同(特倫多Trento)
Trimalchio	特瑞馬丘
triptych	三折牘
triumph, triumphs	大凱旋，凱旋式
triumvir	三人執政團
triumvirate	三人團
triumvirum rei publicae constituendae	共和整建三人團
Tromentine	特羅門廷部
Tubilustrium	圖比盧斯特瑞姆
Tulingi	圖林基人
Tulliassia	圖利阿西亞部落
Turdetania	圖迭塔尼亞
Turnus	圖耳魯斯(國王)
Tuscans	圖斯坎人
Tuscany	圖斯坎尼
Tusculum	圖斯庫龍
tutela	保護神
tyrannus	僭主
Tyre	泰耳
tyrrheis	高塔
Tyrrhenians	泰倫尼人

U

Ulpianus	(法學家)烏耳皮阿魯斯
Umbria	烏布銳亞
Umbricius Scaurus	烏·斯考盧斯
University of Durham	杜蘭大學
University of Manchester	曼徹斯特大學
University of Newcastle-Upon-Tyne	新堡大學
urban praetor	市長
urbanae cohortes	城防營

Ursao	烏沙歐
Urso	烏耳索
usus	同居

V

vacatio muneris publici	免徭役
Valens	華倫斯
Valentinianus	華倫庭尼阿魯斯
Valerius Antias	安提阿斯
Valerius Bucco	華・布哥
Valerius Maximus	瓦勒留斯
Vandals	汪達耳人
Vangiones	凡奇尼人
Varro	瓦羅
Vatia	瓦提亞
Veiovis	維歐維斯(陰間之神)
Veldedeius	維耳得迭斯
Veldeius	維耳迭斯
Velia	維尼亞山
Velitrae	維里特拉
Velleius Paterculus	帕特庫逸斯
vellum	小羊皮紙
Velocassii	維羅卡西人
Venus	維納斯
Verucloetius	維克羅提烏斯
Verus	逸・維盧斯
Vespasianus	韋斯巴息阿魯阿
Vesta	灶神
Vestalia	灶神節
vestibulum	住宅入口
Vesuvius	維蘇威火山
veto	異議

vexilla	中隊旗
vexillarius	掌旗手
Via Flaminia	弗拉民大道
viatores	傳令官
Vicus Britannicus	不列顛尼克斯
VIIvir epulonum	祭宴七人委員會
villa	別墅
villa fructuaria	倉庫
villa rustica	農舍
villa urbana	莊主宅第
Vinalia	酒節
vindex, vindices	稅務官
Vindolanda	(英國)雯都蘭達
Vindolanda Trust	雯都蘭達信託組織
Vindolanda: The Latin Writing-Tablets	《雯都蘭達的拉丁書牘》
Vindonissa	雯都尼沙(瑞士)
virgines Vestalis	灶神處女
Virgo	處女座
viri perfectissimi	騎士階級中較高者
virtues	美德
virtus	勇敢
Vita Caroli Magni	《查理大帝傳》
Vitae Duodecim Caesarum	《十二凱撒傳》
Vitalis	魏它利斯
Vitellius	魏德留斯
Vitrivius Pollio	魏特瑞維斯
Vivius Varus	魏‧瓦路士
Volagasias	弗拉佳西斯
Volcanalia	火神節
Volturnalia	台伯河神節
Vonones	弗諾尼斯
Vulcan, Vulcanus	火神

X

Xerxes	塞奇斯(波斯王)
Xvir stlitibus iudicandis	十人司法審判團
XVvir sacris faciundis	公共祭典十五人祭司團

Z

Zeno	芝諾(皇帝)
Zois	柔絲
Zosimus	若西穆斯

索 引

國家圖書館出版品預行編目資料

古羅馬的榮光：羅馬史資料選譯 / 邢義田編譯. -- 初
　版. -- 臺北市：遠流, 1997[民 86]
　　冊；　公分. -- （新橋譯叢；39-40）
　含參考書目及索引
　ISBN 957-32-3386-X(第 I 冊：平裝). -- ISBN 957-
32-3387-8(第 II 冊：平裝). -- ISBN 957-32-3388-6(一
套：平裝)

　1. 羅馬帝國 - 歷史 - 史料

740.22　　　　　　　　　　　　　　　　86013677

新橋譯叢

＊本書目所列定價如與書內版權頁不符，以版權頁定價為準。

＊本書目所列定價如與書內版權頁不符，以版權頁定價為準。

＊本書目所列定價如與書內版權頁不符，以版權頁定價為準。

人文科學叢書

＊本書目所列定價如與書內版權頁不符，以版權頁定價為準。

＊本書目所列定價如與書內版權頁不符，以版權頁定價為準。

自由主義名著譯叢

＊本書目所列定價如與書內版權頁不符，以版權頁定價為準。